Arthur Conan
Doyle

MA VIE
AVENTUREUSE

Arthur Conan
Doyle

MA VIE
AVENTUREUSE

© 2019, AOJB
Edition : BoD – Books on Demand,
12/14 rond-point des Champs-Elysées,
75008 Paris.
Impression : BoD - Books on
Demand, Norderstedt, Allemagne
ISBN : *9782-3-2204-478-8*
Dépôt légal : mars 2019

Sommaire

WWW.EDITIONS-AOJB.FR

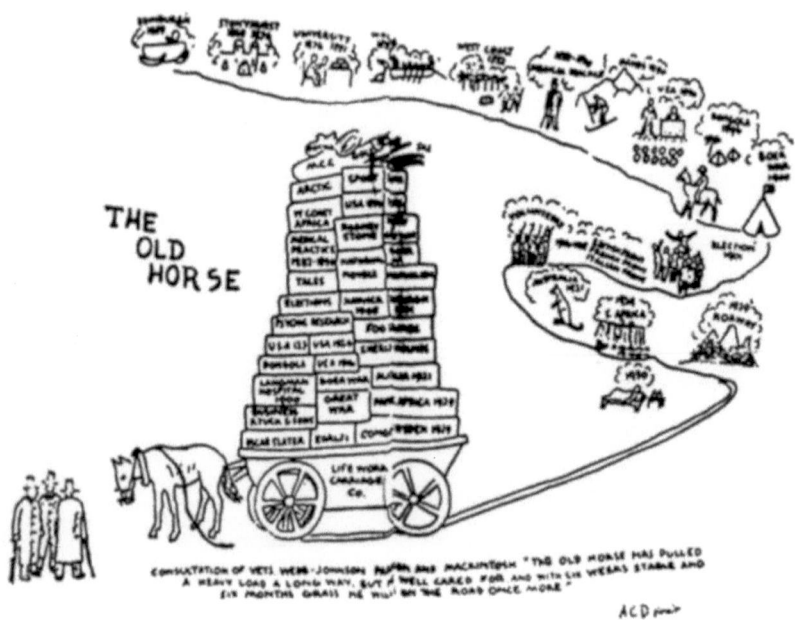

Quelques jours avant sa mort, Arthur Conan Doyle représente son parcours de vie comme celui d'un vieux cheval prêt à poursuivre son chemin.

CHAPITRE I

SOUVENIRS ANCIENS

Je suis né le 22 mai 1859, à Édimbourg, sur la place de Picardie, ainsi nommée d'après une colonie de huguenots français venus jadis s'y établir. Cette place, à leur époque, faisait partie d'un village situé hors des murs de la ville ; elle se trouve aujourd'hui à l'extrémité de Queen Street, qui donne sur la promenade de la Leith. Je lui trouvai, lors de ma dernière visite, un air de déchéance, mais de mon temps, les appartements y étaient recherchés.

Mon père était le plus jeune fils de John Doyle qui, passé de Dublin à Londres en 1815, y connut une grande réputation de dessinateur entre 1825 et 1850 : on peut dire de ses crayons, publiés sous les initiales fantaisistes H. B., qu'ils créèrent la caricature polie. Avant lui, en effet, la satire procédait brutalement, elle donnait à son objet des traits et des formes grotesques. Gilray et Rowlandson n'en eurent pas une autre conception. Mon grand-père était un gentleman qui dessinait pour des gentlemen ; avec lui, la satire résidait dans la malice de la représentation, non dans la déformation des visages. Idée nouvelle, devenue ensuite courante, la plupart des caricaturistes s'y étant conformés. Il n'y avait pas alors de journaux comiques ; les dessins de H. B. étaient lithographiés et mis en circulation à l'état de planches. On me dit que mon grand-père exerça une influence sur la

7

politique ; il eut l'estime de ses plus notables contemporains. Je me le rappelle, en son vieil âge, comme un homme très beau, très digne, avec ces traits caractéristiques de l'Anglo-Irlandais qui marquaient le duc de Wellington. Il mourut en 1868.

Il était demeuré veuf avec une nombreuse famille, de laquelle survécurent une fille et quatre garçons. Chacun des garçons se fit un nom, tous ayant hérité des dons artistiques de leur père. L'aîné, James Doyle, écrivit les *Chroniques d'Angleterre* et les illustra de gravures en couleurs supérieures à toutes les œuvres du même genre que j'ai vues par la suite ; il consacra aussi treize années de sa vie à cet admirable monument d'application et de savoir qui s'appelle le *Baronnage officiel* anglais. Un autre des frères Doyle, Henry, juge éminent en matière de peinture ancienne, devint directeur de la National Gallery à Dublin et fut, à ce titre, nommé chevalier de l'Ordre du Bain. Le troisième, Richard, se rendit fameux dans *Punch* par l'originalité de son humour ; les elfes fameux qu'il dessina pour la couverture de ce journal sont encore familiers à tous les yeux. Enfin venait mon père, Charles Doyle.

J'ai lieu de croire que, grâce au talent de mon grand-père, les Doyle jouissaient d'une bonne aisance. Ils habitaient Cambridge Terrace, à Londres. Le « journal de Dicky Doyle » nous a laissé un aperçu de leur vie familiale. Ils dépensaient jusqu'à la limite de leur revenu, si bien qu'il leur fallut trouver des emplois pour leurs fils. À l'âge de dix-neuf ans, mon père, s'étant vu offrir un poste du gouvernement au Bureau du Travail, à Édimbourg, se rendit en conséquence dans cette ville. Il y passa toute la période laborieuse de sa vie. Et c'est ainsi que moi, Irlandais par extraction, je suis né dans la capitale écossaise.

De provenance anglo-normande, les Doyle étaient des catholiques convaincus. Les premiers Doyle irlandais constituèrent une branche cadette des Doyle du Worcestershire, qui a produit sir Francis Hastings Doyle et quantité d'hommes distingués. Cette branche cadette, après avoir participé à l'invasion de l'Irlande, reçut des terres en apanage dans le comté de Wexford ; avec ses bâtards et autres ressortissants, tous prenant le nom du seigneur féodal, elle fonda un large clan, de même que les de Burghs fondèrent le clan de Burke. Nous ne pouvons nous réclamer de la branche principale qu'en vertu d'une communauté de caractère et d'apparence avec les Doyle d'Angleterre, jointe à l'usage ininterrompu des mêmes armoiries et du même cimier.

Mes ancêtres, comme la plupart des vieilles familles irlandaises du sud, persévérèrent, au temps de la Réforme, dans leur foi religieuse, et subirent, par suite, la rigueur des lois. Elles s'appesantirent si fort sur la « gentry » territoriale, que mon arrière-grand-père, chassé de sa demeure, alla s'établir à Dublin, où naquit « H. B. ». Ce souvenir de famille a été curieusement confirmé par Mgr Barry Doyle, que je crois destiné aux plus hautes charges de l'Église romaine, et qui descend du frère cadet de mon arrière-grand-père.

J'espère que le lecteur me pardonnera cette incursion dans des histoires de famille, peut-être intéressantes pour la famille elle-même, mais sans doute fastidieuses pour un étranger. Je voudrais, néanmoins, avant de passer à d'autres sujets, dire un mot de ma famille maternelle, d'autant que ma mère était grande archéologue et, qu'avec l'aide d'un de nos parents, sir Arthur Vicars, héraldiste en chef de l'Ulster, elle étudia, sur une période de plus de cinq cents ans, la filiation de ses ancêtres ; en sorte que j'ai sous les yeux, au moment où j'écris, un arbre généalogique de sa composition sur lequel ont perché bien des grands de ce monde.

Son père était un jeune docteur de Trinity College, William Foley, qui mourut tôt, laissant les siens dans une pauvreté relative. Il avait épousé une demoiselle Catherine Pack, dont le lit de mort, ou plutôt la pâle figure cireuse couchée sur ce lit, est le plus lointain souvenir de mon enfance. Elle avait pour proche parent, pour oncle, je crois, sir Denis Pack, qui commandait à Waterloo la brigade écossaise. Les Pack étaient une famille de guerriers, chose naturelle puisqu'ils descendaient d'un major de l'armée de Cromwell établi en Irlande. L'un d'eux, Anthony Pack, eut un morceau de la tête emporté à Waterloo : ce qui me fait craindre qu'il ne soit conforme aux traditions de notre famille de perdre la tête dans le feu de l'action. On lui recouvrit le cerveau avec une plaque d'argent, et il vécut ainsi de longues années, sujet seulement à des accès de mauvaise humeur qui, chez certains d'entre nous, n'ont pas eu la même excuse.

Ce qu'il y a de vraiment romanesque dans l'histoire de la famille, c'est que, vers le milieu du XVIIᵉ siècle, le Révérend Richard Pack, principal du Collège de Kilkenny, épousa Mary Percy, de la branche irlandaise des Percy de Northumberland, et que, par cette alliance, nous nous rattachons tous (le travail de ma chère mère me permettrait de citer nommément chaque génération) aux Plantagenets. Ainsi a-t-on toujours dans le sang quelques traces d'une noble origine, dont on ne peut qu'espérer de nobles tendances.

Nonobstant le romanesque d'un tel lignage, le jour où Catherine Pack vint, je ne sais pour quelle cause, se fixer à Édimbourg, cette Irlandaise de qualité était fort pauvre. À cette même époque, environ 1850, Charles Doyle était envoyé de Londres par sa famille, qui mettait sous la sauvegarde des prêtres la tendre fleur de sa jeunesse, de sa moralité et de sa foi. Ceux à qui on le recommandait pouvaient-ils rien faire de mieux que de le loger chez une veuve bien née et orthodoxe ? C'est ainsi que les deux familles d'Irlandais expatriés se rencontrèrent sous un même toit.

Je garde un petit paquet de lettres écrites en ce temps-là par mon père. Outre qu'elles reconnaissent à tout propos la bienveillance dont il était l'objet, elles sont pleines d'observations intéressantes sur cette société encore rude, buvant sec et d'ailleurs très aimable, au sein de laquelle il se vit jeté à un âge particulièrement délicat pour un jeune homme de son tempérament artistique. Il avait d'excellents instincts religieux, mais le milieu était difficile. Dans la maison se trouvait une toute jeune fille, Mary. Elle avait des yeux vifs et une grande intelligence. On l'envoya faire un séjour en France. Quand elle en revint, elle était une personne des plus cultivées. Le reste se devine. En 1855, Charles Doyle épousa ma mère, Mary Foley. Le jeune couple continua d'habiter chez ma grand'mère.

Il ne disposait que de ressources restreintes. Mon père, comme employé du Service Civil, touchait un traitement qui ne dépassait guère, par an, 240 livres ; il y ajoutait un peu par ses dessins. Cet état de choses se perpétua, pour ainsi dire, toute sa vie, car il manquait d'ambition et n'eut jamais d'avancement sérieux. Il peignait par accès, mais la famille n'en retirait qu'un mince bénéfice : Édimbourg est tout plein des aquarelles qu'il donnait. Si je réalise un jour mon dessein d'organiser une exposition Charles Doyle, les critiques découvriront avec surprise combien il était un grand et original artiste, le plus grand, à mon sens, de toute la famille. Son pinceau ne traitait pas seulement les fées et les thèmes légers de même nature, il s'attaquait également à l'étrange et à l'effroyable. Son œuvre manifeste un style très personnel, très spécial, tempéré par beaucoup d'ironie naturelle. Il était plus terrible que Blake, moins morbide que Wiertz. La meilleure preuve de sa singularité, c'est qu'on voit mal à qui le comparer. Cependant, il étonna le prosaïsme écossais plus qu'il ne conquit son admiration, et dans le champ plus vaste de Londres, on ne le connut que par ses illustrations au crayon et à la plume, qui n'étaient point son meilleur mode d'expression. Au bout du compte, avec la totalité de ce qu'il gagnait, ma mère ne disposa jamais d'une somme supérieure à 300 livres par an pour élever sa nombreuse famille. Vivant dans une atmosphère de courageuse et tonifiante pauvreté, nous fîmes, chacun à notre tour, de notre mieux pour aider les plus jeunes d'entre nous. Ma noble sœur Annette, qui devait mourir à l'heure même où notre vie commençait de s'illuminer, partit très tôt comme institutrice pour le Portugal, d'où elle nous envoyait tous ses émoluments. Mes sœurs plus jeunes, Lottie et Connie, firent de même. Moi aussi, je me rendis utile autant que je le pus. Mais c'est encore sur ma pauvre mère que continua de porter le poids de l'humble effort quotidien. Souvent je lui disais : « Quand vous serez vieille, maman, vous aurez un costume de velours, des lunettes d'or, et vous resterez douillettement assise au coin du feu. » Grâce à Dieu, il en fut ainsi. Je crois bien que mon père était d'un médiocre secours pour elle, car il vaguait toujours dans les nuages et n'avait aucun sentiment des réalités. C'est le monde qui cueille les fruits du génie, et non pas la famille.

De mon enfance, j'ai peu à dire : elle fut d'une austérité spartiate à la maison, et plus spartiate encore à l'école d'Édimbourg, où l'un de ces maîtres d'autrefois toujours prêts à brandir le martinet me rendit l'existence misérable. Je souffris, de sept à neuf ans, sous le magistère de ce coquin, borgne et marqué de petite vérole, qu'on eût dit échappé d'un livre de Dickens. Les soirées en famille et la lecture étaient ma seule consolation avec les congés de fin de semaine. Au contact de garnements indisciplinés comme mes camarades, je devins moi-même un garnement indiscipliné. S'il y a un peu de vérité dans l'idée de réincarnation, à laquelle mon esprit reste ouvert, j'imagine que dans une existence antérieure, je dus être un fieffé batailleur, et qu'il m'en revenait quelque chose dans le plaisir que, tout enfant, je prenais à me battre. Nous habitâmes durant un certain temps une rue en cul-de-sac qu'animait une vie très particulière. Une rivalité féroce y divisait les petits garçons suivant le côté de la rue auquel ils appartenaient. Finalement, deux champions vidèrent la querelle. Je représentais le parti pauvre, qui logeait dans des appartements, et mon adversaire le parti riche, qui occupait les villas, en face. Nous nous battîmes dans le jardin d'une de ces villas. Excellent combat en cinq reprises, où nous ne réussîmes ni l'un ni l'autre à nous assurer l'avantage. Quand je rentrai chez moi :

— Oh ! s'écria ma mère, dans quel état effrayant vous avez l'œil, Arthur !

À quoi je répliquai :

— Allez donc voir, de l'autre côté de la rue, l'œil d'Eddy Tulloch !

Il m'arriva de recevoir une correction méritée un jour où je provoquai le fils d'un cordonnier qui s'était aventuré sur notre terrain en faisant une course. Il portait dans un sac d'étoffe verte une grosse botte, dont il m'assena un coup si violent sur le crâne que j'en faillis perdre connaissance. La leçon était bonne. Je dirai pourtant à ma décharge que, malgré mon humeur pugnace, je ne m'attaquai jamais à de plus faibles que moi, et, parfois même, je pris leur défense. Je conservai jusque bien plus tard ces dispositions.

Dans mes souvenirs de ce temps-là, deux figures se détachent, qui valent que je les rappelle. Quand passait à Édimbourg quelque illustre ami de mon père, il ne manquait point, pour notre embarras momentané, de venir voir en notre petit logis « comment allait Charles ». C'est ainsi que dans ma première enfance, il en vint un, grand, couronné de cheveux blancs, affable. J'étais si jeune que cela me fait, aujourd'hui, l'effet d'un rêve. Mais il me plaît de penser que je me suis assis sur les genoux de Thackeray. Il admirait beaucoup ma chère maman, ses yeux gris d'Irlandaise et sa vivacité celtique. Nul, d'ailleurs, n'approchait d'elle sans être captivé.

Une fois aussi, j'eus un bref aperçu d'histoire. C'était, si j'ai bien la mémoire des dates, en 1866. Des parents irlandais, en bonne situation de fortune, nous avaient invités à passer quelques semaines dans leur grande maison de King's County. Passant la majeure partie de mon temps avec les chiens et les chevaux, je devins bientôt l'ami du jeune palefrenier. Les écuries ouvraient sur un chemin de campagne par une porte voûtée surmontée d'un grenier à foin. Un matin que j'étais dans la cour, je vis le palefrenier s'élancer tout effrayé, fermer la porte en grande hâte, pousser les barres, puis monter au grenier en m'appelant du geste. Alors j'aperçus, arrivant sur le chemin, une bande d'individus farouches. Ils pouvaient être au nombre d'une vingtaine. En face de la porte, ils s'arrêtèrent, et, levant la tête, nous adressèrent des imprécations, auxquelles, d'ailleurs, mon jeune ami répliqua d'abondance. J'appris ensuite que ces hommes étaient des Fénians et que je venais d'assister à l'un de ces troubles périodiques qui ont tant éprouvé la malheureuse Irlande. Peut-être vont-ils cesser enfin.

Au cours de mes dix premières années, je me passionnai très vite pour la lecture. C'est au point que la petite bibliothèque à laquelle nous nous adressions prévint ma mère que les livres ne nous seraient pas échangés plus de deux fois par jour. Mes goûts étaient, naturellement, assez enfantins. J'avais pour auteur de prédilection Mayne-Reid, et pour ouvrage favori ses *Chasseurs de Chevelures*. Moi-même, à cette époque, j'écrivis et j'illustrai un petit livre. La rencontre d'un homme et d'un tigre y produisait bientôt le pire amalgame. Je fis remarquer à ma mère, avec une sagesse précoce, qu'il est facile de mettre les gens dans des situations embarrassantes, mais plus difficile de les en sortir. Vérité d'expérience pour quiconque écrit des récits d'aventures.

CHAPITRE II

CHEZ LES JÉSUITES

J'avais dix ans lorsqu'on m'expédia à l'école de Hodder, préparatoire à Stonyhurst, qui est le grand collège catholique du Lancashire. Pour un gamin qui n'avait jamais quitté sa famille, c'était tout un voyage. Je l'entrepris dans un sentiment d'abandon qui m'arrachait des larmes amères. Cependant j'arrivai sain et sauf, à l'heure dite, en gare de Preston, d'où j'achevai en voiture, avec d'autres garçons de mon âge, sous la surveillance de maîtres jésuites, le trajet de douze milles jusqu'à l'école. Hodder se trouve à un mille environ de Stonyhurst. C'est une très utile institution. On y reçoit les enfants jusqu'à douze ans, pour qu'en arrivant chez les « grands » ils soient déjà rompus aux disciplines scolaires.

Je passai deux ans à Hodder. L'année, en ce temps-là, n'était pas coupée de ces congés continuels qui font aujourd'hui diversion à la sévérité des études. Nous ne quittions l'école que pour six semaines d'été. En définitive, ces deux années furent pour moi très heureuses. Intellectuellement et physiquement, je sus me tenir au niveau de mes camarades. J'eus la chance d'avoir pour principal l'excellent père Cassidy, homme plus humain que ne le sont en général les Jésuites. Je garde un souvenir chaleureux et de lui et de ses façons gentilles pour les vrais petits polissons dont il avait la charge. C'est durant mon séjour à Hodder que vint à éclater la guerre franco-allemande, et l'événement fit sentir ses remous jusque dans nos eaux calmes et fermées.

De Hodder, je passai à Stonyhurst. Quelque cent cinquante ans plus tôt, les Jésuites, devenus légataires de cette grande résidence médiévale, en avaient fait un établissement privé d'instruction, où ils avaient emmené d'un collège de Hollande tout leur personnel enseignant. Le programme des études n'y datait pas moins que l'édifice, mais il en avait la solidité. On les a, d'ailleurs, me dit-on, modernisés depuis. Il y avait sept classes : éléments, calculs, rudiments, grammaire, syntaxe, poésie, rhétorique. Chacune demandait toute une année. Je les fis toutes les sept, y compris les deux que j'avais faites à Hodder. C'était l'habituelle routine des écoles : Euclide, l'algèbre et les classiques, enseignés de manière à vous laisser une durable horreur. Donner à des enfants quelques maigres notions de Virgile ou d'Homère, sans les accompagner d'une vue d'ensemble ni sur les circonstances de leurs œuvres ni sur l'époque classique, cela constitue évidemment une méthode absurde. Pour moi, un enfant intelligent s'instruirait beaucoup mieux sur Homère si, pendant une semaine, il le lisait dans une bonne traduction, au lieu de passer un an, comme le veut d'ordinaire la coutume, à l'étudier dans l'original. Sous ce rapport, les choses n'étaient pas pires à Stonyhurst que dans n'importe quel collège. Je n'en vois qu'une justification possible, à savoir qu'un examen quelconque, si stupide soit-il, fait l'office d'un haltère mental pour le développement du cerveau. Théorie, à mon sens, complètement fausse. Je le dis en vérité, mon latin et mon grec, qui me coûtèrent tant d'heures pénibles, ne m'ont servi à rien dans la vie, et pas davantage mes mathématiques. D'autre part, certaines connaissances acquises presque au hasard, par exemple l'art de lire à haute voix, auquel je m'initiai tout seul près de ma mère pendant qu'elle tricotait, ou le français des livres, que j'appris dans les romans de Jules Verne en lisant les légendes des gravures, m'ont rendu dans la suite les plus grands services. Mon éducation classique me laissa l'aversion des classiques, et je fus tout surpris de découvrir leur charme quand, des années plus tard, je les abordai avec ma raison.

Année par année, je me vois gravir ces sept échelons de mon enfance. J'ignore ce que vaut le mode d'instruction des Jésuites ; pour le savoir, il faudrait que j'eusse éprouvé un autre système. Au bout du compte, je crois qu'il a produit autant de bons sujets qu'aucun autre. Bien que nous eussions pour condisciples quantité d'étrangers et un bon nombre d'Irlandais mécontents, nous formions une communauté patriote, et notre pouls battait avec le cœur du pays. On me dit qu'aujourd'hui, relativement aux élèves des autres collèges, les pensionnaires de l'ancien Stonyhurst détiennent une moyenne élevée de Victoria Cross et de Distinguished Service Order. Les éducateurs jésuites n'ont, et peut-être à bon droit, qu'une médiocre confiance en la nature humaine. On ne nous laissait pas seuls un instant, et par là, je crois, se trouvait réduite à ses moindres conséquences l'immoralité qui sévit d'habitude dans les collèges. Point de jeux ni de promenades où ne prissent part nos maîtres ecclésiastiques. Un d'eux parcourait la nuit nos dortoirs. Il se peut qu'un pareil système affaiblisse le respect de soi et le sentiment de l'entr'aide, du moins, il restreint la tentation et le scandale.

Nous menions une vie spartiate, sans manquer de rien dont nous eussions besoin. Le pain sec et du lait chaud généreusement étendu d'eau constituaient notre déjeuner du matin. Au repas de midi, nous avions un plat de viande et, deux fois la semaine, du pudding. Puis, dans la journée, un petit morceau de pain dit « beurré », arrosé d'une boisson extraordinaire, brune, et qui n'avait de la bière que cette seule caractéristique. Finalement, à souper, on nous servait du lait chaud, du pain, du beurre, et, souvent, des pommes de terre. Notre santé s'accommodait fort bien de ce régime, auquel, le vendredi, s'adjoignait du poisson. Tout, en somme, confinait pour nous à l'austérité, sauf que nous habitions une magnifique demeure, que nous dînions dans une salle à manger de marbre possédant une galerie de minstrels, que nous faisions nos dévotions dans une ravissante chapelle et qu'enfin nous vivions dans un milieu choisi pour tout ce qui concernait la vue, sinon le confort.

Les fautes se punissaient corporellement. Je puis d'autant mieux attester la rigueur du châtiment que peu de garçons, à mon époque, le subirent davantage. Il était d'une nature particulière et, j'imagine, importé de Hollande. L'instrument en était un gros morceau de caoutchouc taillé en semelle de botte. Au premier coup bien appliqué, la paume de la main enflait et changeait de couleur. Si je dis que pour les grands la dose normale était de neuf coups sur chaque main, et que le nombre de neuf sur une main était un minimum irréductible, on comprendra que le patient ne pût même pas tourner le bouton de la porte en quittant la chambre de torture. Deux fois neuf coups en hiver, c'était, peu s'en faut, l'extrémité de l'endurance humaine. Je crois, au reste, que, somme toute, cela nous faisait du bien. Car nous mettions un point d'honneur à nous raidir contre la souffrance : préparation excellente aux difficultés de la vie. Si je fus battu comme personne, ce n'est pas que je fusse le moins du monde vicieux, mais c'est que, naturellement sensible à la bonté et à l'affection, qui toujours me faisaient défaut, je m'insurgeais contre la menace, je ressentais un orgueil pervers à montrer que la violence n'aurait pas raison de moi. Je commettais des fautes, des méchancetés gratuites, pour prouver ma résolution. Eut-on fait appel à ce que j'avais de bon, et non point à un sentiment de crainte, j'y aurais tout de suite répondu. Ce que je faisais méritait ce qu'on m'infligeait, mais je ne le faisais que parce qu'on ne savait pas me prendre.

Je ne vois aucun de mes camarades qui se soit particulièrement signalé plus tard, sauf Bernard Partridge, de *Punch*, que je me rappelle comme un enfant très gentil, très tranquille. Celui qui devait être un jour le père Thorston, et l'un de mes adversaires dans la question du psychisme, se trouvait dans la classe immédiatement supérieure à la mienne. Il y avait aussi un jeune novice avec qui je n'avais que peu de rapports, mais dont j'ai toujours présent à l'esprit l'air de noble spiritualité : c'était Bernard Vaugham, que son talent de prédicateur devait rendre célèbre. Sauf un camarade, James Ryan, chez qui se remarquaient déjà les qualités qui en firent un homme remarquable, je n'emportai de Stonyhurst aucune amitié destinée à durer.

J'entrais dans la période avancée de mes études quand je me découvris certaines petites dispositions littéraires qui n'étaient point l'apanage commun. Si ce fut pour moi une surprise, c'en fut peut-être une plus grande pour mes maîtres, qui voyaient mon avenir sous un jour assez noir. L'un d'eux, à qui je confiais mon projet de devenir ingénieur civil, me répondit tout franc : « Ingénieur, passe encore ; mais civil, je doute que vous le soyez jamais. » Un autre m'affirma que je ne ferais rien de bon dans le monde, et il se peut que, de son point de vue, sa prophétie se soit justifiée. La circonstance qui mit au jour mes facultés latentes, c'est le fait que, dans l'avant-dernière des classes supérieures, où j'arrivai en 1874, nous avions à faire des compositions dites « poétiques » sur un thème donné. Tâche sinistre pour la plupart des élèves, dont les façons de courtiser la Muse atteignaient au plus haut comique. Pour moi, qui adorais les vers, en écrire était une œuvre d'amour, et mes vers, si pauvres qu'ils fussent, semblaient miraculeux à mes camarades, que n'aiguillonnait point la vocation. Mon *Passage de la Mer Rouge par les Hébreux*, depuis le début :

> *Comme de pâles fleurs dans un bocage ombreux,*
> *Ainsi, sur le gazon, les tentes des Hébreux…*

sans négliger le développement :

> *Ils n'ont plus que le temps de songer à la fuite,*
> *Le char égyptien presse encor sa poursuite…*

jusqu'à l'effet final :

> *L'horrible cri ! La mer s'est d'un coup refermée :*
> *Disparus, Pharaon et toute son armée !*

ne manquait pas de métier, bien que cela restât conventionnel et raide. En tout cas, on y pouvait voir ce que M. Stead appelait le « poteau indicateur » : j'y pris une certaine conscience de moi-même. La dernière année, je dirigeai le magazine du collège et commis un bon nombre de poèmes, d'ailleurs sans intérêt. J'allai subir à Londres les examens d'immatriculation universitaire, excellente épreuve où l'on fait le tour des connaissances acquises et j'étonnai tout le monde par la manière dont j'enlevai mes diplômes. Si bien que je sortis de Stonyhurst à seize ans, avec plus d'honneur qu'on n'eût pu l'augurer de mes notes scolaires.

Dès les premiers temps de mon séjour dans l'établissement, l'offre avait été faite à ma mère de lui remettre tous les frais de mon éducation pourvu qu'on me consacrât à l'Église. Ma mère refusa, de sorte que l'Église et moi eûmes la chance d'échapper l'un à l'autre. Quand je pense à la pénurie de ses ressources, au combat qu'elle devait soutenir pour joindre les deux bouts tout en sauvant les apparences, je vois là un beau trait de son indépendance morale, puisqu'elle s'imposait ainsi une dépense annuelle de cinquante livres qu'un mot d'assentiment lui eût épargnée.

Cependant, je passai une année supplémentaire chez les Jésuites, car on ne me jugeait pas en âge d'entreprendre des études professionnelles, et pour me permettre d'apprendre l'allemand, on m'envoya au collège autrichien de Feldkirch, dans le Vorarlberg, où vont s'instruire, par les soins de ces religieux, bon nombre de jeunes gens appartenant aux meilleures familles d'Allemagne. La discipline y est plus humaine et j'y trouvai une plus grande bienveillance qu'à Stonyhurst : ce qui eut pour effet de convertir un jeune rebelle plein de fiel en un ferme soutien de la loi et de l'ordre.

Pourtant, je débutai mal. La nuit de mon arrivée, au dortoir, empêché de dormir par les ronflements sonores d'un pensionnaire, je patientai aussi longtemps que possible. Mais enfin, je n'y tins plus. Sur chaque côté des étroites couchettes étaient fichés de curieux compas de bois qu'on nommait *bett-scheere* ou ciseaux de lit. J'en arrachai un, partis en quête du coupable, et, l'ayant repéré, je me mis à le harceler du bout de mon arme. On juge de sa surprise lorsque, en se réveillant, il se vit assailli par un grand jeune homme qu'il ne pouvait connaître, car je n'étais arrivé que très tard. Tandis que je continuais à le secouer, on me tapa sur l'épaule. Et je me trouvai en face d'un maître qui m'ordonna de réintégrer mon lit. Le lendemain, j'eus à subir une conférence sur le sans-gêne anglais et ma façon de prendre en main la loi. Mais ce fut là ma pire équipée, je me conduisis bien par la suite.

Mon année à Feldkirch fut, en somme, une année heureuse. J'y fis moins de progrès en allemand que je ne l'aurais dû, car nous étions une vingtaine d'Anglais et d'Irlandais qui formions un groupe inséparable et, par là, contrariions naturellement le dessein de nos parents. À défaut de cricket, nous pratiquions le toboggan et le football sur échasses. Autour de nous régnaient d'aimables montagnes où l'on nous menait en promenade. La nourriture valait mieux qu'à Stonyhurst ; la bonne bière y remplaçait les infâmes dilutions de là-bas. J'acquis un talent que je ne prévoyais guère : l'instrumentiste qui jouait la partie de bombardon dans le bel orchestre du collège n'étant pas revenu cette année, on me prit, en raison de mon âge, pour lui succéder. Une ou deux semaines après ma première leçon, je jouais en public, et non point de la musiquette, mais *Lohengrin* et *Tannhäuser*. Il est vrai que le bombardon est soumis à un rythme très accentué : si parfois il se permet une fantaisie, c'est avec la grâce d'un hippopotame qui exécuterait un pas de danse. L'instrument était de si grande taille que les autres musiciens s'amusaient à fourrer dans son pavillon mes draps de lit et mes couvertures, et je me rappelle ma stupeur quand je m'efforçais en vain d'en tirer une note. Je quittai Feldkirch dans l'été de 1876, emportant, des Jésuites autrichiens et du vieux collège, un souvenir dont l'agrément ne s'est pas effacé.

Je garde, en effet, un sentiment de sympathie pour les Jésuites, si loin que j'aie erré hors de leurs voies. Je me rends compte et de leurs vertus et des limites où ils s'enferment. À certains égards, on les calomnie. Je ne sache pas qu'en mes huit années de contact journalier avec eux, ils se soient montrés moins francs ni plus casuistes que d'autres. C'étaient, autant que je les connus, des esprits sérieux et honnêtes. Le troupeau pouvait avoir ses brebis noires, elles étaient peu nombreuses, le procédé de sélection étant rigoureux et long. Tout, chez eux, méritait l'admiration, sauf leur théologie : ils lui devaient une dureté, une inhumanité de surface qui est, au surplus, l'effet général du catholicisme dans ses formes extrêmes. Le jour qu'on entre dans leur ordre, on est perdu pour sa famille. L'étroitesse et la sévérité de leurs vues leur donnent cette force d'autorité que l'on remarque également chez les Puritains, comme dans toutes les confessions inflexibles et strictes. Dévoués, intrépides, ils se sont faits, maintes fois, au prix de bien des souffrances les avant-coureurs de la civilisation, au Canada, en Amérique du Sud, en Chine. Ils constituent l'avant-garde de l'Église catholique romaine. Le tragique, c'est que, tout heureux qu'ils seraient de donner leur vie pour leur foi, ils ont contribué à sa ruine. C'est eux, effectivement, que, d'après le père Tyrrell et les modernistes, on trouve au fond des doctrines excessives telles que l'infaillibilité du Pape et l'Immaculée Conception, eux à qui est imputable ce resserrement du dogme qui rend si difficile, pour un homme ayant le désir scientifique de la vérité et le respect de soi, l'attachement à l'Église. Pendant plusieurs années, sir Charles Mivart, le dernier des savants catholiques, tenta l'impossible avant de reprendre, lui aussi, sa liberté. De sorte que je ne vois plus un savant, ni même un penseur en renom, qui pratique le catholicisme. C'est l'œuvre des extrémistes, déplorée par les modérés, furieusement condamnée par les modernistes. Et c'est aussi la faute du directoire central italien qui donne ses ordres. Rien ne saurait dépasser en intransigeance la bigoterie de la théologie jésuite ou son apparente ignorance de ce qui heurte la conscience moderne. Je me rappelle avoir, étant grand garçon, entendu un fougueux ecclésiastique irlandais, le père Murphy, affirmer que, hors de l'Église, la damnation était inévitable. Je le regardai avec horreur. De cet instant date la première brèche, qui allait s'étendre et s'approfondir jusqu'aux dimensions d'un gouffre, entre mes guides et moi.

Lors de mon retour en Angleterre, je m'arrêtai à Paris. Il y avait toujours eu dans ma vie, jusque-là, un grand oncle invisible, nommé Michaël Conan, à qui je dois un paragraphe. Notre parenté venait du mariage de sa sœur, miss Conan, avec le père de mon père, « H. B. ». Michaël Conan avait dirigé l'*Art Journal*. C'était un homme distingué, un de ces intellectuels irlandais qui créèrent le mouvement du Sinn-Fein. Passionné d'héraldique et d'archéologie autant que ma mère, il rattachait plus ou moins directement nos origines aux ducs de Bretagne, qui tous étaient des Conan, Arthur Conan, entre autres, ce malheureux jeune prince à qui le roi Jean, d'après Shakespeare, fit crever les yeux. Mon grand-oncle était aussi mon parrain, d'où mes prénoms d'Arthur Conan.

Il vivait à Paris. Nous étions en correspondance. Il avait exprimé le désir que son filleul et neveu, avec qui il avait échangé des lettres, allât le voir en passant. Je fis si bien mes comptes de voyage, qu'après un souper joyeux à Strasbourg, j'arrivai à Paris n'ayant plus que quatre sous en poche. Ne pouvant ni me payer un fiacre, ni demander à mon oncle de le payer, je laissai ma malle à la consigne de la gare et m'engageai à pied dans les rues. J'atteignis la Seine, la longeai, gagnai le bas des Champs-Élysées, d'où je découvris à distance l'Arc de Triomphe. Sachant que l'avenue de Wagram, où habitait mon oncle, était proche, j'y grimpai par une journée d'août et parvins enfin à destination. La chaleur et la marche m'avaient épuisé, j'étais à bout de souffle, quand je vis un homme qui portait sur le dos un grand cylindre métallique servir à un passant, pour le prix de deux sous, un verre d'une boisson qui me parut être du *porter*. J'arrêtai l'homme et, pour le même prix, me fis servir de même. La boisson était un mélange d'eau et de jus de réglisse. Elle me revivifia, ce dont j'avais besoin. Et l'on n'eût pu dire que j'arrivais chez mon oncle sans un sou puisqu'il m'en restait deux.

Ainsi, pendant quelques semaines, je menai à Paris une existence parcimonieuse auprès de ce bon vieil Irlandais volcanique, qui passait l'été en manches de chemise, servi par sa femme, une petite personne qui voletait autour de lui comme un oiseau. De corps et d'esprit, il m'est présent à la mémoire plus qu'aucun autre Doyle.

Nous nous liâmes d'une sincère affection. Et je retournai enfin chez moi, conscient que j'allais entrer dans la vie réelle.

CHAPITRE III

ANNÉES UNIVERSITAIRES

Mon agréable année en Allemagne ne m'avait beaucoup enrichi ni d'intelligence ni d'âme. À Édimbourg, je trouvai les affaires de la famille aussi embarrassées que jamais. La situation de mon père ne s'améliorait pas. Deux enfants plus jeunes, Innes, mon unique frère, et Ida, étaient venus ajouter aux tracas de ma mère. Une autre sœur, Julia, n'allait pas tarder à les suivre. J'ai dit qu'Annette, notre aînée, gagnait déjà sa vie au Portugal, d'où elle nous envoyait une bonne part de son salaire. Lottie et Connie allaient en faire autant. Ma mère avait cru devoir prendre en partie la charge d'une grande maison, ce qui pouvait avoir ses avantages, mais n'était pas moins désastreux, sous certains rapports.

Peut-être la dureté des temps ne fut-elle pas pour moi une mauvaise chose. J'étais dissipé, j'avais le sang chaud, un caractère tant soit peu insoucieux, mais les circonstances réclamaient de l'application et de l'énergie : comment faire faux bond à une si admirable mère ? Il avait été décidé que je serais médecin, surtout, je crois, parce qu'Édimbourg était un centre fameux d'études médicales. Cela impliquait pour ma mère un long surcroît d'efforts, mais en ce qui concernait ses enfants, son ambition n'avait d'égale que sa vaillance. Je n'aurais pas seulement à préparer la médecine, je devrais poursuivre le diplôme d'Université, ce qui est tout autre chose qu'une simple licence de praticien. Au moment où je rentrai d'Allemagne, quantité de concours étaient ouverts pour l'obtention des bourses. Je repassai en un mois mes classiques et me présentai aux épreuves. Une semaine plus tard, j'étais avisé que je gagnais la bourse Grierson, de 40 livres. Chez nous, la joie fut grande, tout semblait s'éclairer. Hélas ! quand j'allai chercher l'argent, on me dit que j'étais victime de l'erreur d'un secrétaire et que la bourse Grierson ne s'attribuait qu'aux étudiants de lettres. Comme la liste des prix était longue, je supposai qu'au moins j'aurais le suivant, qui était valable pour la médecine. Je vis s'allonger la mine du fonctionnaire à qui j'avais affaire. « Malheureusement, me dit-il, le bénéficiaire en a déjà touché le montant. » C'était un vol manifeste. Ce prix que j'avais gagné, qui m'était nécessaire, je ne le reçus jamais. On me remit tout juste, en guise de consolation, 7 livres provenant de je ne sais quel fonds. Ce fut pour moi une déception cruelle. Bien entendu, il y avait là matière à procès. Mais que peut un étudiant sans ressources, et quelle eût été ma carrière à l'école si j'avais commencé par appeler l'Université en justice pour une question d'argent ? Je n'avais qu'à me résigner. Sans doute était-ce le seul parti raisonnable.

Bien que de haute taille et de charpente solide, je n'étais encore qu'un jeune homme à demi formé. Me voilà donc embarqué pour mes cinq ans d'études médicales. Évidemment, si je faisais diligence, elles pouvaient se réduire à quatre, mais, comme on le verra, une interruption magnifique devait me mettre en retard d'un an. Admis comme étudiant en octobre 1876, je quittai l'Université en 1881 comme bachelier en médecine. Entre ces deux dates s'étend une fastidieuse période durant laquelle je mouds de la botanique, de la chimie, de l'anatomie, de la physiologie, sans compter une foule de matières obligatoires dont beaucoup n'ont qu'une relation indirecte avec l'art de guérir. Tout ce système d'enseignement, quand je le considère à distance, m'apparaît comme trop oblique, trop peu pratique pour le dessein auquel il répond. Et cependant, j'ai lieu de croire à la supériorité d'Édimbourg sur la plupart des autres écoles. D'autant qu'Édimbourg est pratique dans sa préparation à la vie. Il diffère des universités anglaises en ce qu'on n'y respire point une atmosphère d'école. L'étudiant y mène une vie d'homme libre, à son domicile personnel, sans restriction d'aucune sorte. Naturellement, ma famille habitant la ville, je travaillais chez moi.

De professeurs à élèves, on ne cherchait pas à faire amitié, ni même connaissance. Tout s'arrangeait strictement sur un pied d'affaire. Par exemple, nous versions quatre guinées pour le cours d'anatomie, en retour de quoi nous recevions le texte des cours d'hiver. Nous n'apercevions jamais le professeur qu'à demi caché dans sa chaire, et en aucune circonstance nous n'échangions un mot avec lui. C'étaient pourtant des hommes remarquables que certains de nos maîtres, et sans nouer avec eux la moindre relation personnelle, nous arrivions fort bien à les connaître. Il y avait l'excellent Crum Brown, le chimiste, qui, devant un mélange explosif, avait toujours grand soin de se mettre à l'abri, et d'ailleurs obtenait rarement la déflagration, en sorte que le « Boum ! » de la classe était le seul bruit qui se fit entendre. Brown quittait alors sa retraite : « Vraiment, messieurs !... » nous disait-il sur un ton de remontrance. Et là-dessus, il reprenait son cours, sans plus s'occuper de son expérience avortée. Il y avait Wyville Thomson, le zoologiste, à peine revenu de son expédition sur le *Challenger*. Et Balfour, un vieillard quinteux, épineux, dont la figure et les manières rappelaient celles du réformateur John Knox, et qui houspillait les étudiants aux examens, ce qui lui valait d'en être lui-même houspillé tout le reste de l'année. Il y avait Turner, un bel anatomiste, mais un autodidacte, comme on s'en avisait quand il parlait de « prendre et mettre cette structure sous le manche de ce scalpel ». Le trait le plus humain que j'ai retenu de Turner est celui-ci. Des galopins avaient, un jour, en se jetant des boules de neige, envahi le quadrangle sacro-saint de l'école. Au bruit de la lutte, toute la classe, dont j'étais, s'agitait sur ses bancs. « Messieurs, nous dit Turner, je crois que votre présence serait plus utile hors de cette salle. » Il n'eut pas à nous le redire : nous nous élançâmes à grands cris, et la cour fut vite dégagée. Mais de tous nos professeurs, celui que recompose le plus vivement ma mémoire, c'est Rutherford, avec sa silhouette trapue, sa barbe assyrienne, sa voix prodigieuse, son torse énorme et ses façons singulières. Il exerçait sur nous une fascination mêlée de respect et d'effroi. J'ai essayé de rendre un peu sa physionomie et son caractère dans l'imaginaire professeur Challenger[1]. Il lui arrivait de commencer son cours dès avant son entrée dans la salle, et nous l'entendions mugir : « Il y a des valvules dans les veines », ou telle vérité de ce genre, alors que la chaire était encore vide. C'était, hélas ! un vivisecteur impitoyable ; et bien que je reconnaisse comme nécessaire un minimum de vivisection sans souffrance, d'ailleurs beaucoup plus justifiable que le fait de manger de la viande, je me réjouis que la loi se soit faite plus rigoureuse contre les excès de ses pareils. « Ah ! ces crenouilles djermaniques ! » s'écriait-il avec un accent bizarre, en dépeçant quelque malheureux amphibie. Un curieux fragment anatomique ayant été recueilli sur la plage voisine de Portobello, j'écrivis à ce propos une chanson d'étudiants dans laquelle chaque professeur tour à tour le revendiquait pour son compte. Le couplet sur Rutherford était le suivant :

Rutherford, l'air impertinent,

Dit : « C'est un calcul biliaire.

Je le réclame incontinent

Pour l'avoir, en me promenant

Sur la plage, vers le ponant,

Laissé choir par mégarde à terre.

Je l'ai sur-le-champ reconnu,

L'ayant de mes mains obtenu

[1] *Le Monde perdu, Le Ciel empoisonné, La Ville du Gouffre.*

À l'aide d'un fort cholagogue

Un jour que j'avais mis à nu

Les viscères d'un bouledogue. »

Si, comme je le crois, la chanson se chante toujours, il peut être intéressant pour la génération actuelle d'en savoir l'auteur.

Mais de tous les personnages que j'eus l'occasion de connaître à Édimbourg, il n'en est pas de plus curieux que le chirurgien de l'hôpital, Joseph Bell. Mince, sec et nerveux, le nez puissant, le visage aigu, les yeux pénétrants et gris, les épaules anguleuses, la démarche saccadée, il parlait d'une voix forte et discordante. Bien que très habile opérateur, il excellait surtout dans le diagnostic, non seulement de la maladie, mais de la profession et du caractère. Il me distingua, sans que jamais j'aie compris pourquoi, dans la foule des étudiants qui fréquentaient ses salles, et il m'employait pour ses malades de passage, ce qui veut dire que j'avais à leur faire prendre la file, à noter sommairement leur cas, puis à les introduire un par un dans la salle où se tenait le professeur, entouré de ses internes et de ses élèves. Ainsi, je pus à loisir étudier ses méthodes et constater qu'un rapide coup d'œil lui en disait souvent plus sur le malade que ne m'en avait appris mon questionnaire. S'il commettait quelques erreurs, il obtenait parfois des résultats saisissants. J'en citerai cet exemple, des plus caractéristiques :

— Ancien soldat, n'est-ce pas, mon ami ? dit-il un jour à l'un de ses consultants.

— Oui, monsieur.

— Libéré depuis peu ?

— Oui, monsieur.

— Sous-officier ?

— Oui, monsieur.

— En garnison aux Barbades ?

— Oui, monsieur.

— Cet homme, messieurs, nous expliqua-t-il ensuite, n'entendait pas nous manquer de respect, cependant il avait gardé son chapeau sur la tête : dans l'armée, on ne se découvre pas, c'est un usage civil auquel il se conformerait s'il avait quitté depuis longtemps le service. Ce qui m'a fait penser aux Barbades, c'est son éléphantiasis, qui est une maladie des Indes Occidentales et non pas d'Angleterre.

À tous les Watson qui formaient son auditoire, ce qui avait semblé miraculeux avant que Bell ne s'expliquât devenait tout de suite assez simple. Il n'est pas étonnant que, pour avoir vu de près un pareil homme, j'aie utilisé son système, en l'amplifiant, quand j'ai essayé de créer un détective scientifique qui résout les questions par ses moyens propres, et non point grâce aux folies du criminel. Bell, d'ailleurs, prit un vif intérêt à mes histoires policières et il me fit même des suggestions qui, je dois l'avouer, n'étaient pas très pratiques. Quand je vins à le suppléer au dehors auprès de ses malades, il m'avertit qu'une certaine connaissance des idiotismes écossais m'était indispensable. Avec le bel aplomb de mon âge, je me flattais de les posséder. Il ne m'advint pas moins ceci d'amusant que, tout à mon début, un vieillard que j'interrogeai sur le mal dont il souffrait me répondit en termes inintelligibles. Bell se divertit fort de l'incident. Le mal en question était, paraît-il, un abcès à l'aisselle.

Si, dans ma carrière universitaire, je franchis sans broncher tous les obstacles, je n'emportai cependant aucun prix. Je restai dans le peloton, sans traîner, sans prendre d'avance. Aux examens, j'étais, si je puis dire, candidat à soixante pour cent. Il y avait à cela quelques raisons que je vais dire.

Je me sentais tenu d'obligation à venir en aide à ma famille, dût cette aide se borner humblement à me suffire. Ainsi, presque d'emblée, je m'efforçai de faire en six mois mon année de classe, ce qui me donnait le loisir de gagner quelque argent comme assistant-médecin, plutôt que de faire pour un docteur des besognes vagues et diverses. Mais quand, pour la première fois, j'offris mes services, je dus reconnaître qu'ils valaient positivement zéro. Encore, à ce prix, le marché ne pouvait-il qu'être onéreux pour mon employeur, car j'égalais en ignorance ce jeune homme de *Pickwick* fermement convaincu que l'acide oxalique n'était autre que le sel d'Epsom. Je tentai ma première aventure au commencement de l'été de 1878, avec un docteur Richardson qui courait modestement la clientèle dans les quartiers pauvres de Sheffield. Je le secondais de mon mieux, et il me montrait, j'ose le dire, beaucoup de patience, mais nous nous séparâmes au bout de trois semaines par consentement mutuel. Je partis pour Londres, où je publiai des annonces médicales et trouvai un asile provisoire chez mes parents Doyle, qui habitaient alors Clifton Gardens, dans Maida Vale. Sans doute étais-je pour eux trop bohème, comme ils étaient trop conventionnels pour moi. Ils me témoignèrent néanmoins beaucoup de bonté. Pendant quelque temps, j'errai dans Londres, si démuni de toutes ressources que l'oisiveté ne pouvait guère avoir pour moi ses dangers habituels. Des événements fâcheux se laissaient pressentir en Orient. Les sergents recruteurs, qui se démenaient fort dans Trafalgar Street, prirent une fois ma mesure et s'évertuèrent à me faire accepter le shilling du roi. Il y eut un moment où je faillis leur céder : j'en fus empêché par ma mère. Vers la fin de cette même année, je m'engageai comme infirmier dans les ambulances anglaises envoyées en Turquie à l'occasion de la guerre turco-russe. La Croix-Rouge m'inscrivit sur ses listes. Mais la défaite des Turcs prévint mon départ.

D'ailleurs, l'une de mes annonces, « Étudiant de troisième année, plus désireux d'expérience que de rémunération, offre ses services, etc. », ne tarda pas à provoquer une réponse. Elle venait du docteur Elliott, qui habitait, dans le Stropshire, une localité pompeusement dénommée « Ruyton-des-onze-villes ». Trop petite pour une ville, à plus forte raison l'était-elle pour onze. J'y exerçai durant quatre mois mes talents d'auxiliaire sur une clientèle campagnarde. Je menais une existence paisible, qui me laissait de très agréables loisirs. Aussi puis-je dater de cette époque un certain progrès de mon esprit, car je ne cessais de lire et de penser. Mes fonctions médicales n'étaient qu'une simple routine, sauf en de rares exceptions dont je n'ai jamais oublié l'une, car elle me fut la première occasion d'éprouver mes nerfs dans un cas subit et grave. Le docteur était sorti quand un messager vint, tout hors de lui, m'annoncer que, dans une maison voisine où avait lieu je ne sais quelle fête, l'explosion d'un vieux canon avait grièvement blessé et brûlé l'un des assistants. Faute d'un médecin disponible, je restais l'unique ressource. À mon arrivée, je trouvai, couché dans un lit, un homme qui portait un gros éclat de fer planté sur le côté de la tête. Je tâchai de ne pas laisser paraître mon inquiétude et fis ce qui s'imposait tout d'abord : j'enlevai l'éclat. L'os ainsi découvert, je m'assurai que le cerveau n'était pas touché. Puis je refermai la blessure, j'en étanchai le sang et je la bandai. Quand le docteur arriva, il n'eut plus qu'à s'occuper de menus détails. Cet incident me donna confiance en moi-même et, chose plus importante, en donna aux autres. Au total, je passai des jours heureux à Ruyton, et je garde du docteur Elliott et de sa femme un très bon souvenir.

Après mes travaux d'hiver à l'Université, je fis une affaire vraiment fructueuse : on me proposa et j'acceptai, comme assistant, une situation d'environ deux livres par mois ! C'était chez un médecin très connu de Birmingham, le docteur Hoare, dont les courses en ville exigeaient un service de cinq chevaux ; et quiconque a pratiqué la médecine avant l'ère de l'automobile imagine ce que cela représente d'allées et venues entre le matin et le soir. Hoare gagnait quelque 3 000 livres par an : chiffre éloquent si l'on songe à ce qu'il suppose de visites à 3 shillings 6 pence chez les plus pauvres gens d'Aston, et de remèdes à un shilling 6 pence le flacon. Bien fait de sa personne, fort, carré, rougeaud, avec des yeux noirs et des favoris en broussaille, Hoare avait une femme très bonne, très intelligente, et je tenais chez eux la place d'un fils plus que d'un aide. Mais le travail était dur, incessant, et la rémunération plus que médiocre. J'avais à exécuter chaque jour une kyrielle d'ordonnances, car nous fournissions nous-mêmes nos remèdes, et j'en préparais parfois jusqu'à cent dans la journée. Je commettais peu de bévues, bien qu'il me soit arrivé d'expédier, soigneusement empaquetés et adressés, mais sans avoir rien mis à l'intérieur, des flacons de liniment ou des boîtes de pilules. J'avais, de surcroît, ma liste de visites chez les clients les plus humbles ou chez les convalescents, et j'ai vu, en bien comme en mal, force réalités de la vie dans les classes inférieures. Je revins deux fois pratiquer de la sorte à Birmingham, ce qui acheva de resserrer mes liens avec la famille. La seconde fois, mon savoir s'était grandement accru. Je faisais les accouchements, traitais les cas les plus graves de la médecine et m'occupais de toute la pharmacie. Il ne me restait, dans ces conditions, aucun temps pour la dépense, ce qui ne valait que mieux, le moindre shilling que je gagnais étant utile à ma famille.

C'est au cours de cette année-là que j'appris qu'on pouvait gagner des shillings autrement qu'en remplissant des fioles. Un de mes amis, frappé par le tour vif de mes lettres, m'avait fait entendre qu'il ne tenait qu'à moi de tirer parti de ma plume. Je ressentais fortement, je l'avoue, l'attrait de la littérature, et laissais mon esprit courir, sans but apparent, dans toutes sortes de directions. Près de la boutique où, pour la somme de deux pence consacrés à mon déjeuner, j'achetais d'ordinaire un pâté de mouton, il y avait, à l'étalage d'un bouquiniste, un baril plein de vieux livres et surmonté de l'étiquette : « Le volume, 2 pence, au choix. » Souvent le prix de mon déjeuner passait dans l'acquisition d'un de ces volumes. J'ai encore à portée de la main, tandis que je trace ces lignes, le *Tacite* de Gordon, les œuvres de Temple et de Swift, l'*Homère* de Pope, le *Spectateur* d'Addison, tous venus du fameux baril. Quiconque eût observé mes goûts et mes actes eût certainement prédit qu'aux promesses d'un printemps si généreux répondrait une floraison abondante, mais, pour ma part, je n'aurais jamais rêvé de produire une prose décente, et le sentiment exprimé par mon ami me causa une extrême surprise. J'écrivis un petit récit d'aventures que j'intitulai le *Mystère de la Vallée de Sassassa*, et j'eus la joie inattendue de le voir accepté par le *Chamber's Journal*, qui me le paya trois guinées. Je fus moins heureux ensuite, mais n'importe : là où j'avais réussi une fois, je pouvais réussir encore, et cette pensée me soutenait. Des années s'écoulèrent avant que mon nom reparût dans le *Chamber's*. En 1879, une nouvelle, le *Récit de l'Américain*, que je publiai dans le *London Society*, me valut à son tour un petit chèque. Cependant l'idée d'un succès positif restait toujours éloignée de moi.

Les affaires de ma famille n'avaient pas pris, entre temps, une tournure meilleure. Sans mes besognes subsidiaires et sans le travail de mes sœurs, nous aurions eu bien du mal à vivre. La santé de mon père s'était complètement altérée. Il dut se retirer dans la maison de repos où allaient se passer les dernières années de sa vie, et je me trouvai, de fait, à vingt ans, chef d'une famille nombreuse en lutte contre la gêne. L'existence de mon père fut un drame, le drame des possibilités inaccomplies, des dons irréalisés. Il avait ses faiblesses, comme nous avons tous les nôtres, mais il avait aussi quelques vertus éminentes. Grand, élégant, la barbe longue, il joignait au charme des manières une courtoisie que j'ai rarement vue égalée. Il était d'humeur vive et enjouée. En quelque société qu'il fût, si la conversation était grossière, une délicatesse d'esprit peu commune lui donnait le courage moral de se lever et de sortir. Quand il mourut, quelques années plus tard, je suis sûr qu'il n'avait pas un ennemi sur terre. Ceux qui l'ont le mieux connu ont certainement le plus compati à la rigueur d'une destinée qui l'avait jeté, lui, homme d'un génie sensible, dans un milieu auquel ne l'adaptaient ni son époque ni sa nature. Il y avait chez lui un détachement, un manque de sens pratique dont souffrit sa famille, mais ses défauts mêmes étaient, en quelque sorte, la rançon de son développement spirituel. Il vécut et mourut en fils fervent de l'Église catholique romaine. Ma mère, qui, elle, n'avait jamais été une fille très dévouée de la grande institution, s'en écarta de plus en plus à mesure qu'elle avançait dans la vie et finit par trouver sa principale consolation au bercail de l'anglicanisme.

Ceci m'amène à ce que j'appellerai, si l'on veut, mon déploiement spirituel durant ces années de lutte constante. J'ai déjà montré, à propos de mon éducation chez les Jésuites, comment, dès l'enfance, tout ce qu'il y avait en moi de plus sain et de plus généreux s'élevait contre une théologie étroite et une conception peu charitable des autres grandes religions qui se partagent le monde. Dans l'Église catholique, douter de quelque chose équivaut à douter de tout. C'est un axiome fondamental que le doute est un péché mortel. Une fois qu'il a, malgré vous, pénétré en vous, il ne vous laissera plus de paix. Dès lors, tout se relâche. Le merveilleux système où les moindres parties s'entre-commandent vous apparaît sous un jour différent et plus critique. Ainsi considéré, le catholicisme avait encore pour moi bien des attraits : ses traditions, son rituel immuable et solennel, la beauté et le bien-fondé de la plupart de ses règles, la poésie de ses recours à l'émotion, le charme sensuel de sa musique, de ses lumières, de son encens, enfin son pouvoir comme instrument de la loi et de l'ordre. À beaucoup d'égards, comme guide d'un monde sans pensée, sans éducation, il ne pouvait guère être surpassé : on l'a bien vu au Paraguay, et dans l'Irlande de jadis où, sauf en période de troubles agrariens, le crime était rare. Tout cela, je m'en rendais compte. Mais s'il est un trait de ma vie dont j'ai le droit de me targuer, c'est que jamais je n'ai biaisé ni transigé sur les questions religieuses, que je les ai toujours pesées très sérieusement, et que, se fût-il agi de mes intérêts les plus proches, je n'aurais pu rien dire à leur sujet que ce qu'au fond de moi je jugeais être la vérité. À la double lumière de mes études et de mes lectures, je trouvai que les fondements de toute la doctrine chrétienne, et non pas seulement catholique, telle que me les présentait la théologie du dix-neuvième siècle, étaient d'une faiblesse telle que mon esprit ne pouvait bâtir sur eux. On se rappellera que c'était l'époque où nous avions pour maîtres de philosophie Huxley, Tyndall, Darwin, Herbert Spencer, John Stuart Mill. Le courant de leur pensée se faisait sentir jusque sur l'homme de la rue, et, sur la jeunesse des écoles, impressionnable et ardente, il était irrésistible. Je sais aujourd'hui que leur attitude négative était plus mal comprise encore et beaucoup plus dangereuse que les doctrines positives auxquelles s'attaquait une critique d'un effet si destructeur. Entre nos pères et nous, un abîme s'était ouvert. Le jour qu'un Gladstone prit la plume pour affirmer le miracle de Gadara ou les six jours de la Création, le plus jeune des étudiants accueillit son argumentation par de justes moqueries, et il ne fut pas besoin d'un Huxley pour la mettre par terre. Je comprends, à l'heure actuelle, combien il est déplorable que de telles absurdités puissent se perpétuer sans même qu'une note en bas de page atténue la rigueur du texte sacré, car ce qu'il a de vraiment sacré en est offusqué, et l'on se persuade aisément que ce qui est faux en certaines parties manque de solidité et de cohésion. La religion n'a pas d'ennemis plus redoutables que ceux qui s'opposent brutalement à ce que l'on révise ou modifie l'étrange masse de questions, celles-ci excellentes et magnifiques, celles-là contestables, réunies pêle-mêle en un seul livre comme si elles avaient toutes la même valeur. Ce n'est point là de l'or pur, mais de l'or dans de l'argile, et le chercheur consciencieux, s'il le comprend, ne jettera pas l'or quand il rencontrera l'argile, mais lui accordera d'autant plus de prix qu'il l'en aura lui-même séparé.

Ainsi le christianisme tout entier s'était aliéné mon esprit. Il m'avait conduit à un agnosticisme qui, d'ailleurs, ne devait jamais dégénérer en athéisme, car je percevais très vivement et l'équilibre admirable de l'univers et le terrible pouvoir de conception et de conservation qu'il implique. Mes doutes étaient respectueux. Plus je réfléchissais, et je réfléchissais sans cesse, plus je me fortifiais dans mon non-conformisme. J'étais, au sens large du mot, un unitaire, sauf que, dans ma façon d'envisager la Bible, j'apportais plus de jugement que ne font les Unitaires en général. Cette position négative était chez moi si ferme que je la prenais pour un point d'arrivée, quand elle marquait seulement une bifurcation sur la route de la vie où, d'une direction battue, je passerais plus tard dans une direction nouvelle. Tout matérialiste, je m'en aperçois maintenant, est un cas de développement arrêté. Il a fait place nette de ses ruines, il n'a pas commencé de se bâtir un abri. Quant au psychisme, j'en ai eu d'abord connaissance par les comptes rendus de procès auxquels il avait donné lieu, et par les allégations aussi extravagantes que malveillantes dont il était d'ordinaire l'objet dans la presse. Il m'a fallu des années pour comprendre que dans cette voie pouvaient se rencontrer les preuves positives dont j'ai complètement fait dépendre, en ce qui me concerne, tout acte de soumission à l'invisible. Je réclamais une démonstration précise, car si le psychisme devait être article de foi, autant valait que je revinsse à la foi de mes pères. « Jamais, me disais-je, je n'accepterai rien qui ne puisse m'être prouvé, car les maux de la religion sont tous venus de ce qu'on acceptait des affirmations sans preuve. » Et j'ai persisté dans ma résolution.

Je ne voudrais pas donner l'impression que, si j'ai pu avoir quelques inquiétudes sortant du commun, quelques idées tourmentantes, ma vie en a été maladivement affectée. Ma vivacité naturelle ne me laissait manquer aucune occasion de m'égayer. J'étais fort enclin au plaisir. Je lisais beaucoup. Je jouais tous les jeux possibles. J'allais au théâtre voir une pièce ou une autre, chaque fois que j'avais six pence pour m'offrir une place au poulailler. J'y fus, un soir, la cause involontaire d'une bagarre qui aurait pu devenir sérieuse. Je faisais la queue, avec une foule de gens, dans l'escalier du haut, en face de la porte qu'on n'avait pas encore ouverte. Il y avait là une douzaine de soldats, dont l'un pressait contre le mur une jeune fille, tellement qu'elle se mit à crier. Me trouvant près de lui, je l'invitai à plus de douceur. Pour toute réponse, il m'enfonça violemment son coude dans les côtes. Comme, en même temps, il s'était retourné, je le frappai des deux mains au visage. Il bondit vers moi et me poussa dans l'angle de la porte. Mais je l'avais saisi, je le tenais, et ne pouvant jouer des bras, il essayait, lâchement, de me bourrer avec le genou. Plusieurs de ses camarades intervinrent, menaçants et l'un d'eux me creva le chapeau d'un coup de canne sur la tête. Par bonheur, à ce moment, la porte s'ouvrit, la ruée de la foule emporta les militaires, cependant qu'un caporal me disait, d'un ton de sympathie : « Reprenez haleine, monsieur ! Reprenez haleine ! » Je lançai mon adversaire à travers la porte et je rentrai chez moi, certain que, si je restais, il me chercherait encore noise. Ainsi liquidai-je à peu de frais un incident malencontreux.

Voici que j'arrive à ma première aventure mémorable. Elle mérite un traitement spécial et les honneurs d'un chapitre.

CHAPITRE IV

SUR UN BALEINIER DANS L'OCÉAN ARCTIQUE

En 1880, je visitai durant sept mois les mers arctiques à bord du navire *Hope*, commandé par le capitaine baleinier John Gray. On m'avait embarqué à titre de chirurgien. Je n'avais encore que vingt ans et les connaissances moyennes d'un étudiant de troisième année, aussi me suis-je souvent loué qu'on n'ait jamais dû recourir sérieusement à mes services.

La chose s'était faite dans les circonstances suivantes. Par un jour de froid humide, comme on en voit tant à Édimbourg, j'étais dans ma chambre, piochant ferme en vue d'un de ces examens qui empoisonnent la vie de l'étudiant en médecine, lorsque entra un de mes camarades nommé Currie, avec qui je n'avais d'ailleurs que peu de relations. La monstrueuse question qu'il me posa chassa immédiatement de mon cerveau toute pensée d'études.

— Est-ce que, me dit-il, vous auriez plaisir à partir la semaine prochaine pour une campagne de pêche à la baleine ? Vous seriez le chirurgien du bord, aux appointements de deux livres par mois, avec un surplus de deux shillings par tonne d'huile.

— Comment savez-vous que j'aurai l'emploi ? demandai-je naturellement.

— Parce que je l'ai moi-même. Il se trouve qu'au dernier moment, je suis dans l'impossibilité de partir, et je cherche quelqu'un qui me remplace.

— Mais l'équipement pour un séjour dans les mers arctiques ?

— Vous auriez mon sac.

L'affaire se régla sur-le-champ et en quelques minutes, le cours de ma vie prenait une direction imprévue.

Moins d'une semaine après, j'étais à Peterhead, où, secondé par le steward, je rangeais avec entrain mes humbles fruskes dans le coffre placé sous mon cadre à bord du bon navire *Hope*.

J'eus vite fait de m'apercevoir que la principale fonction du chirurgien était de tenir compagnie au capitaine, l'étiquette de la marine commerciale interdisant à celui-ci tout rapport avec ses officiers en dehors de brèves conversations techniques. Cela m'eût semblé une intolérable corvée si le capitaine avait été un méchant homme. Au contraire, c'était un homme admirable que John Gray, commandant du *Hope*, un grand marin, un Écossais à l'intelligence sérieuse, et je formai avec lui une camaraderie que pas une ombre ne traversa durant notre long tête-à-tête. Je le revois, face vermeille, cheveux et barbe grisonnants, yeux bleus très clairs fouillant sans cesse au loin les espaces, silhouette droite et musculeuse, concentré, sarcastique, sévère à l'occasion, mais dans le fond, toujours bon et juste.

Le recrutement de l'équipage du *Hope* avait donné lieu à un incident curieux. L'homme engagé comme lieutenant était un petit individu décrépit, cassé, incapable de remplir sa tâche. En revanche, le maître-coq avait pour aide un géant à la barbe rouge, au teint bronzé, aux membres énormes, à la voix de tonnerre. Mais à peine le navire avait-il quitté la rade, le petit lieutenant décrépit disparut dans la cuisine, où il fit le marmiton pendant tout le voyage, tandis que le puissant marmiton passait à l'arrière et devenait lieutenant. Le fait est que le premier possédait ses certificats mais n'était plus en état de mener un navire, tandis que le second était le plus fin marin qui eût jamais vécu. Ainsi, par un accord mutuel, ils s'empressèrent d'échanger leurs postes.

Colin Mac-Lean, avec ses six pieds de haut, son port ferme et robuste, sa barbe de feu débordant les brides de sa casquette, était officier par sélection naturelle, ce qui constitue un titre supérieur à tous les certificats du Board of Trade. Son seul défaut, c'était qu'il avait le sang chaud et qu'il lui en fallait peu pour se monter jusqu'à la frénésie. J'ai gardé le souvenir très vif d'une soirée que je passai à le séparer du steward, celui-ci lui ayant imprudemment reproché l'attaque manquée d'une baleine. Le rhum dont ils étaient lestés l'un et l'autre rendait l'un chicanier et l'autre violent, et comme nous tenions tous les trois dans un espace de sept pieds sur quatre, ce fut une chose assez malaisée que de prévenir l'effusion du sang. Continuellement, alors que je me flattais d'avoir écarté tout danger, le steward reprenait son imbécile : « Faites excuse, Colin, tout ce que je dis, c'est que si vous aviez attaqué plus vite le poisson… » Je ne sais combien de fois il recommença la phrase, mais jamais il ne parvint à la finir car, au mot « poisson », Colin l'empoignait régulièrement à la gorge, tandis que moi-même j'attrapais Colin par la ceinture, et nous luttions jusqu'à épuisement de force et de souffle. Après quoi, le steward n'avait pas plus tôt recouvré la respiration qu'il entamait de plus belle son antienne, et le mot « poisson » redevenait le signal d'une rencontre. Je crois vraiment que, sans moi, le lieutenant lui eût fait un mauvais parti, car de ma vie je n'ai connu personne qui fût si prompt à la colère.

Il y avait, sur notre baleinier, cinquante hommes, dont moitié étaient des Écossais, moitié des Shetlandais. Nous avions cueilli les Shetlandais à Larwick en passant. Plus rangés, plus traitables que les Écossais, ils avaient l'humeur tranquille, des façons convenables, et parlaient avec douceur, tandis que les Écossais, s'ils nous exposaient à trop d'ennuis, avaient plus de virilité et d'énergie dans le caractère. Les officiers et les harponneurs étaient tous écossais, mais en tant que matelots, et spécialement aux avirons, les Shetlandais offraient toutes les qualités requises.

Un seul homme à bord ne venait ni de l'Écosse ni des Shetland, et il était le mystère du navire. Grand, le visage basané, les yeux noirs, les cheveux et la barbe d'un noir de corbeau, il avait des traits d'une beauté rare et la singulière habitude, en marchant, de lancer en avant les épaules. On disait qu'originaire du sud de l'Angleterre, il avait fui pour se dérober à la justice. Il ne se liait avec personne et se montrait avare de paroles, mais il était le meilleur matelot du bord. À le voir, j'aurais soupçonné qu'il était d'un caractère diabolique et que le crime pour lequel il se cachait tenait plus ou moins du meurtre. Une fois seulement, nous eûmes un aperçu des feux qui couvaient en lui. Notre maître coq, gros homme solide à qui l'ex-petit lieutenant ne faisait que servir d'auxiliaire, avait une provision personnelle de rhum dont il usait si libéralement que, trois jours de suite, le dîner de l'équipage fut un désastre. Le troisième jour, le taciturne proscrit s'approcha de lui, tenant à la main une casserole. Sans rien dire, il lui en assena un tel coup sur le crâne que la tête passa à travers le fond et que le reste de l'ustensile demeura suspendu au cou. Demi-pochard, demi-étourdi, le coq fit mine de se rebiffer, mais on lui donna tout de suite à comprendre qu'il n'avait pas les sympathies de l'équipage, et, grommelant, il s'en revint à ses devoirs, tandis que le vengeur retombait dans sa morose indifférence. Depuis, nous n'entendîmes plus personne se plaindre de la cuisine.

J'ai parlé du steward, et quand, par la pensée, je me reporte à ce long voyage où, sept mois durant, nous ne mîmes pas le pied à terre, devant moi s'évoque la bonne figure ouverte de Jack Lamb. Il avait une voix de ténor belle et prenante, que j'ai écoutée bien des heures alors que, lavant la vaisselle à l'office, il s'accompagnait du bruit des assiettes et du tintement des couteaux. Il retenait avec une grande facilité les airs sentimentaux ; et pour se rendre compte de ce qu'est que le sentiment, il faut être resté six mois sans voir une figure féminine. Quand, d'une voix bien cadencée, Jack chantait :

Son clair sourire me poursuit,

ou

Tu viendras me chercher à la porte du Ciel,
Ô ma tendre et belle Mahone,

une vague et douce mélancolie nous pénétrait tous, qui, aujourd'hui, m'envahit encore. Oui, pour apprécier ce qu'est une femme, il faut être resté six mois sans en voir une. Je me rappelle qu'à notre retour, comme nous doublions le nord de l'Écosse, nous saluâmes le phare de notre pavillon. À peine quelques centaines de yards nous séparaient du rivage. Une forme humaine apparut pour répondre à notre salut, et tout le long du navire courut un murmure fiévreux : « C'est une femme ! » Le capitaine se tenait sur la passerelle, armé de sa longue-vue. Je plaquai les sourcils à la jumelle. Tout le monde écarquillait les yeux. La femme avait plus de cinquante ans, un jupon court et des bottes marines… mais c'était une femme ! « Il y a tout dans un petit bonnet ! » disaient couramment les matelots. Et je pensais de même.

N'anticipons pas. Je vois, par mon journal de bord, que nous sortîmes de Peterhead le 28 février 1880, à deux heures de l'après-midi, suivis du regard et de la voix par toute une foule. Les ponts étaient nets comme ceux d'un yacht, ce qui répondait aussi peu que possible à l'idée que je me faisais d'un baleinier. Nous tombâmes d'emblée dans du gros temps, le baromètre descendit jusqu'à 28.375, ce qui est la plus forte dépression qu'il me souvienne d'avoir constatée dans toutes mes expéditions maritimes. Nous atteignîmes tout juste le port de Larwick avant que la tempête ne battît son plein. Telle en fut la violence que, mouillés sur nos ancres, à sec de voiles et partiellement abrités, nous chassions sous un angle aigu. Elle nous eût pris quelques heures plus tôt que nous eussions certainement perdu nos chaloupes, et les chaloupes, pour un baleinier, c'est la vie. Nous dûmes attendre jusqu'au 11 mars une accalmie suffisante pour reprendre notre route. Il y avait, à ce moment, vingt baleiniers sur la rade : ainsi notre second départ fut un véritable événement. La nuit et le jour suivants, le *Hope* dut chercher refuge sous le vent des îles voisines. Je descendis à terre, où, rôdant au hasard parmi les tourbières, je rencontrai des gens étranges, barbares bienveillants qui ne savaient rien du monde. Je fus ramené au bateau par une jeune fille d'aspect sauvage, qui avait de longs cheveux et portait une torche : car c'est un danger que de courir la nuit au milieu des tourbières. Je la revois encore, avec ses noirs cheveux emmêlés, ses jambes nues, sa jupe pointillée de taches garance, et ses traits dont la torche accentuait le caractère farouche. Je ne parlai qu'à un vieillard qui me demanda des nouvelles. « Le pont sur la Tay[2] s'est écroulé », lui dis-je, ce qui était de l'histoire ancienne. « Hein ? on a construit un pont sur la Tay ? » me répondit-il. Après cela, j'avais bonne envie de lui parler de la révolte des Indes.

Ce qui me surprit le plus dans mon voyage dans les régions arctiques, ce fut le peu de temps qu'on met pour y parvenir. Je n'avais jamais soupçonné qu'elles fussent si proches. Nous n'étions pas, je crois, à plus de quatre jours des Shetland, quand nous nous trouvâmes au milieu des glaces en dérive. Je m'éveillai un matin au bruit sourd et continuel que faisaient les blocs en heurtant la coque du navire. Monté sur le pont, j'en vis la surface de la mer jusqu'à l'horizon toute recouverte. Aucun n'était considérable, mais ils arrivaient si serrés qu'on eût pu se promener au-dessus en sautant de l'un à l'autre. Leur blancheur éblouissante accusait par contraste le bleu de la mer ; avec le bleu du ciel et la merveilleuse pureté de l'air arctique, c'était de quoi nous faire un matin mémorable. Sur l'un des blocs qui s'en allait, ballotté par le flot, je vis un grand phoque à la peau lustrée : alangui, imperturbable, il regardait le navire avec la plus parfaite assurance, comme s'il avait su que la chasse ne devait s'ouvrir que dans trois semaines. Plus loin, nous distinguâmes sur la glace les longues

---

[2] Fleuve d'Écosse, se jetant dans la mer du Nord.

empreintes quasi humaines d'un ours. Et les neiges de l'Écosse n'avaient pas encore fondu aux vitres de notre chambre !

J'ai dit que la chasse au phoque n'était pas encore ouverte : c'est qu'en vertu d'un accord entre la Norvège et le gouvernement britannique, il est interdit aux sujets des deux nations de tuer un phoque avant le 3 avril. Mars est en effet l'époque des naissances, et si l'on tuait les mères avant que les petits ne fussent en état de se suffire, l'espèce ne tarderait pas à s'éteindre. Pour les besoins de la parturition, les phoques s'assemblent en un lieu variable, dont ils sont évidemment convenus d'avance. Comme ce lieu peut se trouver sur n'importe quel point d'un banc de glace flottant, mesurant plusieurs centaines de milles carrés, il ne serait pas facile de le découvrir s'il n'y avait, pour cela, un procédé aussi ingénieux que simple. Observe-t-on, pendant que le navire fait route parmi les bancs de glace, une troupe de phoques voguant de conserve, on relève soigneusement à la boussole la direction qu'ils suivent et on la note sur la carte. Qu'une heure après, par exemple, une deuxième troupe vienne à passer, sa direction est notée de même. Quand l'opération s'est répétée plusieurs fois, on prolonge sur la carte les diverses lignes jusqu'à leur intersection. C'est là, ou non loin de là, qu'on a toutes chances de trouver la grande masse des phoques.

Le spectacle qu'elle présente quand on arrive est merveilleux. Je doute qu'il y ait, à la surface du globe, une plus vaste assemblée d'animaux vivants que sur les bancs de glace qui s'étendent à des centaines de milles depuis la côte groënlandaise. Le rendez-vous est quelque part entre le 71e et le 75e degré de latitude et la longitude est encore plus vague, mais les phoques n'ont pas de peine à trouver leur chemin. De la guérite, sur la hune du grand mât, on ne voit pas où finit leur multitude ; ils font, à l'extrême horizon, l'effet de grains de poivre saupoudrant la glace. Et l'on distingue de tous côtés les nouveau-nés, grosses limaces d'un blanc de neige, avec un petit nez noir et de grands yeux sombres. Leurs cris semi-humains emplissent l'espace et de la chambre du navire, on se croirait à la porte d'une monstrueuse pouponnière.

Le *Hope* fut le premier cette année-là qui découvrit le lieu de réunion des phoques. Mais avant la date fixée pour l'ouverture de la chasse, il se produisit une série de forts coups de vent, dont la conséquence fut que le roulis, en secouant la glace, lança prématurément les petits à l'eau. Le jour où les conventions internationales nous permirent de nous mettre à l'œuvre, la Nature ne nous avait laissés que très peu à faire. Enfin, à l'aube du troisième jour, la compagnie du navire débarqua pour sa moisson meurtrière : besogne brutale, mais pas plus que celle qui chez nous fournit de viande toutes les tables. Et pourtant, ces mares de sang dont l'éclat rouge tranchait sur la blancheur aveuglante des glaces, dans le silence et sous l'azur arctiques, semblaient le fait d'abominables intrus. Hélas ! l'inexorable demande fait l'offre inexorable, et les phoques, par leur mort, assurent un moyen d'existence à toute une catégorie de marins, de débardeurs, de tanneurs, de saleurs, de vérificateurs, d'approvisionneurs, de marchands de cuir et de marchands d'huile, qui s'interposent entre cette boucherie annuelle d'une part, et d'autre part, le gandin chaussé de cuir souple ou le savant dont les appareils veulent une huile très fine.

J'ai sujet de me rappeler mon premier jour de chasse à cause des péripéties qui le marquèrent. La forte houle qui était, comme je l'ai dit, survenue, faisait s'entrechoquer les glaces, aussi le capitaine jugea-t-il dangereux de laisser s'y risquer un homme aussi peu expérimenté que moi, et à la minute même où je passais avec les autres par-dessus le bordage, il m'ordonna de revenir et de rester à bord. Ses remontrances furent vaines. Enfin, au comble de la mauvaise humeur, je m'assis sur le bordage, où, les pieds ballants au dehors, je remâchai ma colère en roulant avec le navire. Une mince couche de verglas recouvrait le plat bord, de sorte que tout d'un coup le navire, en donnant fortement de la bande, me jeta dans la mer, où je disparus entre deux glaçons. Mais, en remontant, je m'accrochai à l'un d'eux, où je me hissai. L'accident eut le résultat que je souhaitais, car le capitaine, voyant que de toute façon je ne manquerais pas de tomber à la mer, estima qu'autant valait pour moi y tomber de la glace que du navire. Je justifiai d'ailleurs sa prudence première en faisant deux autres plongeons au cours de cette journée, dont la conclusion ignominieuse fut que je dus me mettre au lit pendant que mes vêtements séchaient dans la chambre des machines. Je me consolai de ces tribulations en constatant qu'elles égayaient le capitaine au point de lui faire oublier le mauvais résultat de notre chasse. Longtemps après, on ne m'appela plus que « le grand plongeur du Nord ». Je l'échappai belle une autre fois en tombant à la renverse d'un bloc de glace flottant tandis que j'écorchais un phoque. Je m'étais écarté de nos hommes, si bien que mon malheur n'eut pas de témoin. La surface de la glace était si unie que je n'avais aucune prise pour y remonter, et je sentais mes membres s'engourdir rapidement dans l'eau glaciale. Enfin, pourtant, j'agrippai la nageoire arrière du phoque et, comme dans un cauchemar je me demandai un moment si j'allais en traîner le cadavre dans la mer ou s'il m'aiderait à en sortir. Je fus, à la longue, assez heureux pour passer un genou par-dessus le bord du glaçon et m'élever en roulant le corps. Au moment où je repris pied sur le navire, mes vêtements avaient la dureté d'une armure ; ils étaient tout craquants, et je dus les dégeler avant d'en pouvoir changer.

La chasse d'avril est dirigée contre la mère et les petits. En mai, le chasseur va plus au nord et, vers le 77e ou 78e degré de latitude, il rencontre les vieux phoques mâles, qui ne se laissent pas tuer sans se défendre. Ce sont des bêtes courageuses et il faut les tirer à bonne distance pour en avoir raison. En juin, la chasse est terminée, le navire continue sa course au nord jusqu'au 79e ou 80e degré de latitude, où sont les meilleures régions du Groënland pour la pêche à la baleine. Nous y restâmes environ trois mois, avec des fortunes diverses, car, si nous y poursuivîmes beaucoup de baleines, nous n'en tuâmes que quatre.

Il y a huit chaloupes à bord d'un baleinier, mais d'ordinaire on n'en amène que sept, car il faut six hommes pour armer chacune d'elles, et, quand les sept sont dehors, il ne reste sur le navire que les « flemmards », comme on dit, ceux dont l'engagement ne comporte pas les descentes à la mer. Cependant, sur le *Hope*, les « flemmards » étaient plutôt des dégourdis, à telles enseignes que nous nous offrîmes pour armer la chaloupe restante, et elle ne fut pas, du moins à notre estime, la dernière à se faire valoir, tant sous le rapport de la chasse que sous celui de la pêche. Le steward, le second mécanicien, l'homme du treuil et moi étions aux avirons. Nous avions comme harponneur un highlander au poil roux et le beau proscrit tenait la barre. Quantité de phoques s'inscrivirent sur notre tableau de chasse ; pour ce qui est des baleines, comme tour à tour nous usions de la lance et du harpon, nous obtînmes d'autant mieux des résultats. Je montrais tant de goût au métier que le capitaine Gray me fit l'offre obligeante de cumuler l'emploi de chirurgien avec celui de harponneur, moyennant un salaire double, si je consentais à l'accompagner dans un second voyage.

J'eus le bon esprit de refuser : c'est, en effet, une vie dangereusement séduisante et une tâche pleine d'émotions que celles de pêcheur de baleines. Comme rameur, vous poussez devant vous, le dos tourné, ne sachant rien de la bête que ce que vous en lisez sur le visage de l'homme de barre. Il regarde fixement par-dessus vous, surveillant la nage de la baleine, ne levant la tête que de temps à autre pour signaler aux avirons de s'arrêter quand elle promène l'œil autour d'elle, et pour commander de nouveau l'approche régulière quand on est cap dessus. Les glaces flottent en si grand nombre, qu'aussi longtemps que les avirons se tiendront tranquilles le bateau seul ne la fera pas plonger. L'on se glisse donc vers elle sans hâte. Enfin, on la serre de si près que le barreur sait qu'on sera sur elle avant qu'elle ait eu le temps de plonger, car il faut à ce corps gigantesque un certain temps pour se mouvoir. Soudain, une lueur brille dans les yeux de l'homme, le sang monte à ses joues. « Avant ! avant partout, les gars ! hardi ! » s'écria-t-il. Un déclic : le canon du gros harpon lâche son projectile, l'écume jaillit sous les pales. Cinq ou six coups d'avirons, puis, dans un choc sourd et comme gras, vous portez de l'avant sur quelque chose de mou, vous êtes projetés avec vos rames dans toutes les directions. Mais peu vous chaut, car, à l'instant où vous touchiez la baleine, vous avez entendu la détonation du canon : vous savez que le harpon est entré à bout portant dans la courbe du flanc formidable. L'animal coule comme une pierre. Votre avant replonge, tout éclaboussé d'écume, mais le petit drapeau rouge qui, au centre de la chaloupe s'élève du banc de nage, vous signale que vous tenez bien la bête. Le filin siffle, se déroulant avec vitesse sur les bancs et par-dessus le plat-bord, entre vos pieds écartés.

Ce déroulement du filin, c'est le grave élément de danger, car il est rare que la baleine ait l'idée de se retourner contre ses agresseurs. Le filin a été soigneusement roulé par un homme spécial nommé le gléneur, de telle manière qu'il ne fasse pas de coques. Si pourtant cela arrive et qu'une coque prenne un des hommes de l'équipage, le malheureux est enlevé si brusquement que ses camarades ne le voient pour ainsi dire pas disparaître. Ce serait sacrifier la baleine en pure perte que de couper le filin, car déjà la victime est à des centaines de brasses de profondeur.

— Laissez donc ça, l'homme ! criait le harponneur à un matelot qui avait tiré son couteau en pareille circonstance. Le poisson sera une belle affaire pour la veuve !

Mot cruel en apparence, mais qui avait sa philosophie.

Après le harponnement, la chaloupe n'a plus qu'à se retirer. Mais l'achèvement de l'animal à coups de lances est une opération encore plus émouvante, parce que plus longue. On reste parfois une demi-heure assez près de la baleine pour pouvoir passer la main sur sa peau visqueuse. Elle paraît peu sensible à la souffrance, car elle n'a pas un frémissement tandis qu'elle reçoit toute la longueur des lances au travers du corps. Mais, d'instinct, elle cherche à frapper la chaloupe avec sa queue, cependant que, d'instinct, pour l'éviter, on s'efforce de maintenir la chaloupe à distance avec des perches et des gaffes. Une fois même, en cette occurrence, nous constatâmes que nous n'étions pas à distance tout à fait sûre, car la baleine, dans ses soubresauts, posa sur le bateau un de ses énormes ailerons. Il eût suffi d'un battement pour nous envoyer au fond. Je n'oublierai jamais la minute où, poussant au large, nous fîmes tous machinalement le geste de soulever l'aileron menaçant, comme si nos forces réunies eussent été de quelque secours dans le cas où la baleine se fût avisée de plonger. Mais la perte de sang l'avait épuisée : l'aileron, au lieu de s'appesantir, roula au dehors et nous comprîmes qu'elle était morte. Qui échangerait une semblable minute contre l'un quelconque des triomphes que peut donner le sport ?

On a, dans les régions arctiques, le sentiment d'être dans un autre monde, sentiment si particulier que, pour les avoir visitées une fois, on en reste à jamais hanté. Il vient, pour une bonne part, de ce que le jour y est sans fin. La lumière y semble, la nuit, d'une teinte plus orangée, d'un éclat plus amorti ; encore cela ne fait-il pas une grande différence. On a vu des capitaines s'amuser à renverser l'ordre des heures, déjeunant la nuit et soupant à dix heures du matin : vous avez toujours vos vingt-quatre heures, libre à vous de les découper comme il vous plaira. Au bout d'un mois ou deux, les yeux commencent à se fatiguer de cette lumière perpétuelle et on apprécie la douceur apaisante de l'obscurité. Je sais qu'à notre retour, quand, par le travers de l'Islande, nous aperçûmes notre première étoile, je ne pouvais en détacher le regard, tant me semblait ravissante cette petite lueur palpitante ! Une moitié des beautés de la nature nous est perdue pour nous être trop familière.

Un autre sentiment qui rehausse l'effet des mers arctiques, c'est celui de la solitude. Alors que nous nous trouvions dans les régions où se pêche la baleine, il est probable qu'à l'exception de notre conserve, il n'y avait pas un navire à 800 milles de nous. Pendant sept longs mois, il ne nous arriva du monde méridional ni une lettre, ni la moindre nouvelle. Nous étions partis au cours d'une période fort agitée : la campagne d'Afghanistan venait de commencer, une guerre avec la Russie paraissait imminente. Au moment de rentrer dans la Baltique, nous n'avions aucun moyen de savoir si un croiseur n'allait pas nous traiter comme nous avions traité les baleines. Quand, au nord des Shetland, nous rencontrâmes un bateau pêcheur, la première chose que nous lui demandâmes fut si nous étions en paix ou en guerre. De grands événements s'étaient produits pendant ces sept mois : la défaite de Maiwand et la fameuse marche de Roberts quand il s'était élancé de Kaboul sur Kandahar. Mais tout cela nous demeura confus : moi-même, jusqu'à présent, je n'ai jamais bien logé dans mon esprit ce petit chapitre d'histoire militaire.

La lumière perpétuelle, la réfraction des glaces, le bleu profond de l'eau, voilà ce qui se fixe avec le plus de clarté dans la mémoire, et aussi la sécheresse froide, tonique et stimulante de l'air, qui fait qu'à se sentir vivre on éprouve le plus aigu des plaisirs. Puis, il y a les innombrables oiseaux de mer dont les appels vous sonnent sans cesse dans les oreilles, mouettes, fulmars, sénateurs, goélands, bourgmestres, grands plongeons, guillemots nains. Ils peuplent l'espace, cependant que le dessous des eaux vous révèle à tout instant la singularité d'une faune nouvelle. La baleine commerciale peut ne pas toujours se rencontrer sur votre route, mais partout abondent ses congénères moins estimables. Le phisale promène ouvertement ses quatre-vingts pieds de graisse sans valeur, convaincu que pas un baleinier n'amènerait pour lui sa chaloupe. L'informe rorqual longimale, la fantomatique baleine blanche, le narval monocéros, le baleinoptère à rostre, d'apparence si drôle, l'indolent et immense requin du Groënland, l'épaulard, ce terrible assassin, le plus redoutable monstre des abîmes, tels sont les possesseurs de ces mers infréquentées. La glace appartient aux phoques, aux phoques stellés, aux phoques de terre, aux phoques à trompe, qui mesurent douze pieds de la tête à la queue, et qui, lorsqu'ils sont en colère, ce qui leur arrive souvent, ont la faculté de projeter au-dessus de leur nez une sorte de grand *football* rouge comme du sang. De loin en loin, apparaît la blancheur d'un renard polaire. Partout se montrent des ours. Leurs empreintes s'entrecroisent de tous côtés sur la banquise, au voisinage des lieux où séjournent les phoques. Pauvres bêtes inoffensives, qui vont roulant et tanguant comme des loups de mer, ils accomplissent, en quête du phoque, des centaines de milles sur la glace. Et ils ont une bien adroite façon de le prendre. Ils choisissent un grand banc de glace n'ayant, à son centre, qu'un trou, par où les phoques viennent respirer. Là, ils s'accroupissent, leurs puissants avant-bras repliés sur le bord du trou. Sitôt qu'émerge une tête de phoque, les deux pattes se ferment, Martin a son déjeuner. Nous brûlions parfois dans la chaufferie les déchets de cuisine : en quelques heures, l'odeur nous attirait tous les ours qu'il pouvait y avoir dans un rayon de plusieurs milles sous le vent.

Bien qu'en une seule année on ait pris, dans les eaux du Groënland, vingt ou trente baleines, le massacre qu'on en a fait au siècle dernier aura sans doute diminué leur nombre au point qu'il n'en reste plus que quelques centaines. Je parle, bien entendu, des baleines franches, car les autres, comme je l'ai dit, pullulent. Il n'est pas facile d'évaluer numériquement une espèce qui va et vient sur ces vastes étendues marines et parmi ces immensités de glace, mais ce qui montre combien est limité le nombre des individus, c'est que souvent une même baleine est poursuivie par le même baleinier au cours de campagnes successives. Il y en eut une que je me rappelle à cause de cette particularité remarquable qu'elle portait, sur l'un des lobes de la queue, une tumeur ayant la forme et la grosseur d'une ruche. « Voilà déjà trois fois que j'ai poursuivi cette mâtine », nous dit le capitaine au moment où nous parions la chaloupe. « Elle m'a échappé en 71. En 74, nous la harponnâmes, mais le harpon céda. En 76, elle dut son salut à la brume. Il y a des chances pour que nous la tenions aujourd'hui ! » En moi-même, j'aurais parié le contraire. Et je n'aurais pas eu tort, car, jusqu'à plus ample informé, j'ai lieu de croire que la queue tuméfiée sillonne toujours les mers arctiques.

Je ne saurais oublier l'impression que me fit la vue de ma première baleine. On l'avait découverte, du poste de vigie, à l'extrémité opposée du banc de glaces, mais elle avait coulé à l'instant où nous nous élancions tous sur le pont. Nous attendions sa réapparition depuis dix minutes, et je regardais ailleurs, quand un cri étouffé, où se traduisait la stupeur générale, me fit lever les yeux. *La baleine était en l'air !* Sa queue se recourbait comme celle d'une truite en plein bond, sa peau luisante avait des reflets plombés et il n'y avait pas un endroit de son corps qui touchât l'eau. On comprendra ma surprise si je dis que le capitaine, après trente voyages, n'avait jamais contemplé un tel spectacle. Nous nous aperçûmes, en la prenant, qu'elle était couverte d'une infinité de petits parasites rouges, sortes de crabes ayant à peu près la dimension d'un shilling, et nous supposâmes que la démangeaison qu'ils lui causaient l'avait rendue folle. J'en fais juge l'homme qui, n'ayant que des mains courtes et sans ongles, porterait sur son dos une florissante famille de puces.

Outre un intérêt de sport, ces régions circumpolaires ont un charme que subit fatalement quiconque y pénètre. Je le comprends, ce capitaine baleinier, vieillard à tête grise, qui, laissé seul un moment alors qu'il était près de la mort, se traîna hors de sa maison en vêtement de nuit, et que les infirmières, quand elles le retrouvèrent très loin, entendirent marmotter encore : « Poussez au nord ! » Ainsi un renard du pôle, qu'un de mes amis essayait d'apprivoiser, s'échappa et fut pris au piège, quelques mois plus tard, à Cathness, par un garde-chasse : lui aussi poussait au nord, et qui pourrait dire cependant quelle boussole le dirigeait ? Le nord est une région de pureté, de glace blanche, d'eau bleue ; pas une habitation humaine à des milliers de milles pour y souiller la brise. Et c'est aussi une région de romanesque. Vous touchez aux frontières de l'inconnu ; le moindre canard que vous tirez porte dans son gésier des graviers venus d'une terre que la carte ignore.

J'ai vécu là une période de ma vie étrange et fascinante. Je n'étais, quand j'embarquai sur le baleinier, qu'un grand jeune homme incertain de lui-même. Quand j'en débarquai, j'étais un homme, et un homme trempé. Je ne doute aucunement que ma santé physique ne se soit toujours ressentie de l'air incomparable qu'on respire là-bas, et que l'inépuisable réserve d'énergie dont j'ai été favorisé ne vienne, pour une part, de la même source. Sans doute, là-bas, c'était la stagnation mentale et spirituelle, ou pis encore : on devient un être rude à mener cette existence circonscrite avec des hommes qui, bien qu'ils se conduisissent envers moi comme de bons et braves camarades, n'en étaient pas moins grossiers et incultes. Mais j'en rapportai, avec la santé, plus d'argent que je n'en avais eu jusque-là. J'étais, à certains égards, resté petit garçon, et, par exemple, je cachais des pièces d'or dans toutes les poches de mes vêtements, afin de procurer à ma mère la joie de leur faire la chasse. J'ajoutai de la sorte une cinquantaine de livres à son petit trésor.

Désormais, je ne m'occupai plus que de mon examen final, que je passai heureusement, bien que sans éclat particulier, à la fin de la saison d'hiver de 1881. J'étais bachelier en médecine et maître en chirurgie. J'entrais dans la carrière.

CHAPITRE V

MON VOYAGE EN AFRIQUE OCCIDENTALE

J'avais toujours eu l'intention de faire un voyage comme médecin à bord d'un navire le jour où j'aurais décroché mon diplôme. Je verrais ainsi quelque chose du monde, en même temps que je gagnerais un peu de cet argent dont j'avais tant besoin si je voulais me lancer dans la carrière médicale. On ne prend guère au sérieux un praticien de vingt ans et bien que j'eusse l'air plus vieux que mon âge, je devais, de toute évidence, commencer par chercher un emploi de mon temps ailleurs qu'auprès d'une clientèle. Mes projets étaient des plus vagues : je me sentais d'égales dispositions pour l'armée, la marine, le service des Indes, pour n'importe quoi qui m'offrît l'occasion d'un début. Je n'avais aucune raison de croire que je trouverais un engagement sur un navire à passagers, aussi avais-je presque oublié que je m'étais fait inscrire quand je reçus à l'improviste un télégramme m'appelant à Liverpool, pour y embarquer comme médecin sur le *Mayumba*, de la Compagnie Africaine de Navigation à Vapeur, en partance pour la Côte Occidentale. La semaine d'après, j'étais à mon poste. Nous appareillâmes le 22 octobre 1881.

Le *Mayumba* était un coquet petit vapeur d'environ 4000 tonneaux, gigantesque au regard du baleinier sur lequel j'avais précédemment servi, et qui, lui, n'en jaugeait que 200. Construit pour le commerce, il portait à la Côte Occidentale des marchandises diverses, et il en ramenait de l'huile de palme en fûts, des noix de palmes en vrac, de l'ivoire et autres produits des tropiques. Huile de baleine et huile de palme : il semblait y avoir quelque chose d'huilé dans mon horoscope ! Le navire pouvait prendre de vingt à trente passagers : c'est par considération pour eux qu'on me payait quelque douze livres de solde mensuelle.

Heureusement, nous tenions bien la mer, car nous tombâmes tout de suite dans une tempête qui, au moment où nous sortions de la Mersey, devint si violente que nous dûmes nous réfugier à Holyhead pour la nuit. Le lendemain, par un très gros temps couvert et une mer très forte, nous descendîmes la mer d'Irlande. Je me figurerai toujours que j'ai pu sauver le navire d'un désastre : comme, en effet, je me tenais près de l'officier de quart, je vis tout à coup, par bâbord avant, un phare apparaître dans une trouée de la brume. Je ne concevais pas cette existence d'un phare à bâbord d'un navire que je savais être assez bas sur la côte d'Irlande. Mais je n'ai aucun goût pour le rôle d'alarmiste et touchant simplement l'officier au bras : « Vous êtes bien sûr de votre route ? » lui dis-je. Il bondit en apercevant le phare, vociféra un ordre à l'homme de barre, sonna de toute sa force un signal à la chambre des machines. Le phare, si j'ai bonne souvenance, était le Tuskar. Nous allions droit sur un promontoire rocheux que nous avaient caché la brume et la pluie.

J'ai toujours eu de la chance avec mes capitaines. Le capitaine Gordon était des meilleurs et nous sommes restés, dans la suite, en relation pendant des années. La plupart de nos passagers se rendaient à Madère. Cependant, il se trouvait aussi dans le nombre quelques dames très aimables qui avaient pour destination la Côte Occidentale, et quelques trafiquants noirs de là-bas, personnages déplaisants, dont les façons et la conduite laissaient fort à reprendre, mais qu'il fallait bien tolérer, car ils étaient les patrons de la ligne. Certains de ces gros négociants en huile de palme ont des revenus annuels de plusieurs milliers de livres, mais leurs goûts n'en sont pas pour cela plus raffinés et ils ne savent que dépenser leur argent dans la boisson, la débauche et les pires extravagances.

La tempête nous suivit dans la Manche et jusque dans la traversée du golfe de Gascogne, ce qui est anormal, je suppose, à cette époque de l'année. Tout le monde était malade, en sorte que j'eus beaucoup à faire. Mais aux approches de Madère, nous trouvâmes enfin du beau temps, et nos ennuis furent vite oubliés. On ne conçoit l'agrément d'un pont sec que lorsqu'on a, pendant une semaine, trempé dans l'eau jusqu'aux chevilles. Je regrettais les bottes marines et l'équipement grossier, mais commode, du baleinier, car on ne tient guère à prendre des douches quand on est en costume de serge bleue à boutons d'or. Nous nous jugions installés au beau fixe, quand nous fûmes assaillis par une nouvelle tempête, et des pires. Le vent arrière favorisait par bonheur notre marche. Avec le foc, la voile goélette et la grande voile, qui était tout ce que nous pouvions porter de toile, nous roulions et dansions, balayés par les grandes lames crêtées de l'Atlantique qui, phosphorescentes la nuit, faisaient courir sur le pont des traînées de feu liquide. Nous nous félicitâmes lorsque, après une semaine de tourmente, nous découvrîmes les sommets sourcilleux de Porto Sancto, sentinelle avancée de Madère, et qu'enfin, nous mouillâmes, à la nuit venue, dans la baie de Funchal. C'était une joie que de voir les lumières de la ville et, derrière elles, l'obscure masse des hauteurs. Un arc-en-ciel lunaire déployait son éventail sur le paysage : phénomène rare, que je n'avais jamais vu, que je n'ai pas revu depuis.

Après cela, nous fîmes escale à Ténériffe, dans le port de Santa-Cruz. Il s'y faisait un grand commerce de cochenilles. On élevait ces insectes sur des cactus ; desséchés, ils fournissaient la teinture du même nom. Le sac de cochenilles se payait, en moyenne, à l'époque, 250 livres. Je présume que les teintures allemandes d'aniline auront tué ce trafic aussi complètement que les huiles minérales ont tué la chasse à la baleine. Nous touchâmes le lendemain à Las Palmas, capitale de la Grande Canarie, d'où nous eûmes, en regardant derrière nous, une très belle vue du fameux Pic de Ténériffe, à la distance d'environ 60 milles. Au sortir de Las Palmas, nous entrâmes dans la région des alizés de nord-est. Région délicieuse, magnifique entre toutes celles de l'océan : la mer y est rarement dure, bien qu'elle soit toujours en mouvement et que les vagues s'y pressent, coiffées d'écume. Cependant la température devenait de plus en plus chaude. Le jour où, quittant les alizés, nous aperçûmes l'île de Los, au large de la côte de la Sierra Leone, nous commençâmes de savoir ce que l'on entend par les Tropiques. Vous avez vraiment la sensation d'y arriver lorsque, aux repas, votre serviette vous devient un poids intolérable et que vous remarquez une tache d'humidité à l'endroit où vous l'avez posée sur votre pantalon de toile blanche.

Le 9 novembre, nous atteignîmes Freetown, capitale de la Sierra Leone : un lieu charmant, mais un séjour de mort. Je parle du temps où le paludisme y sévissait encore, avant que Ronald Ross et d'autres eussent accompli leur grande œuvre curative et préventive. Le désespoir qui régnait au cœur des blancs leur faisait prendre, avec l'alcool, des libertés où ils ne se fussent pas risqués sous un climat moins insalubre. Un an de séjour y semblait marquer la limite de l'endurance humaine. Comme je complimentais de sa bonne mine un résident qui m'avait dit être là depuis trois ans, il hocha la tête. « Je suis un homme perdu, me dit-il. J'ai hâté le mal de Bright. » On doutait si les colonies valaient bien le prix que nous devions y mettre.

De la Sierra Leone, nous passâmes à Monrovia, capitale de la république noire du Libéria, qui eut pour fondateurs principaux, ainsi que l'indique son nom, des esclaves fugitifs. Le pays, autant que j'en pus voir, est assez régulièrement administré. Mais les petites communautés, lorsqu'elles se prennent au sérieux, ont toujours un air comique. Ainsi, lors de la guerre franco-allemande, la république du Libéria envoya sa vedette des douanes, seule unité de sa flotte officielle, arrêter le bateau-poste pour mander par lui à l'Europe qu'elle n'entendait point intervenir dans le conflit.

Côte-d'Ivoire, Côte-de-l'Or ou littoral libérien, le spectacle est des plus monotones : partout les mêmes caractéristiques, soleil torride, longue houle formant des lignes blanches de brisants, plages de sable doré, puis la brousse verte, que domine de loin en loin un palmier. Qui a vu un mille a vu des milliers de milles. Tandis que j'écris ceci, tous les ports où nous abordâmes, Grand-Bassam, Cap Palmas, Accra, Cape Coast Castle, ne présentent à mon esprit qu'un seul et même tableau. À je ne sais quel village, nous vîmes accourir vers nous un grand jeune Gallois furieusement ému. Une mutinerie de ses noirs lui donnait à craindre pour sa vie. « Ils m'attendent ! » nous cria-t-il, en nous désignant un groupe sombre, au loin, sur la plage. Nous lui offrîmes de le prendre à bord, mais il ne pouvait abandonner son exploitation : tout ce que nous pûmes faire pour lui, ce fut de lui promettre que nous lui enverrions une canonnière de Cape Coast Castle. Je me demande ce qu'ont pu devenir des gens comme lui quand la menace allemande nous eut forcés, en 1914, de rappeler nos bateaux des stations lointaines.

La côte est pointillée, la nuit, d'incendies, parfois considérables, dus sans doute à l'habitude invétérée qu'ont les naturels de brûler les herbes. C'est une particularité intéressante que signale déjà la relation du voyage de Hannon sur cette côte ; ce seul échantillon de la littérature carthaginoise qui soit venu jusqu'à nous, parle des feux que le navigateur apercevait la nuit. Comme il fait mention des gorilles, on peut tenir pour probable qu'il poussa jusqu'au Gabon ou jusqu'au sud de la ligne. Il fut témoin d'une grande activité volcanique dont on voit encore les vestiges à Fernando-Po, qui n'est presque tout entière qu'un volcan. De son temps, les hauteurs crachaient du feu, le pays n'était qu'une mer de flammes, en sorte qu'il n'osa mettre le pied à terre. Je me suis demandé bien des fois si le cataclysme dont périt l'Atlantide ne serait pas plus récent qu'on ne pense. D'après Platon, il daterait d'environ 9000 ans avant notre ère, mais il aura pu se produire graduellement, et le dernier épisode en serait celui dont Hannon vit les traces. Toute cette activité qu'il nous a décrite avait son siège à l'opposite même de l'emplacement qu'on attribue au continent disparu.

Nos navires, pendant qu'ils descendent la côte, usent de procédés expéditifs et sommaires. Nous démarrâmes, un jour, alors que nous avions encore à bord une centaine de visiteurs indigènes. Ce fut chose risible que de les voir se jeter à la mer pour rejoindre leurs canots. L'un portait un chapeau de haute forme, un parapluie et une image coloriée du Christ, tous objets achetés par lui à ces éventaires que les matelots dressent sur le gaillard d'avant ; il n'en fut point gêné dans sa nage. Devant un port de moindre importance, le temps pressant, nous envoyâmes simplement par-dessus bord une cargaison de douves, sachant que tôt ou tard elles atterriraient dans la rade. Ce que j'ignore, c'est comment le destinataire put faire valoir ses droits. Les indigènes gagnent quelquefois à ce jeu. Il y a un certain nombre d'années, avant que la France n'eût annexé le Dahomey, le capitaine d'un navire, à Ouidah, s'avisa d'embarquer des barils d'huile à l'aide d'un long câble mû par un treuil, moyen ingénieux d'éviter la barre. L'opération fut interrompue tout d'un coup par l'arrivée d'une compagnie des fameuses Amazones, qui menacèrent de faire feu sur le navire si l'on ne payait pas aux canots de transbordement le tribut ordinaire.

Moi-même, je payai mon tribut au climat, ce dont témoigne, dans mon journal, une lacune significative à la date du 18 novembre. Nous venions d'arriver à Lagos, une houle grasse nous berçait sur la vague, lorsqu'un mauvais germe, la piqûre d'un moustique ou je ne sais quoi, détermina chez moi une brusque attaque de fièvre. Il me souvient que je gagnai cahin-caha ma couchette : là, tout s'effaça pour moi. J'étais le médecin du navire, il n'y avait donc personne pour me soigner et je restai couché plusieurs jours, menant un combat très serré contre la mort, sans aucune assistance. Si j'en sortis victorieux, c'est à l'honneur de ma constitution. Je ne me rappelle ni phénomènes physiques, ni hallucinations, ni frayeurs. Rien qu'un brouillard de cauchemar, d'où je sortis aussi faible qu'un enfant. L'alarme avait dû être chaude : à peine me levais-je, on me dit qu'un autre passager, atteint du mal, y avait succombé.

La semaine d'après me trouva, convalescent et plein d'une énergie nouvelle, sur le fleuve Bonny, qui, certainement, ne tire point son nom du vocabulaire écossais[3], car il est de tous points odieux, avec ses eaux brunes et fétides et ses marais peuplés de manguiers. Les naturels d'alentour sont de purs sauvages, qui offrent des sacrifices humains aux requins et aux crocodiles. Notre capitaine avait un jour entendu les cris des victimes, il les avait vues traînées au bord de l'eau. Dans une autre occasion, il avait aperçu, sortant du sol, le crâne d'un homme qu'on avait enterré vivant dans une fourmilière. On a bientôt fait de railler nos missionnaires, mais sans le dévouement et le zèle de pareils hommes, améliorerait-on jamais ces populations ?

Nous visitâmes Fernando-Po, puis Victoria, charmant petit établissement de la terre ferme, en arrière duquel se dresse la cime énorme des Camerouns. Une brave jeune Écossaise, type de la ménagère accomplie, y jouait le rôle de missionnaire : si elle n'évangélisait pas, elle civilisait, ce qui est plus important. Victoria est situé au fond d'une belle rade parsemée d'îles et ceinte de bois. Le décor, ici, change tout à fait de style. À quoi cela est dû, je ne sais, et la surprise, après la monotonie des milliers de milles qu'on vient de laisser au nord, est d'autant plus heureuse. Pour une raison quelconque, tout le pays est allé plus tard à l'Allemagne, des mains de laquelle il est ensuite passé à la France. Je me souviens du saisissement que j'éprouvai lorsque, une espèce de grand oiseau bleu ayant volé au-dessus de moi, je m'aperçus que c'était un papillon.

Pour gagner Vieux-Calabar, nous eûmes à faire soixante milles sur le fleuve du même nom. Le chenal était si rapproché de la rive que

---

[3] *Bonny*. Adjectif : joli, aimable.

notre passage froissait les arbres. Armé de mon fusil, j'épiais les alligators. Plusieurs fois, je vis les remous qu'ils déterminaient à la surface, mais aucun n'émergea. Vieux-Calabar me parut l'endroit le plus développé et le plus florissant que j'eusse visité. Là aussi, la mort, hélas ! allongeait sa main sur tous. Il n'était que de s'abandonner à la vieille loi fatale, et de manger, boire, mener la vie joyeuse. Nous rencontrâmes une autre de ces jeunes femmes qui se font, dans le pays, les pionnières de la civilisation. La civilisation peut s'en louer, mais quelle vocation terrible que celle qui engage une femme dans une pareille entreprise !

M'étant procuré un canot, je remontai la rivière sur plusieurs milles, jusqu'à un endroit dénommé Creektown. De tous côtés s'étendaient de noirs et redoutables marécages, les palétuviers y formaient de sombres retraites où rien ne pouvait vivre que d'horrible. Lieu immonde, en vérité. Une fois, sur un arbre qui se dressait tout seul au-dessus d'un espace inondé, je vis un affreux serpent qui pouvait mesurer trois pieds de long. Je lui tirai une balle, et il s'en alla au fil du courant. J'ai appris, plus tard, à respecter la vie des animaux, mais je confesse que celui-là ne me laisse pas de remords particulier. Creektown est sur le territoire d'une peuplade indigène dont le roi nous fit sommer péremptoirement de nous présenter devant lui. Cette fantaisie ne nous présageant rien de bon, outre qu'il en pouvait résulter pour nous un grand retard, nous nous hâtâmes de reprendre nos pagaies pour rentrer dans les eaux anglaises.

J'eus, ce matin-là, une curieuse aventure. Un grand poisson en forme de ruban, long d'environ deux ou trois pieds, vint nager à la surface près du navire. Ayant mon fusil sous la main, je le tirai. Trois secondes ne s'étaient pas écoulées, je crois, lorsqu'un deuxième, plus grand et plus gros, une espèce d'énorme roussette, jaillit des profondeurs, saisit le blessé par le milieu du corps et l'entraîna sous les eaux : tant sont vigilant et meurtrier l'instinct, l'appétit de la nourriture ! J'ai vu quelque chose de semblable dans un aquarium où étaient réunis des poissons de diverses espèces : un d'eux, étourdi par la brusque rencontre d'une paroi vitrée, fut instantanément happé et dévoré par son voisin. Un étrange poisson dont je fis la connaissance à Calabar, c'est la torpille. On vous présente sur une écuelle de terre cette petite bête de couleur fauve et d'aspect tranquille, on vous invite à lui chatouiller le dos, et vous apprenez alors à quelle hauteur vous pouvez sauter !

L'impression de pays homicide que me donnait l'Afrique ne cessait pas de croître en moi. Je sentais que l'homme blanc, avec son régime et ses habitudes d'aujourd'hui, y est un intrus, que jamais il n'a été fait pour y vivre, et que ce grand continent sinistre le brise comme on brise un œuf. Je lis dans mon journal :

Afrique, où sont-ils donc le charme et le mystère
Que le sage a vus dans tes yeux ?
Ah ! plutôt mendier dans la vieille Angleterre
Qu'être riche sous de tels cieux !

Cependant la vie du bord était facile, et même, à certains égards, luxueuse : trop luxueuse pour un jeune homme ayant à faire son chemin dans le monde, car un confort prématuré est chose dangereusement énervante. Un jour qu'au milieu d'un violent orage, debout sur la dunette, je faisais des rêves d'avenir, je compris très clairement qu'un ou deux autres voyages du même genre seraient funestes à mes habitudes de simplicité et que j'en reviendrais désarmé pour le dur combat que tout ordre de succès réclame. L'idée du succès littéraire ne m'avait jamais traversé la cervelle. Je ne pensais toujours qu'à la médecine. Mais je savais déjà quelle longue et pénible carrière elle ouvre devant ceux qui n'ont ni un appui, ni les moyens de se payer une clientèle. Séance tenante, je me jurai de ne plus vagabonder, et ce fut là, sans aucun doute, l'un des tournants de ma vie. Un an d'existence nomade, c'est bien. Deux, cela peut être un désastre, on n'aura plus la force de s'arrêter. Mon journal me rappelle que, le même jour où je me livrais à ces réflexions profitables, je fis serment de renoncer à l'alcool pour tout le reste du voyage. Je buvais sans retenue à cette époque, ayant une tête et une constitution qui me garantissaient suffisamment l'immunité. Mais la raison m'avertit du péril que représentaient les innombrables cocktails de l'Afrique occidentale, et je me les retranchai au prix d'un effort. Il y a dans la tempérance un plaisir subtil, c'est seulement en société qu'elle est difficile. Si elle était chez nous de pratique courante, comme chez les vrais musulmans, nul n'y voudrait manquer.

Soit bravade, soit folie pure, je fis une chose insensée à Cape Coast Castle : je m'offris une partie de nage, aller et retour, aux abords ou, plutôt, le long du navire. Ce qui m'y engagea, c'est, je suppose, le fait que les nègres se baignent constamment dans ces eaux. Or, tandis que je me séchais sur le pont, je vis la queue d'un requin apparaître à la surface. J'ai plusieurs fois dans ma vie agi d'une façon si inconsidérée que je ne me l'expliquais pas ensuite.

L'homme le plus intelligent que je rencontrai sur la côte, celui qui avait le plus de lecture, était un noir, consul d'Amérique à Monrovia. Il vint à notre bord comme passager. Mon goût pour les lettres me rendait friand de bonnes conversations, et pendant qu'assis sur le pont nous discutions des historiens comme Bancroft et Motley, c'était pour moi chose merveilleuse de m'aviser tout d'un coup que j'avais pour interlocuteur un fils d'esclave, peut-être ancien esclave lui-même. Il avait beaucoup réfléchi sur l'exploration de l'Afrique. « La seule façon de l'explorer, disait-il, c'est d'aller sans armes, avec un petit nombre de serviteurs. Il ne vous plairait pas, en Angleterre, de voir circuler chez vous une troupe de gens armés jusqu'aux dents. Les Africains ne sont pas moins susceptibles. » C'était la méthode de Livingstone, contraire à celle de Stanley. Des deux, le premier avait le plus de courage et le plus de mérite.

Ce gentleman noir me fit du bien. Car le cerveau d'un homme lui sert non seulement à former ses idées, mais à digérer celles des autres, et il a besoin d'une alimentation renouvelée. Assurément, nous avions des livres à bord, mais en petit nombre, et de valeur médiocre. Je ne cache pas que je ne réalisai aucun progrès mental ou moral durant mon voyage ; mais j'ajoutai au chapelet de mes expériences, et je crois qu'en définitive tout est profit pour la personnalité et le caractère. J'étais un robuste jeune homme, plein de sang, heureux de vivre, n'ayant rien de ce qu'Olivier Wendell Holmes appelle « la piété pathologique et les vertus tuberculeuses ». Humain parmi les humains, j'allais à travers les embûches. Grâces soient rendues aux anges secourables qui me les firent éviter ! Quant aux autres, je ne leur garde pas rancune.

Aucun événement ne marqua, jusque vers la fin, notre voyage de retour. Nous revisitions chaque port dans un ordre inverse, pour y charger de l'huile. Mais comme nous venions de dépasser Madère, le feu prit à bord. S'il fut occasionné par l'inflammation du poussier de charbon ou par une autre cause, c'est ce qui n'a jamais été bien établi. Le fait est qu'il prit dans les soutes. Une simple cloison de bois les séparait de la cargaison d'huile, ce qui constituait pour nous la plus grave menace. Malgré cela, nous le traitâmes, le premier jour, comme un commencement d'incendie sans importance. Le deuxième et le troisième, nous nous contentâmes de fermer les grilles aussi hermétiquement que possible, de taquiner le feu avec le manche à eau et d'éloigner le charbon de l'huile, mais le quatrième au matin, les choses semblèrent tourner au pire. Je lis dans mon journal :

« 9 janvier. – J'ai été réveillé ce matin par l'agent comptable Tom King. Passant la tête dans l'entre-bâillement de ma porte, il m'informa que le navire flambait et que tout l'équipage, rassemblé dans les cales, s'occupait de le combattre. J'enfilai mes vêtements et montai sur le pont. On ne voyait plus rien que d'épaisses masses de fumées vomies par les ventilateurs des soutes et éclairées d'en dessous par une lueur blafarde. J'offris de descendre, mais on avait autant de travailleurs qu'on en pouvait utiliser. On me pria d'aller plutôt voir les passagers. Je les réveillai les uns après les autres : tous envisagèrent la situation avec bravoure et sang-froid. L'un d'eux, qui était un Suisse, s'assit sur sa couchette, se frotta les yeux, et, comme je lui annonçais que le navire était en feu : « Je me suis souvent trouvé sur des navires en feu », me répondit-il. Forfanterie évidente, mais beau trait de courage. Nous combattîmes l'incendie toute la journée. Il y avait un endroit de la coque où les tôles étaient portées au rouge. On para les embarcations, on y mit des vivres. Au pis aller, nous pouvions, à la voile ou à la rame, gagner Lisbonne, où mes sœurs, qui faisaient courageusement dans cette ville le métier d'institutrices, ne seraient pas peu surprises en voyant arriver leur grand frère. Cependant nous nous rendions maîtres des flammes et, à la fin du jour, les sinistres colonnes de fumées se réduisaient à de minces gerbes. Ainsi se termina l'incident. »

Nous nous trouvâmes le 14 janvier à Liverpool. Désormais, l'Afrique occidentale n'était qu'un film de plus dans le cinéma de ma mémoire. Elle a, me dit-on, beaucoup évolué depuis, sous tous les rapports. Mon vieil ami et compagnon de cricket, sir Fred Guggisberg, aujourd'hui gouverneur d'Accra, m'a sollicité d'aller voir tous les changements qui s'y sont accomplis depuis ma jeunesse. Mais le sable coule sans arrêt dans le sablier et l'on a toujours tant à faire !

CHAPITRE VI

MES DÉBUTS DANS LA MÉDECINE

Ici se terminent momentanément mes voyages. J'arrive à l'époque où, dans des circonstances bien singulières, j'essayai de m'établir comme médecin. Un livre que je publiai quelques années plus tard sous le titre de *Lettres de Stark Munro* a déjà fait connaître en tout son détail cette période de ma vie. Le lecteur l'y trouvera plus clairement et abondamment relatée qu'elle ne saurait l'être dans les limites de ces pages. Je ferai seulement observer, pour le cas où l'on chercherait à reconstituer, d'après les *Lettres de Stark Munro*, mon personnage ou ma carrière, que le livre contient quelques incidents imaginaires, et que, notamment, ce n'est pas à moi, mais à un de mes amis, qu'est arrivée l'histoire du fou et de lord Saltire, racontée au chapitre IV. En revanche, l'histoire de mon association avec l'individu que j'ai nommé Cullingworth, son caractère extraordinaire, notre séparation, et comment je restai dans une situation assez proche de la ruine, tout cela est l'exactitude même. En voici simplement l'essentiel.

Au cours de ma dernière année d'études à Édimbourg, je m'étais lié d'amitié avec ce Cullingworth, étudiant comme moi, garçon remarquable, et qui appartenait à une famille médicale très réputée :

son père avait, le premier, fait la distinction entre le typhus et la typhoïde. Il avait également de qui tenir comme athlète, et il était un grand avant de rugby, quoique un peu desservi par l'impétuosité frénétique de son jeu. Il s'était élevé jusqu'à la qualité d'international, et de bons juges considéraient son frère cadet, Arthur, comme le meilleur avant qui eût jamais revêtu le jersey d'Angleterre brodé d'une rose.

Cullingworth était vigoureux de corps autant que d'esprit. Il mesurait, en hauteur, environ cinq pieds neuf pouces, et il était parfaitement bâti, avec une mâchoire de bouledogue, des yeux injectés de sang et profondément enfoncés dans l'orbite, des sourcils en surplomb ; sur son crâne se hérissaient des cheveux jaunâtres, raides comme du fil de fer. Né pour le tracas et l'aventure, libre de préjugés dans le dessein, formidable dans les moyens d'exécution, homme d'action avant tout, il avait, pour se guider dans l'acte, une intelligence puissante, mais déconcertante. Il mourut aux premiers temps de sa maturité. L'autopsie révéla chez lui, paraît-il, un cerveau anormal. Il n'est donc pas douteux qu'un caractère si étrangement explosif eût quelque chose de pathologique. Je ne sais pour quelle raison Cullingworth se prit d'attachement pour moi. Il semblait prêter à mes avis une importance excessive.

Le jour où je le rencontrai pour la première fois, il venait de se livrer à une de ces incartades qui se terminaient généralement par des coups de poing ou par une comparution devant un tribunal de police. Mais les suites en devaient être cette fois plus sérieuses et plus durables. Il avait enlevé une jeune fille encore mineure et en tutelle. Ce qui était fait était fait, tous les juges du monde ne pouvaient le défaire, ils ne pouvaient que punir le coupable. Cullingworth me raconta comment, avec la jeune personne, il avait cherché dans un indicateur des chemins de fer une localité dont ils n'eussent jamais entendu parler, afin d'y aller passer leur lune de miel, et qu'ayant déniché un nom baroque, Clodpole-sur-Marais ou tel autre de ce genre, ils étaient allés s'installer dans l'auberge du village. Cullingworth avait teint en noir ses cheveux jaunes, mais la teinture n'avait adhéré que par places, si bien qu'on l'eût pris pour un échappé de chez Barnum. Je conçois mal ce que les gens, à Clodpole-sur-Marais, durent penser de ce couple extraordinaire. Assurément, ils n'avaient jamais eu si belle occasion d'exercer leur langue, et Cullingworth n'aurait pu choisir, pour déchaîner la publicité, un meilleur moyen que celui dont il se servit pour échapper aux recherches de la justice ; à Londres, il eût passé tout à fait inaperçu. Pendant des années, sa chevelure offrit des irisations singulières, vestiges de son déguisement.

Il emmena sans encombre sa femme à Édimbourg, où ils louèrent un appartement et où ils vécurent, n'ayant de meubles que le strict nécessaire. J'ai, certains soirs, dîné avec eux d'un chausson aux pommes. Les sièges manquant, une pile de gros bouquins nous en tenait lieu. Nous présentâmes le ménage à quelques amis, nous fîmes de notre mieux pour égayer la solitude de la jeune femme. Un beau jour, ils disparurent, et pendant quelque temps nous n'en eûmes plus de nouvelles.

À la veille de partir pour l'Afrique, je reçus de Cullingworth un long télégramme m'appelant d'urgence à Bristol : il avait, me disait-il, besoin d'un avis. J'étais alors à Birmingham. Je partis dare dare. À Bristol, Cullingworth me conduisit dans une belle maison, où il me dévida le chapitre de ses malheurs. Il avait voulu faire, comme médecin, un départ de grand style, espérant ainsi rallier ce qui restait de la clientèle de son père. Mais son argent s'était vite épuisé, ses fournisseurs le persécutaient, il n'avait pas de malades : que faire ? Nous nous donnâmes deux jours de bon temps, car il régnait autour de cet homme une atmosphère de folle insouciance qui noyait tous les ennuis. Le seul conseil que je pus lui donner fut de s'arranger avec ses créanciers. Je sus plus tard que, les ayant réunis, il leur avait fait un discours si émouvant qu'il leur avait presque arraché des larmes et, dans un vote de confiance unanime, ils lui avaient accordé la faculté de se libérer à sa convenance. C'était bien ce qu'il pensait faire. Lui-même me conta cela, ultérieurement, avec un rire énorme qu'on dut entendre aux deux bouts de la rue.

J'étais revenu d'Afrique depuis deux mois quand je reçus de lui un autre télégramme, car il télégraphiait toujours, jamais il n'écrivait. J'en ai retenu à peu près, les termes : « Ai débuté ici juin dernier. Succès colossal. Arrivez par premier train si possible. Largement place pour vous. Perspectives magnifiques. » Le télégramme venait de Plymouth. Un second, encore plus débordant, me gronda de mon retard et me garantit, dès la première année, trois mille livres. Je crus voir là une affaire. Je partis.

Ce qui se passa dans les six semaines d'après, entre les derniers jours du printemps et les premiers de l'été de 1882, conviendrait mieux à un roman fantaisiste qu'à une chronique exacte. La situation au milieu de laquelle je tombai à Plymouth était proprement incroyable. En quelques semaines, Cullingworth, qui tenait pour une part égale du génie et du charlatan, s'était créé une clientèle qui représentait un bénéfice annuel de plusieurs milliers de livres. « Consultation gratuite, on ne paye que les remèdes », c'était sa devise. Comme il mettait les remèdes au prix fort, il arrivait quand même à ses fins. Les simples mots « consultation gratuite » lui attiraient des foules. Il prescrivait des drogues héroïques, sans discrimination, ce qui produisait des résultats impressionnants, mais ne laissait pas d'entraîner des risques injustifiables : par exemple, on parla beaucoup d'un cas d'hydropisie dont il eut raison avec de l'huile de croton à dose massive. Les gens affluaient chez lui de vingt à trente milles à la ronde. Non seulement ses salles d'attente, mais ses escaliers, ses corridors, regorgeaient de visiteurs. Il rugissait, poussait les hauts cris, querellait ou plaisantait les clients, les bousculait, les poursuivait parfois dans la rue et, d'autres fois, les haranguait tous ensemble du palier de l'étage. Une matinée chez lui, à l'heure où sévissait la rafale, avait la drôlerie de n'importe quelle pantomime, et je n'en pouvais plus de rire. Il possédait un gros livre en mauvais état, qu'il prétendait être la Bible, quand c'était un simple traité de jurisprudence médicale, et il s'en servait pour faire jurer sur lui aux vieilles dames qu'elles ne boiraient plus que du thé. Je ne doute pas d'ailleurs qu'il n'exerçât une action très bienfaisante, car dans ce qu'il faisait se cachait beaucoup de raison et de savoir, mais la manière dont il le faisait était aussi peu orthodoxe que possible. Sa femme exécutait ses ordonnances derrière un guichet, au bout d'un corridor, et percevait le prix marqué sur la fiche apportée par le malade. Il habitait un grand appartement très élégant sur le Hœ. Chaque soir, il y rentrait, portant sa recette dans une sacoche, le veston flottant, le chapeau rejeté sur la nuque, et il riait de toutes ses canines chaque fois qu'à une fenêtre apparaissait la mine dégoûtée d'un médecin.

Cullingworth m'avait aménagé un cabinet garni d'une table et de deux sièges : il m'y laissait traiter les cas chirurgicaux ou autres dont il ne tenait pas à s'occuper. Sans doute mes façons professionnelles devaient être d'un médiocre effet sur les gens auprès de ses flambantes méthodes, que, l'eussé-je voulu, je n'aurais pas su imiter. Cependant j'avais ma petite clientèle régulière, sur laquelle il me semblait pouvoir tabler. Je me rendis un jour à la campagne, où j'opérai un vieux bonhomme d'un chancre au nez déterminé par le voisinage trop assidu d'un brûle-gueule. Je le laissai en possession d'un organe aristocratique, pour ne pas dire hautain, qui émerveilla le village et eût pu devenir le fondement de ma renommée.

Mais d'autres influences étaient en œuvre, le destin filait ses toiles là où je m'y serais le moins attendu. Ma mère avait grandement pris ombrage de mon association avec Cullingworth et son orgueil familial s'était ému. Mais j'éprouvais de la sympathie pour Cullingworth. Je pris sa défense. Je résistai à ma mère. Elle ne fut que plus contrariée et m'écrivit des lettres de reproches où, certainement, elle s'exprimait sur le compte de mon ami avec une entière franchise. Comme je laissais traîner mes papiers, ces lettres furent lues par Cullingworth et par sa femme. Je ne les calomnie pas en disant cela, car ils finirent par le reconnaître. Apparemment, Cullingworth s'imagina, étant un homme bizarrement soupçonneux et porté aux manigances secrètes, que je partageais les sentiments de ma mère envers lui, quand, tout au rebours, je les provoquais en prenant sa défense. Dès lors, il changea complètement d'attitude à mon égard. Plusieurs fois, je surpris ses yeux gris impitoyables qui me regardaient à la dérobée, d'un air si singulier, si maussade que je lui demandais ce qu'il avait. Il méditait simplement ma perte, ce qui ne pouvait avoir d'importance, financièrement parlant, puisque je n'avais rien à perdre, mais en aurait beaucoup pour ma mère et pour moi s'il touchait à mon honneur.

Il m'aborda un jour pour me dire que, tout considéré, ma présence compliquait ses affaires, et que mieux valait nous séparer. J'y consentis de bonne grâce. Je n'étais pas, lui déclarai-je, venu chez lui pour lui porter préjudice, et je lui exprimai ma reconnaissance de ce qu'il avait fait, dussions-nous en rester là. Il me conseilla vivement de pratiquer pour mon compte. À l'objection que je n'avais pas de capital, il répondit qu'il y pourvoirait en m'allouant une livre par semaine jusqu'au jour où j'aurais une situation stable, et que je le rembourserais à loisir. Je le remerciai chaudement. Ma première idée fut de m'établir à Tavistok, mais je réfléchis ensuite que Portsmouth m'était mieux indiqué, pour la raison que je savais les conditions du métier à Plymouth et qu'à Portsmouth elles semblaient être analogues. Je retins donc ma place à bord d'un vapeur irlandais et, vers le mois de juillet de 1882, je me mis en route par mer, emportant dans une petite malle tous mes biens terrestres, pour aller exercer ma profession dans une ville où je ne connaissais pas une âme. Je ne possédais pas dix livres d'argent liquide et il me faudrait, là-dessus, non seulement payer tous mes frais immédiats, mais me procurer des meubles. D'autre part, il est vrai, la livre hebdomadaire que Cullingworth m'avait promise suffirait amplement à tous mes besoins personnels ; et quant à l'avenir, j'avais l'optimisme souriant de la jeunesse.

Arrivé à Portsmouth, j'y louai un garni pour la semaine. L'étrange faculté que j'ai toujours eue de me jeter dans des drames fit que, dès le soir même, je me colletai dans la rue avec un vaurien qui malmenait ou, plus exactement, frappait à coups de pied une femme. C'était me manifester de façon peu commune. Quand, à quelques jours de là, je débutai comme médecin, le premier individu à qui j'ouvris ma porte n'était autre que mon drôle. Je ne crois pas qu'il me reconnut, mais je n'en jurerais pas. Je me tirai de l'affaire sans dommage, heureux d'échapper à un scandale. C'était la seconde fois que je rompais des lances pour la beauté en détresse.

Je passai la semaine à visiter des maisons inoccupées, et je finis par louer, pour le prix de quarante livres par an, la Villa du Buisson, qui doit aujourd'hui à l'amabilité de son propriétaire la dénomination de « Doyle House ». Je tremblais que l'agent ne me demandât des arrhes, mais le nom de mon oncle, Compagnon de l'ordre du Bain, que je lui donnai en référence, parla suffisamment en ma faveur. La clef de la maison dans ma poche, j'allai à Portsea où, dans une vente publique, j'achetai, pour quatre livres environ, un lot de meubles de seconde main, sinon de vingtième. Il ne m'en fallait pas davantage. J'aménageai une antichambre possible avec trois chaises, une table et une carpette de milieu ; à l'étage supérieur, j'arrangeai une espèce de lit avec un matelas. Je fixai à ma porte la plaque dont je m'étais muni à Plymouth. Je fis, à crédit, l'emplette d'une lanterne rouge. Je n'avais plus qu'à attendre le client. Il ne me restait pour toute fortune que deux livres. Bien entendu, la question d'un domestique ne se posait pas : chaque matin, je fourbissais moi-même ma plaque, je balayais le devant de ma porte, je donnais à la maison un air d'honnête propreté. J'étais capable de vivre sans aucune gêne pour moins d'un shilling par jour, ce qui me permettrait de tenir longtemps.

J'avais, à cette époque, publié plusieurs nouvelles dans le *London Society*, un magazine aujourd'hui défunt, qui florissait alors sous la direction d'un certain M. Hogg. Dans son numéro d'avril 1882, il m'avait inséré un court récit intitulé *Des Os*, fort heureusement oublié à l'heure présente ; un autre, *Le Ravin de Bluemansdyke*, l'avait précédé de quelques mois dans le numéro de Noël. Tous les deux n'étaient que de pâles reflets de Bret Harte. Avec les nouvelles dont j'ai déjà parlé dans ces mémoires, c'était, pour l'instant, tout mon bagage. J'exposai ma situation à M. Hogg et j'écrivis à son intention, pour son numéro de Noël suivant, un nouveau conte ayant pour titre *Mon ami l'assassin*, Hogg se conduisit fort bien envers moi : il m'envoya dix livres, que je mis de côté pour mon terme. Je fus moins content de lui, quelques années plus tard, quand il revendiqua la propriété de ces essais juvéniles et les réunit en un volume portant mon nom. Prenez vos précautions, jeunes auteurs, prenez-les bien, ou votre pire ennemi sera vous-même.

Ce fut une chance pour moi que d'avoir ces dix livres, car Cullingworth, sitôt qu'il me vit engagé à fond et lié par un bail, lança contre moi ses foudres, pensant m'anéantir. Je reçus de lui, non point, par extraordinaire, un télégramme, mais un billet fort sec, dans lequel il reconnaissait avoir lu des lettres que j'avais échangées à son propos avec ma mère : une telle correspondance alors que j'étais sous son toit avait, disait-il, de quoi le surprendre. Désormais, il ne pouvait plus rien faire pour moi. Je conviens de bonne foi que, sans avoir aucun grief réel, il croyait en avoir, mais cette façon de se venger n'illustrait pas moins les imaginations d'un esprit morbide.

Je demeurai un instant atterré. Mais j'avais brûlé mes vaisseaux, je devais aller de l'avant. J'envoyai à Cullingworth une réponse ironique et l'exclus pour jamais de ma pensée. Je n'eus plus de ses nouvelles que cinq ans après, en lisant l'annonce de sa mort prématurée. C'était un homme remarquable, qui ne manqua que de peu à être un grand homme. Je crains qu'ayant vécu trop largement, il n'ait laissé sa femme dans la gêne.

CHAPITRE VII

À SOUTHSEA

Tenir la maison propre, répondre à la sonnette, faire mes modestes emplettes, qui se chiffraient plutôt par pennies que par shillings, parachever ma simple installation, c'était autant qu'il fallait pour que le temps ne me pesât guère. La sensation est merveilleuse d'avoir, pour la première fois, une maison à soi, si humble soit-elle. Je prodiguai mes attentions à la chambre de devant afin de la rendre possible pour la clientèle. Quant à la chambre de derrière, je la meublai d'une malle et d'un tabouret. L'intérieur de la malle me servait de garde-manger ; aux heures des repas, le dessus me tenait lieu de table. Un bec de gaz éclairait la pièce : je fixai au mur une sorte de potence qui me permit de suspendre sur la flamme une poêle à frire, par ce système, je cuisais très facilement mon bacon, et je sus vite comment, sur le poids d'une livre, on en prélève un lot prodigieux de tranches. Quand on a du pain, du bacon, du thé, un cervelas de temps en temps, que souhaiter d'autre ? On vit, ou, du moins, l'on vivait alors parfaitement avec un shilling par jour.

J'avais obtenu à crédit d'une maison de gros un dépôt de produits pharmaceutiques. Je les avais également rangés dans ma chambre de derrière, sur les côtés. Dès le principe, il me vint quelques clients de hasard, tous de la classe pauvre, les uns désireux de nouveauté, les autres mécontents de leur médecin, le plus grand nombre endettés envers lui et gênés d'avoir à l'affronter. Je leur donnais ma consultation, je leur vendais mes remèdes, et ce petit commerce me payait ma nourriture. Heureusement, car je n'avais que ce moyen de vivre, ayant juré de ne pas toucher aux dix pièces d'or qui représentaient le loyer de mon logement. Il y eut des moments où, faute de pouvoir acheter un timbre-poste, je dus faire attendre mes lettres. Mais les pièces d'or restèrent toujours intactes.

J'habitais une rue très animée, entre une église et un hôtel. J'y passais sans ennui mes journées. Assis dans mon cabinet de consultation, près de la fenêtre, derrière des rideaux de couleur sombre qui me cachaient à la vue du dehors, je regardais le va-et-vient de la foule ou je lisais un livre. Car j'avais prélevé sur mes modiques ressources le prix d'un abonnement à un cabinet de lecture. En dépit, ou, peut-être, à cause d'une alimentation parcimonieuse, je me sentais extraordinairement dispos et alerte. Le soir venu, quand je n'avais plus à espérer de clients, je fermais mon logis, et, pour dépenser un peu de mon énergie, je m'en allais faire une marche de plusieurs milles. Avec tous les souvenirs qu'il évoque, Southsea est un lieu de gloire. Si, aujourd'hui, j'avais à vivre dans une ville qui ne fût pas Londres, c'est là, dans ce quartier élégant de Portsmouth, que je voudrais retourner. L'histoire du passé y rejoint l'histoire du présent : le torpilleur nouveau y passe à toute vitesse devant le vieux *Victory*, et le même pavillon blanc flotte sur l'un et sur l'autre. Les couleuvrines et les sacres du temps d'Élisabeth se peuvent encore voir sur la même promenade qui vous mène jusqu'à la grosse artillerie des forts. Tout cela est d'un grand charme pour quiconque a le sentiment de l'histoire, et ce sentiment, je l'ai sucé avec le lait maternel.

Je le répète, l'idée ne m'était jamais entrée dans la cervelle que la littérature dût me fournir un métier, ni me donner plus qu'un peu d'argent de poche. Mais déjà, elle devenait un facteur décisif de mon existence. Car je n'aurais pu persévérer dans la médecine, à moins de mourir de faim, sans les quelques livres sterling que m'envoyait M. Hogg, et qui me permettaient de consacrer à ma nourriture tout le reste de mes petits gains. Je me suis demandé plus tard comment je n'avais pas contracté le scorbut, car je ne mangeais que des conserves et n'avais pas les moyens de me faire bouillir des légumes. Cependant, je ne me plaignais pas, je ne voyais là rien d'insolite et n'avais aucune appréhension particulière de l'avenir. À cet âge, tout fait l'effet d'une aventure. Et j'éprouvais un plaisir toujours renaissant à me savoir chez moi.

Ayant eu la faiblesse, une fois, de répondre à une annonce par laquelle on demandait un médecin pour aller, au Téraï, dans le Bengale, soigner les coolies des plantations de thé, j'attendis fiévreusement une réponse à mon offre. La réponse ne venant pas, je me renfonçai dans ma patience et mes espérances. Devant moi, d'ailleurs, s'ouvrait une voie de succès que je n'avais qu'à suivre : mes parents catholiques m'avaient envoyé des lettres de recommandation pour l'évêque, et l'on m'assurait qu'il n'y avait pas dans la ville d'autre médecin catholique. Mais j'avais fait si complètement table rase de mes premières croyances, que je ne me reconnaissais plus le droit d'en user à des fins matérielles. Je brûlai mes lettres de recommandation.

Le temps passait, je n'avais près de moi personne avec qui échanger deux mots, et, pensant à ma famille d'Édimbourg, je me demandai pourquoi, puisque je disposais de huit pièces habitables, un de mes frères ou sœurs ne viendrait pas me tenir compagnie. Mes sœurs étaient placées comme institutrices ou s'apprêtaient à l'être. Restait mon petit frère Innes. En me rejoignant, non seulement il me rendrait service, mais il allégerait les charges de ma mère. Ainsi fut-il décidé. Je vis, un beau jour, m'arriver un gamin en culottes courtes qui, à dix ans, devint mon camarade. Je n'en aurais pu avoir de plus rayonnant, de plus gai. En quelques semaines, nous eûmes organisé notre vie, d'autant que je lui avais trouvé une bonne école de jour. Les soldats de Portsmouth faisaient sa joie. Ses goûts naturels présageaient sa carrière future. Il était né administrateur et chef. J'étais loin de me douter qu'il se distinguerait dans la plus grande des guerres et mourrait à la fleur de l'âge, mais témoin de la victoire complète. Dès l'époque dont je parle, nous avions, lui et moi, des idées très militaires. Je me rappelle notre attente commune devant les bureaux d'un journal local pour connaître les résultats du bombardement d'Alexandrie.

Ces pages à peine tracées, je retrouve, parmi de vieux papiers, une lettre que, de sa main d'écolier encore maladroite, il écrivait à notre mère. Elle est du mois d'août 1882 et constitue un témoignage indépendant sur la singularité de notre vie à cette époque.

« Les clients sont nombreux. Nous avons fait trois shillings cette semaine. Nous avons vaxiné (sic) un bébé et mis la main sur un phtisique. Aujourd'hui, un bohémien qui vendait des paniers s'est arrêté devant chez nous avec sa charrette. Après qu'il eut sonné deux ou trois fois, Arthur lui a crié : « Allez-vous-en ! » Mais l'homme a sonné de nouveau. Alors, je suis descendu à la porte, j'ai ouvert la boîte aux lettres et je lui ai crié par la fente de s'en aller. Il s'est mis à jurer, à dire qu'il voulait voir Arthur. Tout ce temps-là, Arthur croyait que la porte était ouverte et me criait : « Ferme la porte ! » Alors, je suis remonté et j'ai dit à Arthur que l'homme le priait de descendre. Nous sommes descendus, et nous avons vu que l'enfant du bohémien avait la rougeole. Après tout, ça fait six pence de gagnés, et c'est quelque chose. »

Je me rappelle fort bien l'incident. Le changement de ton dut être vraiment comique qui fit tout à coup, du maître de logis importuné par un vagabond, le plus empressé des médecins, appâté par un espoir d'honoraires. Toutefois, si j'ai bonne mémoire, ce fut le bohémien qui reçut et moi qui donnai la pièce de six pence.

Pendant quelque temps, Innes et moi vécûmes entièrement seuls. Nous faisions, à nous deux, toutes les corvées domestiques, et, le soir, pour nous maintenir « en forme », nous entreprenions de longues promenades. J'eus un jour une illumination, je publiai une annonce par laquelle j'offrais la disposition de mon rez-de-chaussée à qui voudrait bien, en retour, se charger de notre ménage. J'arrêtai mon choix sur deux dames d'un certain âge, qui se prétendaient sœurs, mais firent voir ensuite que ce n'était là qu'une prétention. Avec elles, la maison prit comme un air civilisé, tout commença de marcher mieux. Cependant, la brouille se mit entre les deux dames, l'une s'en alla, l'autre ne tarda pas à la suivre. La première m'ayant semblé la plus active, je me mis à sa recherche et la retrouvai. Elle avait pris un petit magasin. Comme elle en payait le loyer à la semaine, l'affaire était aisément arrangeable. Mais que faire de la marchandise ? La dame se désolait « J'achète tout », lui dis-je, en homme qui ne compte pas. Il m'en coûta exactement 17 shillings et 6 pence, moyennant quoi je m'approvisionnai pour plusieurs mois d'allumettes, de cirage et d'autres articles similaires. Mais, dès lors, on nous fit la cuisine. Et notre vie devint tout à fait normale.

Les mois succédaient aux mois. Il me venait un client de-ci, un client de-là, ce qui finit par former le noyau d'une petite clientèle. Tantôt c'était la victime d'un accident, tantôt un malade à traiter d'urgence, ou quelqu'un de nouveau venu à Southsea, ou un autochtone en délicatesse avec son médecin. Je me produisais le plus possible, sachant qu'une plaque de cuivre n'est pas en soi une attraction et qu'on a besoin de voir l'homme qu'elle cache. Certains de mes fournisseurs me donnèrent leur pratique en échange de la mienne, et la mienne était si mince que, vraisemblablement, je gagnais au marché. Je sais un épicier dont les crises d'épilepsie représentaient pour moi le thé ou le beurre : le pauvre diable n'eût jamais soupçonné la confusion de mes sentiments quand j'apprenais qu'il avait une nouvelle crise. Je soignais une vieille dame dont la haute stature et le visage chevalin s'alliaient à une extrême dignité de port. Assise à la fenêtre de son petit logement, on eût dit le portrait d'une grande dame de l'ancien régime, mais de temps à autre, dans un accès de démence, elle faisait, avec ses assiettes, des ricochets sur les passants. J'étais la seule personne qui, en de tels moments, eût quelque influence sur elle, car elle était de nature hautaine et aristocratique. Un jour qu'elle semblait près de m'envoyer, à moi aussi, une assiette au visage, je la calmai en affectant une dignité aussi sévère et menaçante que la sienne. Elle avait des trésors d'art, qu'elle m'empilait sur les bras quand elle était ce que, poliment, j'appellerai « souffrante », mais qu'elle me réclamait sitôt qu'elle allait mieux. Dans une circonstance où elle s'était montrée particulièrement fâcheuse, je gardai, malgré ses protestations, une belle coupe de lave. Je l'ai toujours.

Il est heureux que le métier de médecin ait ses côtés drolatiques, car il en a beaucoup de déprimants. La plupart des hommes n'appliquent jamais leurs facultés de raisonnement à l'idée religieuse, sans cela, ils auraient peine à concilier ce que voit un médecin avec l'idée d'une Providence miséricordieuse. Si l'on ne considère pas cette vie comme l'expiation d'une vie antérieure, si l'on croit que la mort finit tout et qu'avec elle s'achève notre unique aventure, impossible d'admettre la bonté ou la toute puissance de Dieu. Ainsi, du moins, pensais-je à l'époque, et cela faisait de moi un matérialiste. Je sais, aujourd'hui, que c'était juger d'une histoire sur le premier chapitre.

Qu'on me permette un exemple. Une pauvre femme m'avait mandé auprès de sa fille. Sur l'un des côtés de l'humble salon où j'entrai, il y avait un petit lit pliant et je compris à un geste de la mère que la malade était là. Je pris une bougie, m'approchai du lit et me penchai, m'attendant à voir une enfant. Ce que je vis, ce fut une paire d'yeux bruns, mornes, chargés de dégoût et de souffrance, et qui exprimèrent, en me regardant, une espèce de ressentiment. Je n'aurais pu dire l'âge de cette créature. Ses longs membres amaigris étaient repliés, tordus, sur la couche étroite. Son visage, parfaitement lucide, respirait la malveillance. J'entraînai la mère à l'écart et je l'interrogeai. « Une enfant de dix-neuf ans ! sanglota-t-elle. Ah ! si seulement Dieu voulait la reprendre ! » Quelle vie pour ces deux infortunées ! Et qu'on a de mal, en présence de tels spectacles, à accepter aucune des explications banales de l'existence !

La carrière médicale est semée de dangers et de trappes, il faut que la chance y joue son rôle ; faute de chance, bien des hommes de valeur s'y sont perdus. Je fus appelé un jour au chevet d'une dame qui souffrait apparemment de dyspepsie. Le cas était douloureux, nul symptôme n'indiquait qu'il fut autrement grave. Je rassurai donc la famille, parlai d'un mal bénin, et m'en fus préparer une potion de bismuth, après avoir, chemin faisant, expédié une ou deux visites. À mon retour chez moi, je trouvai, m'attendant, un messager chargé de m'apprendre que la dame était morte. C'est une de ces choses qui peuvent, en tout temps, arriver à tout médecin. Je n'en subis pas de contre coup : l'humilité de ma situation me préservait des atteintes, et l'on ne saurait vous faire perdre une clientèle qui n'existe pas. La dame était morte d'un ulcère de l'estomac. C'est un mal pour lequel on ne connaît point de diagnostic. Il avait rongé la paroi stomacale, et, sitôt après mon départ, crevé une artère : d'où s'était ensuivie une hémorragie mortelle. Aucune intervention n'eut sauvé la dame et les siens s'en rendirent compte, je crois.

J'avais, la première année, gagné 150 livres. J'en gagnai 250 la seconde et parvins, lentement, au chiffre de 300, que je ne dépassai jamais, comme médecin, en huit années de pratique. La première année, quand je reçus ma feuille d'impôt sur le revenu, je la garnis pour montrer que je n'étais pas taxable. On me la renvoya avec la mention : « Tout à fait insuffisant », écrite en travers de la marge. « Sommes entièrement d'accord », écrivis-je moi-même au-dessous, et à mon tour je renvoyai la feuille. Cette petite audace me valut de comparaître devant les répartiteurs. Je leur apportai mes livres de comptes, ils n'en purent rien tirer, non plus que de moi. Et nous nous séparâmes avec des compliments et des rires.

En 1885, mon frère me quitta pour entrer dans une école du Yorkshire. Je me mariai sur ces entrefaites. Une veuve, Mme Hawkins, appartenant à une famille du Gloucestershire, était venue à Southsea avec ses deux enfants, une fille, qui était charmante, et un fils. La maladie du fils nous mit en rapport. Il avait été brusquement et violemment frappé de méningite cérébrale. Les trois personnes logeaient en garni. Devant l'incommodité d'une telle situation, j'offris d'aménager chez moi une chambre pour y soigner le pauvre petit. Son cas était mortel. En dépit de tout ce que je pus faire, il succomba au bout de quelques jours. Cette mort sous mon toit n'alla pas, naturellement, sans m'occasionner bien des désagréments et des soucis. Ma position n'eût pas été commode si, par prévoyance, la veille même, je n'avais prié un confrère de venir voir le malade. Naturellement, les obsèques partirent de chez moi. Il va sans dire que la famille fut désolée des ennuis auxquels je m'étais bénévolement exposé. La sympathie s'en mêla, nos relations prirent un tour d'intimité, si bien qu'enfin miss Hawkins accepta de partager mon sort. Nous nous mariâmes le 6 août 1885. Impossible, pour un homme, de trouver une compagne plus aimable et plus douce. L'ombre d'une triste maladie devait, à quelques années de là, venir traverser notre union. Mais ce m'est une consolation de penser que, durant tout le temps de notre vie commune, aucun dissentiment sérieux ne troubla notre affection, et tout le mérite en revient à la philosophie tranquille de ma femme, qui sut endurer avec une souriante patience non seulement l'épreuve d'un mal long et cruel, mais les vicissitudes ordinaires de l'existence. Si elle épousa un médecin sans le sou, du moins, et je m'en réjouis, elle vécut assez pour connaître les satisfactions et les aises que le succès apporte. Elle avait un petit revenu personnel, grâce à quoi notre train de ménage put s'établir de telle manière qu'elle connut tout de suite un bien-être décent à défaut de luxe.

Sous bien des rapports, mon mariage marqua un tournant de ma vie. Un célibataire, surtout quand il a, comme moi, roulé un peu de tous les côtés, s'abandonne aisément à des habitudes bohèmes. Je ne puis considérer avec quelque satisfaction morale mes années d'alors. J'étais dans une vallée de ténèbres. J'avais renoncé à me buter continuellement le front contre ce qui me semblait un mur impénétrable. Je me résignais à l'ignorance touchant l'affaire capitale de la vie. C'est une traversée lugubre que celle que l'on fait sans avoir aucune idée du port où l'on va. J'avais repoussé comme inutiles les vieilles cartes de bord et je désespérais d'en trouver une nouvelle, qui m'aidât à gouverner dans une direction parfaitement claire, et non point vers les brouillards que voyaient en avant de nous tous mes pilotes, Huxley, Mill, Spencer et les autres. Cette attitude mentale, je l'ai très exactement retracée dans mes *Lettres de Stark Munro*. Une lueur d'aube, encore indécise et capricieuse, allait bientôt m'apparaître. Le temps allait se charger de lui donner plus d'étendue et d'éclat.

Jusque-là, je n'avais guère porté d'intérêt qu'à ma carrière médicale. Mais une vie plus régulière et le sentiment plus fort de mes responsabilités, en même temps que l'évolution naturelle de mon cerveau, firent que chez moi le côté littéraire commença peu à peu de se développer, jusqu'à ce qu'enfin il eût complètement repoussé l'autre. Ma vie entrait dans une phase nouvelle, en partie médicale, en partie littéraire, en partie philosophique. Ce sera l'objet du chapitre suivant.

CHAPITRE VIII

MES PREMIERS SUCCÈS LITTÉRAIRES

Durant les quelques années immédiatement antérieures à mon mariage, j'avais écrit de courts récits, assez bons pour trouver preneur au prix infime de quatre livres en moyenne, pas assez pour mériter la réimpression. Ils sont encore aujourd'hui épars dans le *London Society, All the Year Round, The Boy's Own Paper* : qu'ils y dorment en paix ! Ils répondaient à leurs fins en allégeant un peu le fardeau financier qui pesait toujours sur moi. Je n'en tirais pas plus de 10 ou 15 livres par an, aussi ne me venait-il pas l'idée d'en vivre. Mais j'y gagnais plus qu'ils ne me donnaient. J'ai gardé de ce temps-là des cahiers où je consignais, sous la forme de notes, les connaissances de toute espèce que j'avais l'occasion d'acquérir. C'est une grave erreur que de débarquer ses marchandises avant d'en avoir beaucoup dans la cale. Une lenteur méthodique et les limites naturelles de mes facultés me préservèrent de ce danger.

Il semble cependant qu'après mon mariage mon intelligence soit devenue plus vive, que mon imagination et mes moyens d'expression se soient, ensemble, beaucoup améliorés. La plupart des nouvelles que je finis par réunir dans le *Capitaine de l'Étoile polaire* datent des années 1885 à 1890. Quelques-unes sont, peut-être, d'un travail aussi honnête que tout ce que j'aie jamais fait. Là où j'éprouvai un plaisir spécial, car pour la première fois je compris que je cessais d'être un écrivain à la tâche et commençais de me ranger en bonne compagnie, c'est quand James Payn accepta pour le *Cornhill* ma nouvelle *Le Récit d'Habakuk Jephson*. Je tenais en haute estime cette magnifique revue, dont les traditions vont de Thackeray à Stevenson ; et l'idée d'y avoir accédé me fut infiniment plus agréable que le chèque de 30 livres que j'en reçus. Bien entendu, la nouvelle avait paru sans signature : c'est la loi de la maison. Si elle empêche l'écrivain de se faire un nom, elle le protège contre les injures. Un journal, dans sa revue de la presse, écrivit en guise d'exorde : « *Cornhill* ouvre son dernier numéro par une nouvelle qui eut fait retourner Thackeray dans sa tombe », et il se trouva un bon vieux monsieur pour courir me montrer ces lignes encourageantes. Un autre journal fut plus aimable, il écrivit en effet : « *Cornhill* inaugure l'année par la publication d'un conte très puissant où l'on croirait retrouver la main de l'auteur des *Nouvelles Mille et une Nuits*. » J'en ressentis une extrême fierté. Mais une louange moins chaude que l'on m'eût directement adressée m'eût satisfait davantage.

J'eus bientôt dans *Cornhill* deux autres contes, *l'Amnésie de John Huxford* et *l'Anneau de Toth*. Je forçai, en outre, la solide barrière écossaise du *Blackwood* avec une nouvelle, *la Femme du physiologiste*, écrite sous l'influence d'Henry James. Mais j'en restais encore aux toutes petites choses. Si petites, qu'un journal m'ayant envoyé une gravure sur bois, accompagnée d'une offre de cinq guinées si je voulais écrire une nouvelle qui s'y accordât, je ne me jugeai pas trop haut placé pour accepter l'offre. La gravure était très mauvaise, je crois que la nouvelle s'y accorda très bien. Il me souvient que j'en écrivis une autre dont l'action se passait en Nouvelle-Zélande. Pourquoi j'étais allé chercher un pays dont je ne savais rien, c'est ce que je ne conçois pas. Un critique néo-zélandais fit remarquer qu'en situant la ferme dont je parlais à 90 milles, est ou ouest, de la ville de Nelson, je la plaçais, en réalité, à 20 milles au large et au fond du Pacifique. C'est là de ces menus accidents où l'on s'expose. L'exactitude est parfois nécessaire, d'autres fois, en revanche, l'idée seule importe, une question de lieu ne compte pas.

J'étais marié depuis une année environ quand j'en vins à me convaincre que je pourrais continuer toute la vie d'écrire des nouvelles sans avancer d'un pas mes affaires. L'indispensable est d'avoir son nom au dos d'un livre. Par là seulement on affirme sa personnalité, et l'on obtient tout le crédit ou tout le discrédit de l'ouvrage. J'avais sur le métier depuis 1884 un roman d'aventures, *La Ferme de Girdlestone* : pour la première fois, je m'attaquais à une histoire de longue haleine. Réserve faite de quelques morceaux, c'était une œuvre sans valeur ; comme le premier livre de quiconque n'a pas un génie très original, celui-ci rappelait trop d'autres livres. Je ne pouvais m'en aviser alors, je ne m'en aperçus que trop bien dans la suite. Quand je vis avec quel mépris les éditeurs me le retournaient l'un après l'autre, je me rendis à leur opinion, et j'envoyai le manuscrit, bien fatigué de ses pérégrinations à Londres, dormir au fond d'un tiroir.

Mais je me sentais mûr pour quelque chose de plus neuf, de plus solide, de moins gauche. Gaboriau exerçait sur moi une assez forte attraction par sa façon nette de charpenter un drame, et M. Dupin, le magistral policier d'Edgar Poe, était un de mes héros favoris depuis l'enfance. Pouvais-je, aux créations de ces deux auteurs, ajouter la mienne ? Je songeai à mon ancien professeur Joe Bell, à sa face d'aigle, à ses procédés bizarres, à sa manière un peu fantastique d'observer le détail. Policier, il eût certainement cherché à rapprocher d'une science exacte une méthode captivante, qui demeurait chez lui tout instinctive. Je devais tenter d'y parvenir. Ce qui était possible dans la vie, pourquoi ne le rendrais-je pas plausible dans la fiction ? C'est fort bien que de prêter à un homme toutes les ressources de l'intelligence, encore le lecteur en veut-il des exemples. L'idée m'amusa. Mais comment appeler mon personnage ? Je répugnais à cet art qui fait du nom un signe du caractère, et qui invente M. Lematois ou M. Lefuret. Holmes fut Sherringford Holmes avant d'être Sherlock Holmes. Ne pouvant narrer lui-même ses exploits, il devait avoir un camarade assez neutre pour lui servir de repoussoir, instruit, homme d'action, capable, tout à la fois, de l'assister dans ses entreprises et de les raconter. À cet homme sans éclat, il fallait un nom gris et tranquille : Watson ferait l'affaire. Ainsi, j'avais mes deux protagonistes. J'écrivis mon *Étude en rouge*.

Je savais ce livre aussi bon qu'il pouvait l'être. Quand *Girdlestone* s'était mis à me revenir de chez les éditeurs avec la fidélité d'un pigeon pour son pigeonnier, j'en avais été peiné plus que surpris, car je m'expliquais la décision de mes juges. Mais en voyant ma petite histoire de Holmes recommencer les mêmes voyages circulaires, je fus très affecté, car je l'estimais digne d'un meilleur sort. James Payn, tout en la louant, lui trouvait le défaut d'être, en même temps, et trop courte et trop longue, ce qui ne manquait pas de justesse. Arrowsmith, à qui je l'adressai en mai 1886, me la retourna en juillet sans l'avoir lue. Deux ou trois autres, après l'avoir reniflée, me la rendirent. Enfin, comme Ward, Lock et Cᵢₑ se faisaient une spécialité de roman populaire, je la leur envoyai.

« *Cher Monsieur,* m'écrivirent-ils, *nous avons lu votre livre et il nous a plu. Nous ne pourrions le publier cette* année, *le marché étant inondé de romans à bas prix, mais si vous ne voyez pas d'inconvénient à ce que nous le retardions jusqu'à l'an prochain, nous vous payerons pour vos droits d'auteur une somme de 25 livres.*

« *Sincèrement à vous,*

« *WARD, LOCK & Cᵢₑ,*

« *30 octobre 1886* »

Ce n'était pas une offre bien affriolante. Si pauvre que je fusse, j'hésitai à l'accepter. Je considérais non seulement la modicité de la somme, mais la longueur du délai, quand la publication de mon livre pouvait ouvrir devant moi les chemins. Cependant les déconvenues que je ne cessais de subir avaient amoindri mon courage, et je compris que la sagesse était d'accepter une publication, même tardive. J'acceptai donc la proposition qui m'était faite, et mon livre devint l'*Annuaire Beaton* pour la Noël de 1887. Je n'en ai pas eu, depuis, un penny supplémentaire.

Comme j'allais devoir attendre longtemps la publication du livre, sentant s'élever en moi de grandes pensées, je résolus d'éprouver au plus haut point mes talents, et pour cela je m'adressai au roman historique. J'y voyais la seule manière de combiner une certaine dignité littéraire avec ces scènes d'action et d'aventure qui s'imposaient spontanément à l'ardente jeunesse de mon esprit. J'avais eu toujours beaucoup de sympathie pour les Puritains, qui, nonobstant leurs petites singularités, représentaient la liberté politique et le sérieux en matière de religion. La fiction et l'art les ont habituellement caricaturés. Macaulay, qui fut en tout temps de mes principaux inspirateurs, les avait seul rendus compréhensibles, ces sombres guerriers, avec leurs bibles et leurs espadons. Il dit quelque part que si, après la Restauration, l'on voyait un charretier plus intelligent que les autres ou un paysan qui cultivait mieux son champ, il y avait des chances pour que l'on découvrît chez lui un ancien piquier de Cromwell. C'est l'idée de mon *Micah Clarke*, où je me laissai franchement aller sur la grande voie romanesque. Je possédais bien mon sujet, mais le détail me coûta quelques mois d'étude, après quoi j'écrivis très rapidement le livre. Il y a là des pages, telles la description de la famille puritaine ou le portrait du juge Jeffreys, égales aux meilleures qui soient jamais sorties de ma plume. Le livre terminé, au début de 1888, j'en conçus de beaux espoirs et je le mis en route.

Hélas ! ma petite histoire de Holmes avait déjà paru, elle n'avait suscité que peu de commentaires favorables, toutes les portes me semblèrent de nouveau fermées. James Payn fut le premier qui jeta un coup d'œil sur *Micah Clarke*. Sa lettre de refus débutait ainsi : « Comment pouvez-vous gaspiller votre temps et votre intelligence à écrire des romans historiques ? » C'était bien décourageant après une année de travail. Vint ensuite le verdict de Bentley : « Ce roman, à notre avis, manque de la qualité dont peut le moins se passer une œuvre d'imagination : l'intérêt. Nous ne pensons pas que, dans ces conditions, il puisse jamais avoir pour lui ni le grand public ni les cabinets de lecture. » Ce fut ensuite au tour de Blackwood : « Il y a là des imperfections qui s'opposeraient au succès. Les chances d'un succès populaire ne paraissent pas assez fortes pour nous garantir contre les risques de la publication. » D'autres se montrèrent encore plus sévères. J'étais sur le point de reléguer mon manuscrit, déjà tout délabré, au même hôpital que son misérable frère *Girdlestone*, quand je l'envoyai à Longmans, dont le lecteur, Andrew Lang, « Andrew aux cheveux mouchetés », comme l'appelait Stevenson, l'aima et conseilla son acceptation. C'est à lui, je ne l'oublie pas, que je dois d'avoir vraiment percé. Le livre parut en février 1889. S'il ne fit pas un éclat, il eut une presse extraordinaire, notamment et d'abord un article tout entier de M. Protheroe, dans le *Nineteenth Century*. Il n'a, depuis, cessé de se vendre. Il fut la pierre angulaire d'une quasi-réputation d'écrivain.

La littérature anglaise jouissait d'une vogue énorme aux États-Unis pour la raison que le copyright n'y protégeait pas encore la propriété littéraire. C'était dur pour nous, et plus encore pour les Américains, exposés par là à une concurrence désastreuse. Comme toutes les fautes nationales, celle-ci entraînait sa punition, et pour les écrivains du pays, qui en étaient innocents, et pour les éditeurs eux-mêmes, car ce qui appartient à tout le monde n'appartient en fait à personne, et ils ne pouvaient éditer honorablement un ouvrage sans qu'il en parût aussitôt une autre édition à bon marché. J'ai vu quelques-unes des premières éditions qu'on a tirées de mes livres en Amérique : on les dirait imprimés sur du papier comme en emploient les commerçants pour trousser leurs marchandises. À mon point de vue, toutefois, le régime américain avait ceci de bon que, grâce à lui, l'auteur anglais se faisait rapidement connaître, si bien qu'il avait déjà l'audience du public le jour où fut promulgué l'Acte du Copyright. Mon livre sur Holmes avait rencontré là-bas une certaine faveur. Un agent de Lippington, se trouvant à Londres, manifesta le désir de causer et de traiter avec moi pour une nouvelle publication. Inutile de dire qu'en la circonstance je donnai congé pour vingt-quatre heures à ma clientèle et courus au rendez-vous.

Jusqu'alors, je n'avais abordé qu'une fois les milieux littéraires. C'était au moment où *Cornhill* s'était transformé en journal illustré, idée d'ailleurs malheureuse, à laquelle il dut promptement renoncer. L'événement fut célébré par un dîner au « Ship », à Greenwich. J'y fus invité comme collaborateur. Tous les écrivains et artistes du temps figuraient au nombre des convives. Avec quelle émotion j'approchai de James Payn, gardien du seuil sacré ! Arrivé de bonne heure, je lui fus présenté par le chef de la maison, M. Smith. Je goûtais beaucoup son œuvre et j'attendais avec une crainte révérencielle le premier mot qui tomberait gravement de ses lèvres. « Ah çà ! dit-il, d'où vient qu'il y ait un carreau fêlé à la fenêtre ? » J'eus ensuite l'occasion de connaître qu'il était le meilleur et le plus spirituel des hommes. Je me trouvai à table près d'Anstey qui venait d'obtenir un succès très marqué avec son *Vice versâ*. Je fus encore présenté à diverses célébrités. En revenant chez moi, j'avais des ailes.

Mon déjeuner avec l'Américain Stoddart, agent de Lippington, fut le deuxième de l'ordre littéraire. Stoddart me parut un excellent garçon. Il avait deux autres convives : Gill, un Irlandais très amusant, membre du Parlement, et Oscar Wilde, déjà fameux comme champion de l'esthétisme. Je passai une soirée d'enchantement. À ma profonde surprise, Wilde avait lu *Micah Clarke*, dont il me parla avec enthousiasme, de sorte que je ne me sentis pas tout à fait un étranger devant lui. Sa conversation m'a laissé un souvenir ineffaçable. De si haut qu'il nous dominât, il avait l'art de paraître s'intéresser à tout ce que nous disions. Il joignait le tact à la délicatesse des sentiments. Un homme qui réduit la conversation à un monologue n'est jamais, dans le fond, quelle que soit sa valeur, un gentleman. Wilde prenait autant qu'il donnait, mais ce qu'il donnait était unique. Sa parole, d'une précision curieuse, dégageait un humour subtil, et il avait, pour en illustrer le sens, tout un système particulier de menus gestes. Je n'en saurais reproduire l'effet, mais, par exemple, parlant des guerres futures, il disait : « De chaque côté de la frontière, un chimiste s'approche, armé d'une petite bouteille... », et sa main levée, son visage expressif suscitaient à vos yeux un tableau vivant et grotesque. Ses anecdotes étaient d'une piquante singularité. Comme nous discutions la comique maxime qui veut que le bonheur de nos amis nous rende malheureux : « Un jour, raconta-t-il, le diable, traversant le désert de Lybie, arriva en un lieu où de petits démons tentaient un saint ermite. L'homme de Dieu repoussait aisément leurs suggestions malignes. Voyant leur insuccès, le diable s'approcha d'eux : « Vous ne savez pas vous y prendre, leur dit-il. Laissez que je vous enseigne. » Et il murmura au saint homme : « Ton frère vient d'être fait évêque d'Alexandrie. » Un nuage de jalousie assombrit instantanément le front serein de l'ermite. « Voilà, conclut le diable, le genre de moyen que je vous recommande. »

Le résultat de notre rencontre avec Stoddart fut que Wilde et moi nous engageâmes à écrire, chacun de notre côté, un livre pour le *Lippincott's Magazine*. Wilde y publia *le Portrait de Dorian Gray*, œuvre située sur un plan moral très élevé et j'y donnai moi-même *La Marque des Quatre*, où Sherlock Holmes faisait sa deuxième apparition. Je dois ajouter que pas une fois, dans la conversation de Wilde, je ne vis trace d'une pensée grossière, et qu'en aucun temps je n'ai pu en concevoir chez lui la possibilité. Je ne le revis qu'une fois, bien des années plus tard, et il me donna l'impression d'être fou. Il me demanda si j'avais vu l'une de ses pièces qui se jouait dans le moment. Je lui répondis que non. « Eh bien, il faut que vous alliez la voir, me dit-il, c'est une merveille, une œuvre de génie. » Cela, du ton le plus sérieux. Rien ne ressemblait moins à son premier naturel d'homme bien élevé. Je pensai alors, je continue de penser que la monstrueuse transformation survenue chez lui pour son malheur était toute pathologique, et que son cas relevait de l'hôpital plus que des tribunaux.

Quand parut son livre, je lui en écrivis mon sentiment. La lettre par laquelle il me répondit mérite d'être reproduite, car elle montre Wilde sous son vrai jour. J'en omets le début, où il me parle en termes trop généreux de mon œuvre personnelle.

« *Entre la vie et moi, il y a toujours un brouillard de mots. Pour l'amour de la phrase, je jette la probabilité par la fenêtre ; la chance d'une épigramme me fait déserter la vérité. Pourtant, je vise à faire œuvre d'art, et c'est pour moi une joie réelle que vous trouviez ma façon de traiter le sujet subtile et artistiquement heureuse. Les journaux me semblent écrits par des gens qui ont la démangeaison du philistinisme. Je ne puis comprendre qu'ils taxent Dorian Gray d'immoralité. Le difficile était que la morale inhérente y restât subordonnée à l'effet artistique et dramatique, et je persiste à la trouver trop évidente.* »

Encouragé par l'accueil bienveillant que *Micah Clarke* avait reçu de la critique, je formai un dessein encore plus audacieux. Les jours d'Édouard III constituaient, à mes yeux, la plus grande page de l'histoire d'Angleterre. C'était le temps où le roi de France et le roi d'Écosse étaient tous deux prisonniers à Londres. Le mérite en revenait surtout à une troupe d'hommes réputés dans toute l'Europe, mais qui jamais n'avaient eu dans notre littérature une représentation fidèle. Sans doute Walter Scott avait tracé un portrait inimitable de l'archer anglais, mais il en avait fait un hors-la-loi plutôt qu'un soldat.

J'avais, en outre, sur le Moyen Âge, des idées à moi, que je grillais de mettre en lumière. Froissart et Chaucer m'étaient familiers, je savais que les illustres chevaliers de jadis ne ressemblaient en rien aux athlétiques héros de Scott, qu'ils relevaient d'un tout autre type. Par là s'expliquent mes deux livres, *La Compagnie blanche*, écrit en 1885, et *Sir Nigel*, écrit quatre ans plus tard. Tout en considérant ce dernier comme le meilleur, je n'hésite pas à dire que, pris ensemble, ils répondaient en tous points à mes intentions, qu'ils composaient le tableau très exact d'un grand siècle, et qu'ils sont ce que j'avais fait de plus ambitieux, de plus satisfaisant et de plus complet. Toute chose trouve son niveau. Je crois pourtant que les histoires de Holmes ont nui à la meilleure partie de mon œuvre et que, sans elles, j'occuperais dans les lettres une plus haute place. Les deux livres me coûtèrent de longues recherches : j'en ai gardé la documentation, elle emplit des carnets. Attaché à la simplicité du style, j'évite avec soin les grands mots. Peut-être le lecteur, trompé par cette aisance apparente, aura-t-il sous-estimé la somme de renseignements que contiennent mes romans historiques. Mais la justice a toujours son heure et le vrai mérite d'un ouvrage n'est jamais définitivement perdu.

Je me souviens que, lorsque j'eus écrit les derniers mots de la *Compagnie blanche*, je fus saisi d'un tel transport que je m'écriai : « Fini ! » et que je lançai ma plume au travers de la chambre, où elle alla faire un gros pâté contre la muraille, sur le papier jaune d'œuf. Je savais, en mon for intérieur, l'ouvrage destiné à vivre et à illuminer nos traditions nationales. Aujourd'hui qu'il a eu cinquante éditions, je reconnaîtrai, sans fausse modestie, que mes prévisions se sont réalisées. Ce fut là mon dernier livre du temps où je professais la médecine à Southsea. Il marque une époque de ma vie. Je puis donc revenir aux quelques événements qui signalèrent encore mon séjour à la Villa du Buisson avant l'heure où je me lançai dans une nouvelle existence. J'ajouterai seulement que la *Compagnie blanche* fut acceptée par *Cornhill* malgré les préventions de James Payn contre le roman historique ; un autre de mes rêves s'accomplissait par la publication en feuilleton dans le célèbre magazine.

Vers cette même époque, un changement se produisit dans mon état de médecin, je me trouvai tout à coup faire partie de l'armée anglaise. Les opérations militaires d'Orient ayant éprouvé le Corps de Santé, on décida l'enrôlement de médecins civils pour un service temporaire de quelques heures par jour. L'appât d'une guinée quotidienne tenta un bon nombre d'entre nous, alors qu'il n'y avait que peu d'emplois disponibles. Un homme d'aspect sauvage présidait le conseil de révision devant lequel je comparus. « Et vous, monsieur, aboya-t-il en me voyant, qu'êtes-vous prêt à faire ? » « Tout ! » lui répondis-je. Les candidats précédents avaient dû marchander, s'entourer de réserves. La spontanéité de ma réponse enleva le morceau.

Je pus, dès lors, faire plus ample connaissance avec l'homme d'aspect sauvage. Il n'était autre que sir Anthony Home, décoré de la *Victoria Cross* pour ses services dans l'Inde à l'époque de la révolte. Il avait la haute main sur le Corps de Santé. Farouche dans la parole et dans l'acte comme dans l'apparence, il terrorisait tout le monde. J'avais, une fois, confié une extraction de dents à un auxiliaire, et je m'en revenais chez moi, quand je fus rejoint par un soldat très excité : le sergent Jones, me dit-il, allait passer en conseil de guerre, et certainement perdre ses galons, pour avoir fait une petite opération chirurgicale. Je rebroussai immédiatement chemin et trouvai sir Anthony qui regardait d'un œil enflammé le malheureux sergent, tandis que d'autres hommes, rangés en cercle, attendaient leur tour. Sir Anthony reporta sur moi le feu de son regard quand je lui dis que le sergent n'avait fait qu'obéir à mon ordre. Il grommela, referma violemment la porte, qu'il tenait ouverte, et leva la séance. Il semblait un être des plus difficiles, pourtant, lorsque, peu de temps après, je me mariai, il m'envoya un mot charmant pour m'exprimer ses vœux. La surprise m'en fut d'autant plus agréable qu'auparavant je n'avais connu de lui que le froncement de ses épais sourcils. Bientôt, les circonstances s'améliorant, les médecins civils furent rendus à leurs foyers.

CHAPITRE IX

JE LÈVE L'ANCRE

C'est dans les quelques semaines qui suivirent mon mariage et précédèrent mon départ de Southsea que je plantai le premier jalon de ces études psychiques destinées à révolutionner mes idées et à absorber finalement toutes mes énergies. Je nourrissais le mépris ordinaire du jeune homme instruit pour tout ce qu'on a maladroitement englobé sous le titre de spiritisme. J'avais lu des histoires de médiums condamnés pour fraude, j'avais entendu parler de phénomènes contraires à toute loi scientifique établie, et je déplorais la naïveté, la crédulité avec laquelle des gens sérieux, honnêtes, pouvaient voir, dans ces misérables faussetés les manifestations d'une intelligence extérieure à notre existence propre. Élevé comme je l'avais été, durant mes années les plus plastiques, à l'école du matérialisme médical, imbu de l'enseignement négatif commun à tous nos grands maîtres, je n'avais point de place en mon cerveau pour des théories qui allaient à l'encontre de toutes mes conclusions. Mais si mes maîtres étaient dans l'erreur, si je l'étais moi-même, je ne tiens pas moins que leur œuvre fut bonne et que leur agnosticisme victorien servit les intérêts de la race humaine, car il ébranla la position fortifiée où se retranchait avant eux, par tout l'univers, l'Évangélisme aveugle. Pour rebâtir, il faut d'abord faire place nette. Il y eut, pendant l'ère victorienne, une double tendance au changement : les uns tentèrent d'améliorer le vieil édifice pour lui

95

permettre de durer, d'autres cherchèrent à jeter bas ce qui s'en allait en ruine, afin que l'on pût bâtir à nouveau. Personnellement, ainsi que je l'ai dit, je me cantonnais dans un idéalisme respectueux. J'admettais fort bien qu'au centre de tout il y eût une Cause intelligente, mais ce qu'était cette Cause, et pourquoi, dans l'exécution de ses propos, elle apportait un si terrible mystère, c'est ce que je me sentais incapable de discerner.

À mon sens, l'esprit (et, autant que je pouvais le voir, l'âme, résultante de toutes les fonctions héréditaires ou personnelles de l'esprit), était une émanation du cerveau ; je lui attribuais une nature toute physique. Comme médecin, je voyais de quelle manière une épine d'os ou une tumeur, en comprimant le cerveau, déterminent ce qui paraît être une altération de l'âme. Je voyais aussi comment les drogues et l'alcool peuvent amener des phases brèves de vertu ou de vice. L'apport physique me semblait tout puissant. Jamais je n'avais pensé qu'un instrument imparfait ne manifestât qu'imparfaitement nos facultés supérieures. Le violon brisé ne rend pas de son, quoique le musicien reste le même.

Ce qui, pour la première fois, m'induisit à réflexion, ce fut la question de la télépathie. Déjà William Barrett et d'autres en discutaient avant même que n'eût paru le monumental ouvrage de Myers sur *La Personnalité humaine*, le premier qui ait consacré aux questions psychiques l'étude approfondie et la longue application cérébrale qu'elles exigent. Je ne m'étonnerais pas que l'humanité lui gardât une place permanente dans sa littérature, comme au *Novum Organum*, à *La Descendance de l'Homme* ou à tout autre de ces grands livres fondamentaux qui marquent une date de l'esprit. Sur la foi de mes lectures, j'entrepris des expériences touchant la transmission de la pensée. Je trouvai, pour me seconder dans mes recherches, un architecte très connu de la ville, M. Ball. Maintes et maintes fois, assis derrière lui, je dessinai des graphiques pendant que, de son côté, il traçait à peu près les mêmes, et je constatai qu'indiscutablement je pouvais communiquer ma pensée sans le secours des paroles.

Si, à la distance de six pieds, je vérifiais un semblable résultat, comment l'aurais-je mis en doute quand j'eus la preuve qu'il s'obtenait de même à longue distance ? Avec un sujet approprié et une sympathie plus ou moins définie entre deux individus, il ne dépendait point de l'espace. La démonstration me semblait faite. J'avais toujours juré par la science, par la nécessité de poursuivre sans crainte la vérité, où qu'elle se cachât. Il m'était clair, maintenant, que j'avais pris une attitude trop rigide. J'avais comparé l'excrétion de la pensée par le cerveau à l'excrétion de la bile par le foie : manifestement, c'était une proposition insoutenable. Pour que la pensée allât à un millier de milles produire un effet perceptible, il fallait qu'elle différât entièrement, et non seulement en degré, mais en espèce, de tout produit purement matériel. La certitude paraissait sur ce point bien établie. Et cela devait entraîner quelque modification de mes vues premières.

Vers cette époque (1886), la famille d'un général à qui j'avais donné des soins se prit d'intérêt pour les tables tournantes et me demanda de contrôler ses expériences. On s'asseyait autour d'une table de salle à manger sur laquelle on plaçait les mains. Au bout d'un moment, la table se mettait à osciller ; enfin le mouvement s'accentuait suffisamment pour qu'un des pieds tapât sur le parquet. On posait alors des questions à la table, et l'on en recevait des réponses plus ou moins raisonnables, plus ou moins congrues. On les obtenait par le procédé fastidieux qui consiste, pour chaque mot, à dévider l'alphabet jusqu'à la dernière lettre que le coup de la table désigne. J'avais le sentiment que nos vouloirs réunis poussaient la table et l'arrêtaient au bon moment. J'étais intéressé, mais sceptique. Parmi les réponses, il s'en trouvait qui n'étaient pas de vagues platitudes, mais bien des messages précis, et venant des morts de la famille. Sur la famille, elles faisaient grand effet, mais non pas sur moi, qui n'en connaissais pas les auteurs. J'ai sous les yeux des notes prises au cours de ces séances. « Ne dites rien aux jeunes filles quand vous les verrez, mais elles vous parleront de moi. Embrassez pour moi ma fillette, je veille sur elle. Francie. » Nous tînmes une vingtaine de séances, sinon plus, sans que jamais il vînt à mon adresse une communication de ce genre, et je gardai jusqu'au bout une sage réserve.

Néanmoins, un problème restait à résoudre, et je continuai d'en chercher la solution. Je lus le pour et le contre, je consultai les gens éclairés, spécialement le général Drayson, penseur très distingué et pionnier de la science psychique, qui habitait alors Southsea. Je l'avais d'abord connu comme astronome. Il avait émis cette thèse révolutionnaire que notre idée du cercle décrit dans l'espace par l'axe prolongé de la terre est une fatale erreur. En réalité, d'après lui, le cercle est plus grand, il a un autre centre. Cette correction permettrait d'expliquer plusieurs points actuellement inexplicables, elle ferait de l'astronomie une science exacte, elle aurait des réactions très importantes sur la géologie et la connaissance des époques glaciaires dont la date n'a pu être exactement fixée. Les conceptions de Drayson avaient sur moi un grand retentissement. Elles ont été, depuis sa mort, reprises et soutenues dans plusieurs livres, notamment dans les *Draysoniana* de l'amiral de Horsey. Si, comme je le crois, elles triomphent, Drayson laissera un grand nom. Son opinion n'était négligeable sur aucun sujet. Quand il m'exposa ses vues et ses expériences spirites, je ne pus manquer d'en être frappé. Ma pauvreté ne me permettait pas d'employer des médiums professionnels, et faire du psychisme sans médium, c'est faire de l'astronomie sans télescope. Une seule fois, un vieil homme qui passait pour doué d'un certain pouvoir psychique vint, moyennant un modique salaire, nous donner une démonstration. Il respirait si fort après être tombé en transe que l'assistance en fut alarmée. Chacun de nous eut sa preuve. Elle fut, en ce qui me concernait, très remarquable. « Ne lisez pas Leigh Hunt », me dit-il. J'hésitais, à ce moment, à savoir si je lirais ou non l'ouvrage du célèbre écrivain, le *Théâtre comique de la Restauration*, car d'une part c'est de la littérature, et d'autre part je n'aimais pas l'esprit dans lequel l'auteur traitait son sujet. Donc, j'avais là une preuve décisive, tout au moins en matière de télépathie. Je ne consentais pas à aller plus loin. Mais dans l'émotion que me causa cette séance, j'en écrivis un compte rendu pour *Light*, le journal psychique hebdomadaire. C'est la première fois que j'affichai ma curiosité des études psychiques. Il y a de cela trente-sept ans, ce qui fait de moi un très vieil étudiant. Et bien que j'aie, depuis, beaucoup lu, beaucoup réfléchi, il m'a fallu attendre jusqu'à la période la plus avancée de ma vie pour saisir la portée de ces études.

Je fus, pendant un an ou deux, attiré et profondément intéressé par la théosophie. Si, en effet, philosophiquement parlant, le spiritisme semblait, à l'époque, un pur chaos, la théosophie se présentait comme un système fort bien conclu et raisonnable. En certains points, tels par exemple la réincarnation et le Kharma, elle paraissait donner un sens à quelques-unes des anomalies de la vie. Je lus le livre de Sinnett, le *Monde occulte*, et bientôt après, avec plus d'admiration encore, son bel exposé de la théosophie dans le *Bouddhisme ésotérique*, qui est un ouvrage d'importance. Je fis en suite sa connaissance, car il était un vieil ami du général Drayson, et sa conversation eut en moi des échos. Mais, presque vers le même temps, le rapport publié par le Dr Hodgson, à la suite de son enquête sur les faits et gestes de Mme Blavatsky à Adyar, vint sensiblement ébranler ma confiance. À la vérité, Mme Besant a, depuis, vigoureusement défendu Mme Blavatsky et tenté d'établir que Hodgson avait pu être induit en erreur. Mais son ouvrage ultérieur, *Une Prêtresse d'Isis*, qui reproduit quantité de lettres de « la prêtresse », laisse une impression pénible, et l'ouvrage posthume de Sinnett prouve qu'il avait perdu confiance, lui aussi. D'autre part, le colonel Olcott montre qu'il y avait chez Mme Blavatsky de réels pouvoirs psychiques, quelle qu'en fût la source. Mais elle ne paraît s'être intéressée qu'aux phénomènes inférieurs du spiritisme. Ses livres témoignent d'une érudition extraordinaire et d'une rude capacité de travail, là même où ils ne représentent qu'un transfert des conclusions d'autrui, comme c'est souvent le cas. Au bout du compte, il serait injuste de condamner l'antique sagesse simplement parce qu'elle a eu pour introductrice cette étonnante et turbulente personne. Nous également, dans notre secteur de l'occulte, nous avons eu bien des médiums malhonnêtes, mais nous nous sommes hâtés de les démasquer autant qu'il nous était possible, et la théosophie sera plus forte le jour où elle se sera détachée de Mme Blavatsky. En tout cas, elle ne saurait contenter le besoin que j'ai de preuves sérieuses. Si je devais revenir à une foi qui ne s'interroge point, je me retrouverais avec ceux dont je me suis éloigné.

Mon petit succès littéraire, qui allait régulièrement croissant, le soin de ma clientèle, suffisante pour me tenir agréablement occupé, enfin mes distractions, dont je parlerai un jour, tout contribuait à me rendre l'existence commode. Un événement inattendu, en m'arrachant à mon ornière, bouleversa ma vie et mes projets. Il nous était né une fille, Mary, et la joie habitait la maison. Je n'avais jamais eu d'ambitions personnelles, mes goûts avaient toujours été des plus simples, sans doute Southsea m'eût-il retenu sans fin si, en 1890, Koch n'avait annoncé qu'il venait de découvrir une méthode certaine pour la guérison de la tuberculose, et qu'à telle date la démonstration en serait faite à Berlin.

Incontinent, je me persuadai que je devais aller à Berlin voir faire la démonstration promise. Pour quelles raisons au juste, je l'ignorais moi-même. La chose se fût mieux comprise si j'avais été un médecin en renom et un spécialiste de la tuberculose. En fait, je portais peu d'intérêt aux développements récents de l'art médical et considérais comme une illusion ce qu'on nomme le progrès. N'empêche que quelques heures plus tard, ayant bouclé mon sac, je m'embarquais tout seul dans cette étrange aventure. J'avais eu, je ne sais à quel propos, l'occasion d'échanger des lettres avec M. W. T. Stead. En passant par Londres, j'allai, à son bureau de la *Review of Reviews*, lui demander de me donner, s'il le pouvait, un mot d'introduction pour Koch, ou pour le Dr Bergmann, son démonstrateur. M. Stead se montra fort obligeant envers l'obscur médecin de province. Il me remit une lettre pour l'ambassadeur

d'Angleterre, sir Édouard Malet, si je ne me trompe, et une autre pour
M. Lowe, correspondant du *Times* à Berlin. Par la même occasion, il
me demanda de lui écrire un petit article sur Koch, ajoutant qu'il avait
un portrait du comte Mattei pour le prochain numéro de son
magazine, et qu'il donnerait celui de Koch dans le suivant. « Ainsi, lui
dis-je, se feront suite chez vous le plus grand savant et le plus grand
charlatan du monde. » Stead me jeta un regard de colère. Je crois bien
qu'à ce moment Mattei et le traitement par la lumière bleue étaient sa
marotte. Cependant nous nous séparâmes bons amis, et tant qu'il
vécut nous gardâmes des rapports lointains, que troubla seule une
brusque collision lors de la guerre avec les Boers. C'était un homme
courageux et droit, parfois impulsif quand il ne maîtrisait plus la
flamme intérieure qui faisait de lui une grande force bienfaisante. En
matière de science psychique, s'il lui arriva de commettre des erreurs
de jugement, il ne fut pas moins en avance d'une génération.

Je partis pour Berlin le soir même. Dans l'express continental,
je me trouvai avoir pour compagnon un médecin de Londres, fort bel
homme, très avenant, qui se rendait comme moi, et pour le même
motif, dans la capitale allemande. Nous passâmes en conversation une
bonne partie de la nuit. Il s'appelait Morris. Après avoir exercé en
province, il était allé se fixer à Londres, où il avait réussi comme
dermatologiste dans Harley Street. De cette rencontre naquit entre
nous une amitié durable.

La grande affaire, à Berlin, fut d'assister à la conférence de
Bergmann, qui devait avoir lieu le lendemain à midi. J'allai voir notre
ambassadeur, qui, après m'avoir fait subir une longue attente,
m'accueillit on ne peut plus fraîchement et me renvoya sans aide ni
pitié. Je me rabattis sur le correspondant du *Times*. S'il ne put m'être
plus secourable, du moins sa charmante femme et lui me
témoignèrent beaucoup de politesse et m'invitèrent à dîner pour le
soir. Impossible d'avoir une carte pour la conférence, ni en payant ni
en invoquant l'intérêt professionnel. L'idée folle me vint de recourir à
Koch lui-même. Je me rendis chez lui, où, par un singulier hasard, je

vis arriver son courrier, tout un grand sac bourré de lettres, que l'on vida sur le plancher du vestibule. Il y avait là une collection complète des timbres de l'Europe. Quel signe du nombre de vies brisées, de cœurs déchirés, dont l'espoir se tournait vers Berlin ! Koch, cependant, restait un prophète voilé : il ne me reçut pas, il ne recevait personne. J'étais à bout d'idées, je n'imaginais pas comment j'atteindrais à mes fins.

Le lendemain, je me dirigeai vers le grand bâtiment dont on m'avait donné l'adresse, et je m'arrangeai, en graissant la patte au portier, pour pénétrer dans le hall précédant la salle où s'assemblait l'immense auditoire. Après cela, j'essayai encore de la corruption pour que l'on me permît d'aller plus loin, mais mon individu se fâcha. Les gens passaient en foule devant moi, qui croquais toujours le marmot à la porte. Enfin, tout le monde était entré lorsqu'arriva un groupe d'hommes bruyants et agités, Bergmann en tête, barbu, formidable, traînant après lui une kyrielle de médecins et de satellites. Je me jetai en travers de son chemin : « J'ai fait un millier de milles pour venir, lui dis-je. N'est-il pas possible que j'entre ? » Il s'arrêta et ses yeux, en me regardant, étincelèrent derrière ses lunettes. « Peut-être vous plairait-il de prendre ma place ? » mugit-il, en se mettant comme à plaisir dans cet état de folle excitation qui fait un si étrange contraste avec la lourdeur allemande. « Ma place est la seule qui reste. Oui, oui, c'est ça, prenez-la. Mes classes sont déjà pleines d'Anglais. » Ce mot d'Anglais, il le cracha, pour ainsi dire. J'ai su plus tard qu'un désaccord récent avec Morel Mackensie, touchant la maladie de l'empereur Frédéric, l'avait laissé fort irrité. Je le dis avec plaisir, je ne me départis ni de mon sang-froid ni de ma politesse, ce sont toujours les meilleures armes contre la brutalité. « Point du tout, lui répondis-je. Si vraiment la salle est pleine, je ne veux pas être un intrus. » Du fond de sa barbe, il darda sur moi le feu de ses lunettes, puis il passa, et derrière lui toute sa cour, égayée de la rebuffade que venait de subir le présomptueux Anglais. Pourtant, l'un des suivants, un aimable Américain se détacha de la troupe : « Ce qu'on vous fait là n'est pas bien, me dit-il. Voyons, voulez-vous que nous nous retrouvions tantôt, à quatre heures ? Je vous communiquerai les notes que j'aurai prises pendant la conférence. Je sais les cas qui vont être démontrés. Nous examinerons ensemble tout cela. » Et il rejoignit les autres.

Ainsi, par une voie détournée, j'arrivai au but. J'étudiai la conférence et les cas, et, loin de partager l'avis général, j'eus la témérité de conclure qu'on en était encore à la période d'expérimentation, que l'on se vantait trop tôt d'un résultat. Une vague de folie avait soulevé le monde. De partout, et notamment d'Angleterre, des malheureux couraient à Berlin chercher le guérisseur. Quelques-uns étaient dans un état de maladie si avancée qu'ils mouraient en chemin de fer. Je me sentais sur un terrain si ferme que j'écrivis au *Daily Telegraph* une lettre où, sauf erreur, je fus le premier à conseiller la prudence et le doute. Inutile de rappeler que l'événement me donna raison.

Quand, deux jours plus tard, je rentrai à Southsea, j'étais un autre homme. J'avais ouvert mes ailes et j'avais, dans quelque mesure, pris conscience de moi. Surtout, j'avais été influencé par une longue conversation avec Malcolm Morris. Il m'avait démontré que je perdais mon temps en province, que mon champ d'action y était trop restreint, que je ferais mieux d'abandonner la médecine générale et d'aller à Londres. Comme je lui répliquais que je n'étais encore nullement sûr de mon succès littéraire et ne pouvais si légèrement abandonner la carrière médicale, qui avait coûté à ma mère tant de sacrifices et à moi tant d'années de travail, il me demanda si je ne voyais pas une branche de la profession où je pourrais me spécialiser. À cela, je répondis que depuis quelques années l'ophtalmologie m'intéressait, qu'à l'hôpital ophtalmologique de Portsmouth, dirigé par M. Vernon Ford, je m'amusais à corriger les réfractions et à ordonner des verres. « Eh bien, me dit Morris, pourquoi ne feriez-vous pas les yeux ? Allez à Vienne, travaillez-y pendant six mois, puis revenez vous établir à Londres. Vous aurez une bonne vie très réglée et tout le loisir voulu pour écrire. » Je rentrai chez moi, la tête bourdonnante. Mary, notre fillette, était maintenant assez grande pour que nous pussions la confier à sa grand-mère. Donc, point d'obstacle sur mon chemin. Quant à la clientèle, elle était si petite et si strictement personnelle, qu'il n'y avait pas à la vendre : elle se disperserait à son gré, voilà tout.

La Société Littéraire et Scientifique de Portsmouth m'offrit un banquet d'adieu. Je garde, de cette société, dont j'avais été le secrétaire durant plusieurs années, force souvenirs agréables, et quelques-uns de comiques. Nous entretenions le feu sacré dans la vieille ville par nos journaux hebdomadaires et nos discussions des longs jours d'hiver. J'y appris à affronter le public, ce qui, dans la suite, allait être de première importance pour mon œuvre. En pareille affaire, j'étais, par tempérament, nerveux et timide, je manquais d'assurance. On reconnaissait, paraît-il, le moment où j'allais entrer dans la discussion à ce que, sur la banquette où nous étions tous assis, mon émotion provoquait un frémissement unanime. Mais sitôt levé, je savais parler, cacher mon trac, choisir mes phrases. Je fis à la société trois communications, une sur les mers arctiques, une sur Carlyle, une sur Gibbon. La première me valut une réputation imméritée de chasseur. J'avais emprunté à un taxidermiste local tout ce qu'il possédait d'oiseaux et d'autres animaux pouvant vraisemblablement se réclamer de la faune arctique. Je les avais rassemblés sur la table de la conférence, et le public, persuadé que je les avais tous abattus moi-même, me considérait avec un profond respect. Le lendemain, ils étaient tous rentrés chez le taxidermiste. Des gens bizarres venaient à nos séances. Il s'y produisait des incidents curieux. Je me rappelle qu'à la fin d'un débat très savant sur les fossiles et l'âge des couches géologiques, un major général, qui appartenait au culte évangélique, se leva pour déclarer d'une voix caverneuse que toute spéculation était vaine, incompréhensible, puisqu'il ressortait d'un témoignage irrécusable, celui de la Bible, que le monde avait exactement cinq mille huit cent quatre-vingt-dix ans. Sur quoi le débat fut clos et nous allâmes nous coucher.

La politique m'exerça également à la parole. J'étais ce qu'on nommait un libéral-unioniste, c'est-à-dire un de ces hommes dont la doctrine générale était le libéralisme, mais qui ne jugeaient pas possible de soutenir Gladstone dans sa politique irlandaise. Peut-être avions-nous tort, mais c'était ainsi. Ma première apparition à une tribune m'a laissé le souvenir d'une terrible épreuve. Un grand meeting électoral se tenait à l'amphithéâtre. Le candidat, sir William Crossmann, était en retard. Pour prévenir un fiasco, on me poussa sur l'estrade, je dus instantanément faire face à trois mille personnes. Ce fut un des moments cruels de ma vie. Je savais à peine ce que je disais. Mais je n'avais pas pour rien dans les veines une part de sang irlandais : elle me fournit une surabondance de mots et d'images qui transportèrent l'assistance, et qui, d'ailleurs, à la lecture, me firent l'effet d'une bouffonnerie de réunion publique plutôt que d'un discours politique sérieux. Mais l'auditoire n'en demandait pas davantage : quand j'eus fini de parler, il était presque tout entier debout. Je rougis, le lendemain, de certaines phrases que j'avais pu prononcer, la dernière entre autres : « L'Angleterre et l'Irlande sont unies par le mariage, le saphir bleu de la mer est leur bague de noce, et ce que Dieu a joint, vous ne permettrez pas qu'un homme le disjoigne ! » Ce n'était pas de très bonne logique, et si c'était de l'éloquence ou de l'amphigouri, aujourd'hui encore je n'en saurais décider.

Je faisais partie du bureau un jour que M. Balfour vint prendre la parole à un meeting. Sitôt la salle pleine, j'allai au dehors pour le recevoir. Sa voiture ne tarda pas à paraître et il en descendit, grand, mince, aristocratique. Deux partisans notables de son adversaire l'attendaient comme moi sur le trottoir, je les avertis de ne pas causer de trouble. Cependant, lorsqu'il apparut, l'un d'eux ouvrit, pour le conspuer, une bouche immense. Mais rien n'en sortit, car je la lui refermai vigoureusement d'une main, tandis que de l'autre je l'empoignais vigoureusement à la gorge. Son compagnon me porta sur la tête un coup de canne ; un des miens eut vite fait de le terrasser.

Entre temps, M. Balfour était rentré sans encombre dans la salle. L'autre secrétaire et moi l'y suivîmes tout échevelés. J'ai, depuis, rencontré plusieurs fois M. Balfour, mais je ne lui ai jamais dit que j'avais perdu un chapeau pour sa défense.

Tant dans la société littéraire que dans les milieux politiques, mon départ fit un vide à Portsmouth. Cela est également vrai pour ma femme, qui avait gagné la sympathie de tous par l'aménité et la générosité de son caractère. Ce ne fut pas sans quelque déchirement que nous prîmes congé de nos bons amis. Mais, vers la fin de 1900, le dé était jeté : nous fermâmes pour la dernière fois derrière nous la Villa du Buisson. J'y avais connu des heures de privation. J'y avais aussi, en huit années de séjour, vu naître et grandir mon succès. Le passage à une existence nouvelle nous donnait, aujourd'hui, le sentiment d'une merveilleuse et réjouissante libération dans l'inconnu.

CHAPITRE X

LA GRANDE TROUÉE

Nous nous mîmes en route par une âpre journée d'hiver, tout à la fin de 1899. Il y avait bien des chances pour que, dans le cours d'un aussi long trajet, nous fussions bloqués par la neige. Cependant nous arrivâmes d'une traite à Vienne par une nuit glacée. Fouettée par un vent qui nous cinglait la figure, la neige tourbillonnait dans l'air et s'amoncelait sur le sol. De la gare, sous les globes électriques, nous voyions scintiller contre la noirceur du ciel l'argent des flocons. C'était là pour nous une triste réception, et de fâcheux augure. Mais une demi-heure plus tard, à l'hôtel, mêlés à la foule du restaurant, dans une chaude et douillette atmosphère qu'alourdissaient les vapeurs du tabac, nous nous prîmes à des idées plus riantes.

Nous trouvâmes une modeste pension dont les prix répondaient à nos moyens, et nous y vécûmes agréablement quatre mois. J'assistais aux cours d'ophtalmologie du Krankenhaus[4], mais certainement j'aurais appris davantage à Londres, car c'est une chose que d'entendre à peu près une conversation en allemand, et une autre

---

[4] Hôpital.

toute différente que de suivre, sans en laisser rien échapper, un exposé rapide, bourré de termes techniques. Sans doute cela fait bien, pour un spécialiste, de pouvoir, dans l'énumération de ses titres, se prévaloir d'études à Vienne, mais d'ordinaire cela suppose qu'avant d'aller à l'étranger on a fait, dans son propre pays, des études complètes, et ce n'était pas le cas pour moi. Sous le rapport du travail, je perdis mon hiver à Vienne et je n'y réalisai non plus aucun progrès moral ou spirituel. En revanche, j'approchai un peu l'aimable société viennoise. Je reçus le plus bienveillant accueil de Brinsley Richard, correspondant du *Times*, et de sa femme. Je fis d'excellent patinage. J'écrivis en outre un petit roman, *Raffles Haw*, assez médiocre, mais grâce auquel je payai nos dépenses courantes sans toucher aux quelque cent livres qui constituaient ma fortune. J'avais, sur les conseils d'un ami, placé cet argent, mais je le perdis presque entièrement, comme tant d'autre que j'ai gagné depuis : il est donc heureux que je n'aie pas eu à en faire état.

Au printemps, mes travaux de Vienne étant terminés, si je puis dire qu'ils eussent jamais commencé, nous repartîmes pour Londres, viâ Paris, où je passai quelques jours auprès de Landolt, qui était l'oculiste français le plus fameux de l'époque. Ce fut pour nous un événement que de nous retrouver à Londres, avec la sensation que nous étions là sur notre vrai champ de bataille, qu'il nous fallait ou vaincre ou périr, car nous avions brûlé nos vaisseaux. Certes, aujourd'hui, en regardant derrière moi, je vois trop bien que l'issue ne pouvait faire doute. Il m'était moins facile de le voir dans le moment. Si je gagnais peu, ma réputation d'écrivain allait s'étendant. Ma foi dans les qualités durables de la *Compagnie blanche*, qui continuait de paraître mois par mois dans *Cornhill*, entretenait mon courage. J'avais, lors de mes débuts à Southsea, franchi tant de traverses, que rien ne pouvait m'alarmer personnellement. Il est vrai qu'à présent j'avais femme et enfant et ne pouvais plus envisager cette austère simplicité d'existence qui m'était naguère possible, qui même avait son attrait.

Nous nous installâmes à Montague-Place, après quoi je cherchai un local où poser ma plaque de médecin oculiste. Je savais qu'en général les gros bonnets du métier ne trouvent pas de temps pour s'occuper des réfractions, qui dans certains cas sont très longues à corriger par la rétinoscopie. J'avais pour ce travail des dispositions et du goût et j'espérai par lui faire mon chemin. Mais pour cela, il m'était évidemment nécessaire de vivre parmi les « patrons », afin qu'il leur fût commode de m'adresser les malades. J'explorai le quartier des médecins et finis par trouver un local convenable au numéro 2 de Devonshire Place, en haut de Wimpole Street, tout près de la classique Harley Street. Là, pour un loyer annuel de 120 livres, je louai une pièce en façade, avec participation à l'usage d'une salle d'attente. Mais je ne tardai pas à m'apercevoir que mon cabinet était une salle d'attente, lui aussi. Je m'en félicite à l'heure actuelle.

Chaque matin je partais à pied de mon domicile, Montague Place. J'étais à dix heures dans mon cabinet, et j'y demeurais trois ou quatre heures sans que jamais un coup de sonnette troublât ma sérénité. Eussé-je rêvé conditions meilleures pour la réflexion et le travail ? C'était idéal. Plus le succès professionnel tardait à venir, plus j'avais de chances d'élargir mes perspectives littéraires. Chaque fois qu'à l'heure du thé je rentrais chez moi, j'y portais ma petite gerbe, prémice d'une copieuse moisson.

À cette époque commençaient de paraître un certain nombre de magazines, entre lesquels se signalait le *Strand*, dirigé, comme il l'est encore, par Greenhough Smith. Considérant ces divers recueils d'histoires détachées, je songeais qu'un même personnage circulant à travers une série de nouvelles, s'il parvenait à capter l'attention du lecteur, l'enchaînerait à son magazine. D'autre part, il me semblait que le feuilleton ordinaire était, pour un magazine, moins une aide qu'une gêne, puisque tôt ou tard on en laissait passer une coupure et qu'après cela il avait perdu tout intérêt. Le compromis parfait serait un personnage qu'on retrouvât dans chaque feuilleton, et des feuilletons dont chacun se suffit à lui-même, si bien que le lecteur pût toujours se promettre de savourer la totalité du magazine. Je crois que je fus le premier à concevoir cette idée, et le *Strand* à la mettre en pratique. Sherlock Holmes, que j'avais déjà présenté dans deux petits livres, devait se prêter sans peine à une série de nouvelles. Je me mis à les écrire durant les loisirs que m'octroyait libéralement mon cabinet de consultation. Greenhough Smith les aima tout de suite et m'engagea fort à les continuer. J'avais confié mes intérêts littéraires à M. A. P. Watt, roi des agents. Non seulement il m'affranchissait de marchandages odieux, mais il menait assez bien mes affaires pour me soulager financièrement de toute inquiétude. Les clients avaient bien fait de ne jamais franchir mon seuil.

J'étais à la croisée des chemins. La Providence, dont je reconnais à tout instant la sollicitude, me le fit comprendre d'une façon peut-être déplaisante, mais énergique. Un matin, sortant de chez moi pour ma corvée quotidienne, je me sentis parcouru de frissons glacés et n'eus que le temps de rentrer chez moi avant de m'effondrer sous une attaque violente d'influenza. Cette maladie était alors dans sa première et funeste nouveauté. Trois ans auparavant, ma sœur en était morte à Lisbonne, après une vie tout entière dévouée au soutien de ma famille et quand mes succès allaient me permettre de l'arracher à sa longue servitude. C'était mon tour à présent, et il s'en fallut de peu que je ne la suivisse. Je ne me rappelle ni souffrances, ni malaises extrêmes, ni phénomènes psychiques, cependant je fus huit jours en grand danger, et je sortis de là faible et émotif comme un enfant, mais l'esprit limpide comme du cristal. Faisant un retour sur ma vie, je m'avisai que c'était folie à moi de gaspiller dans un cabinet médical de Wimpole Street mes profits littéraires. Et dans un élan irrésistible, je décidai de couper l'amarre, de m'en remettre désormais à mes talents d'écrivain. Il me souvient que, transporté de joie, je saisis de ma main débile un mouchoir posé sur mon lit et le lançai au plafond. J'allais enfin être mon maître ! Je n'aurais plus à endosser la tenue professionnelle, à tâcher de complaire aux autres ! Je serais libre de vivre où et comme il me plairait. Ce fut un des moments les plus heureux de ma vie. Il se situe en août 1891.

Bientôt, je commençai d'aller et venir, clopin-clopant, appuyé sur ma canne, et me disant que, si jamais j'atteignais l'âge d'octogénaire, j'en aurais eu l'avant-goût. Je hantai les agences de location, me procurai des listes de villas suburbaines, et, les forces me revenant, passai des semaines à chercher une nouvelle demeure. Je finis par en dénicher une à ma convenance, modeste mais confortable, isolée, bien que située dans une rue. Elle portait le numéro 12 de Tennison Road, à South Norwood. Nous nous y établîmes et, pour la première fois, j'y entrepris de vivre uniquement de ma plume. Il me fut très vite démontré que j'avais pris le parti conforme à mes moyens et que je n'aurais pas de peine à nous assurer un revenu suffisant. Il me sembla que la vie où je m'installais avait des chances d'être stable. Je ne prévoyais pas le coup prêt à s'abattre sur nous, et que nous n'étions pas au terme, mais, en réalité, au début de nos vagabondages.

Je me disposais d'un cœur résolu à faire une œuvre qui méritât proprement le qualificatif de « littéraire ». La difficulté des histoires de Sherlock Holmes, c'était que chacune d'elles avait, autant qu'un long roman, besoin d'un sujet bien tranché et original. Ourdir continuellement des sujets, cela ne va pas sans effort, la trame risque d'être trop mince et de se rompre. N'ayant plus l'excuse d'un manque absolu d'argent, j'étais déterminé à ne rien écrire qui ne fût aussi bon que possible. Désormais, je ne mis plus sur pied une histoire dont le sujet n'en valût la peine et où je ne prisse moi-même intérêt, car c'était la condition primordiale pour y intéresser les autres. Si j'ai pu soutenir un très long temps mon personnage, et si le public trouve, s'il doit continuer de trouver que la dernière histoire vaut la première, c'est que jamais je n'en ai forcé une. Il y a eu cependant quelques personnes pour juger qu'à la longue elles baissaient de niveau. Cette opinion me fut carrément exprimée par un batelier de Cornouailles. « Je veux croire, monsieur, me dit-il, que Holmes ne s'est pas tué le jour où il a dégringolé d'une falaise. Mais un fait certain, c'est qu'ensuite il n'a jamais été tout à fait le même homme. » Malgré cela, j'estime que, si le lecteur veut commencer la série par la fin, c'est-à-dire apporter un esprit tout frais aux dernières histoires, il tombera d'accord avec moi que leur niveau commun peut n'être pas très relevé, mais que, du moins, la dernière vaut la première.

Fatigué pourtant d'inventer des sujets, je m'attelai à une œuvre qui, ne fût-elle pas aussi rémunératrice, aurait, littérairement, des visées plus hautes. Je me sentais une vieille inclination pour le siècle de Louis XIV et pour ses Huguenots, qui furent les équivalents français de nos Puritains. Je connaissais bien les mémoires du temps et j'avais quantité de notes déjà prêtes. J'écrivis donc rapidement *Les Réfugiés*. Ce roman a bravé l'action corrosive des années, j'ai donc le droit de prétendre qu'il fut une réussite. La traduction française ne s'en fit pas attendre, et ma chère vieille mère, très versée dans l'étude du français, eut la joie, un jour qu'elle visitait Fontainebleau, d'entendre le guide officiel déclarer aux touristes que, s'ils désiraient se bien renseigner sur le siècle et la cour du Grand Roi ils consulteraient avec fruit l'ouvrage d'un Anglais, *Les Réfugiés*.

À propos de ce livre, il me revient à l'esprit une amusante anecdote. Lors d'une lecture à haute voix qui en fut faite dans un sévère couvent d'Irlande, la Révérende Mère s'imagina innocemment qu'il était l'œuvre d'un chanoine, et par conséquent d'un saint homme. La lecture fut, paraît-il, un triomphe et, pour la joie des bonnes sœurs, elle put s'achever avant que ne se découvrît la méprise de la Révérende Mère. Mon prénom, du reste, a plusieurs fois donné lieu à des erreurs. C'est ainsi que dans un grand dîner à Chicago, je fus prié de réciter les grâces, comme étant le seul ecclésiastique présent.

Je menais une vie laborieuse à Norwood. Dans un bref espace de temps, j'y écrivis, outre *Les Réfugiés*, trois petits romans : l'un, d'abord *La Grande Ombre*, que je mettrais, pour la qualité, au premier rang de mon œuvre, puis deux autres de mérite bien inférieur, *Le Parasite* et *Hors ville*. De ce dernier, qui était un tableau de la vie domestique, genre nouveau pour moi, une contrefaçon parut à New York avant que n'eût été promulgué l'Acte du Copyright. Le forban d'éditeur, ne sachant rien de moi, mais pensant qu'un portrait d'auteur, quel qu'il fût, ornerait avantageusement la couverture, m'y personnifia sous les espèces d'une élégante et très jolie jeune femme. J'ai gardé un exemplaire de cette flatteuse présentation.

Chacun des livres que je viens de dire eut un succès honnête, sans plus. Ce que le public réclamait de moi, c'était des histoires de Sherlock Holmes, et je m'appliquais de temps en temps à lui en fournir. Lorsqu'enfin j'en eus écrit deux séries, je compris le danger de me laisser contraindre au point qu'on ne vît plus dans mon œuvre que ce qui m'en paraissait le moins relevé. Pour bien marquer ma volonté, je pris le parti d'en finir avec mon héros. C'est alors que, faisant en Suisse un petit voyage d'agrément, j'allai avec ma femme admirer la cataracte de Reichenbach. Il me sembla que ce lieu terrible serait une digne sépulture pour mon pauvre Sherlock, dussé-je enterrer du même coup mon crédit en banque. Je l'y couchai donc, bien décidé à l'y oublier, et le fait est qu'il y resta quelques années. Mais l'événement suscita une émotion qui me surprit. Un homme, dit-on, n'est jamais bien apprécié qu'après sa mort : par la protestation qui accueillit de toutes parts mon exécution sommaire d'Holmes, je sus combien il avait d'amis. « Brute ! » m'écrivait une dame, au début d'une lettre de reproches où je suppose qu'elle ne parlait pas pour elle seule. On m'assura que beaucoup de mes lecteurs versaient des larmes. Tout cela, je crois, ne m'eût guère touché. Si je fus heureux, c'est simplement que l'occasion m'était offerte d'ouvrir à mon imagination une nouvelle carrière, car la tentation des gros prix était trop forte pour que ma pensée se détachât facilement de Holmes.

La preuve qu'aux yeux de bien des gens Sherlock Holmes était autre chose qu'un mythe, c'est qu'il m'arrivait des tas de lettres à son nom, avec prière de faire suivre. Watson en recevait de son côté un bon nombre, lui demandant l'adresse et un autographe de son brillant collègue. Une agence de presse lui écrivit même pour solliciter l'abonnement de Holmes. Le jour que Holmes prit sa retraite, plusieurs vieilles dames s'offrirent à tenir sa maison ; l'une d'elles, afin de se concilier ses grâces, affirmait qu'elle s'entendait comme personne à l'élevage des abeilles et qu'elle était de force à « isoler la reine ». Il me fut fait pour Holmes des propositions considérables au cas où il daignerait examiner et résoudre certains mystères de famille. Une fois, l'on me sollicita personnellement de me rendre en Pologne, aux conditions qu'il me plairait de fixer. J'eus assez de jugement pour décliner l'invitation.

On m'a souvent demandé si j'avais en moi les facultés dont j'ai gratifié Holmes, ou si je n'étais qu'un Watson qui regarde. Bien entendu, je sais que, d'être aux prises avec un problème positif, c'est une autre affaire que d'avoir à le résoudre sur des données qu'on a soi-même déterminées ; je ne me paye à cet égard d'aucune illusion. Mais, d'autre part, on ne saurait tirer de son fonds intime un caractère, le développer, lui donner vraiment la vie, si l'on ne porte en soi quelques éléments de ce caractère : aveu dangereux chez un homme qui a autant que moi créé des chenapans. Dans mon poème *La Chambre intérieure*, décrivant notre personnalité multiple, je parle de ces figures « à peine distinctes, sévères ou falotes, figures de sauvages ou de saints, qui apparaissent au-dedans de nous et s'y évanouissent ». Aussi bien s'y peut-il trouver celle d'un astucieux détective. Mais pour que je la retrouve dans la vie réelle, il me faut d'abord inhiber toutes les autres et me créer un état d'esprit où elle ait seule une place ; alors j'obtiens des résultats. Et c'est ainsi que j'ai résolu par les méthodes de Holmes plusieurs problèmes qui avaient dérouté la police. Force m'est pourtant de reconnaître qu'à l'ordinaire je n'ai rien d'un observateur, et que je dois me mettre dans une disposition tout artificielle pour constater l'évidence et prévoir la suite des événements.

CHAPITRE XI

SUR SHERLOCK HOLMES

Peut-être l'impression que Holmes est un individu de chair et d'os aura-t-elle été fortifiée dans le public par sa fréquente apparition sur les planches. Quand j'eus retiré ma pièce *Rodney Stone* d'un théâtre que j'avais pris à bail pour six mois, je formai un dessein audacieux, car c'est la ruine qu'un théâtre réduit au chômage. Je m'enfermai chez moi pour me consacrer tout entier à un drame « sensationnel » sur Sherlock Holmes. Je l'écrivis en une semaine et l'appelai *La Bande mouchetée*, du titre de la nouvelle qui m'en avait fourni la matière. Je ne crois pas exagérer en disant que, quinze jours après l'arrêt de ma première pièce, j'en faisais répéter une deuxième, écrite dans l'intervalle. Le succès fut cette fois énorme. Lyn Harding composa avec une autorité puissante le personnage formidable et semi-épileptique du docteur Grimsby Rylott, Saintsbury, de son côté, fut très bon en Sherlock Holmes. Et je disposais d'une œuvre qui devait garder une valeur permanente. Elle passa effectivement au répertoire et on continue de la jouer en tournée.

Nous avions, pour le rôle qui justifiait le titre de la pièce, un magnifique boa couleur de rocher qui faisait mon orgueil, et l'on conçoit le dégoût que me causa l'article dénigrant de ce critique dont la conclusion était, en propres termes, que la péripétie était produite

« par un serpent visiblement mécanique ». Je ne sais ce qui me tint de lui offrir une bonne somme s'il acceptait de le prendre dans son lit. Nous changeâmes plusieurs fois de serpent au cours des représentations, mais aucun n'était comédien de naissance : tous avaient un penchant, soit à se laisser retomber du trou le long de la muraille, comme d'inertes cordons de sonnette, soit à rentrer derrière la toile, ou même à se retourner contre le machiniste qui leur pinçait la queue pour leur apprendre à vivre. Nous finîmes par user de serpents artificiels, ce qui eut l'agrément de tout le monde, y compris le machiniste.

Cette pièce sur Sherlock Holmes était la seconde, et j'aurais dû parler d'abord de la première, écrite bien des années auparavant, à l'époque de la guerre sud-africaine. Celle-ci avait pour auteur William Gillette, le grand comédien d'Amérique, qui la joua merveilleusement. Il va de soi qu'empruntant mes personnages et, dans quelque mesure, mes idées, Gillette m'intéressait à l'entreprise, qui fut très heureuse. « Puis-je marier Holmes ? » me câbla-t-il un jour, étant dans les affres de la composition. « Vous pouvez le marier, le tuer, en faire ce qu'il vous plaira », lui répondis-je cordialement. Je fus charmé tout à la fois de la pièce, de son interprétation et de ses résultats pécuniaires. Tout homme ayant dans les veines une goutte de sang « artiste » conviendrait sans doute que cette dernière considération, si agréable soit-elle à son heure, est la dernière qui compte.

L'illustre auteur de *Peter Pan*, sir James Barrie, rendit hommage à Sherlock Holmes par la joyeuse parodie qu'il en fit, et qui, de sa part, fut un geste de résignation spirituelle après l'insuccès d'un opéra-comique dont nous avions écrit ensemble le livret. Malgré nos efforts conjoints, l'œuvre était tombée à plat. C'est là-dessus qu'il m'envoya la parodie en question, écrite sur la garde d'un de ses livres.

La voici :

« L'AVENTURE DES DEUX COLLABORATEURS

« En mettant fin aux aventures de mon ami Sherlock Holmes, je me suis souvenu, peut-être involontairement, que jamais, sauf dans la circonstance où, comme on va le voir, s'acheva singulièrement sa carrière, il ne consentit à s'employer pour la solution d'un mystère concernant des gens dont la plume est le gagne-pain.

« Je ne suis pas, disait-il, très difficile sur la qualité des gens avec qui j'entre en rapports d'affaires : mais quand il s'agit de littérateurs, bonsoir !

« Nous étions dans notre appartement de Baker Street, un soir. Assis à la table du milieu, j'écrivais cette « Aventure de l'homme qui a perdu sa jambe de liège », cause de tant de tracas pour la Société Royale et pour les autres corps savants de l'Europe. Holmes, en manière de jeu, se faisait la main au revolver. C'était sa coutume, les soirs d'été, de tirer ainsi à l'entour de ma tête des balles qui, me rasant la figure, allaient inscrire mon profil sur la muraille opposée. Et j'aurai donné une idée relative de son adresse en disant que, pour la plupart, ces images étaient d'une admirable ressemblance.

« Comme je regardais fortuitement par la fenêtre, je vis deux gentlemen descendre d'un pas pressé Baker Street.

« — Les connaissez-vous ? lui demandai-je.

« Aussitôt il alluma sa pipe, s'assit, et, se tordant sur lui-même en forme de 8 :

« — Ce sont, me répliqua-t-il, les deux auteurs d'un opéra-comique qui n'a pas été un triomphe.

« L'étonnement me fit bondir au plafond. Alors il m'expliqua :

« — Mon cher Watson, ces deux individus exercent évidemment un métier assez bas, vous-même devriez savoir le lire sur leur visage. Les petits morceaux de papier bleu dont ils sèment rageusement leur parcours sont des coupures de journaux de l'agence Durrant. Ils en ont sur eux des centaines, voyez comme elles gonflent leurs poches. Et ils ne les fouleraient pas aux pieds si elles leur étaient agréables.

« *Je bondis derechef au plafond, déjà fort endommagé par des assauts semblables.*

« — *Mirobolant ! m'écriai-je. Mais ce peuvent être aussi de simples gens de lettres.*

« — *Non, me répondit Holmes. De simples gens de lettres ne reçoivent pas plus d'une coupure par semaine. Il n'y a, pour en recevoir des centaines, que les auteurs dramatiques, les acteurs et les assassins.*

« — *Alors, ce peuvent être des acteurs.*

« — *Des acteurs iraient en voiture.*

« — *Que vous suggèrent encore ces gens ?*

« — *Bien des choses. À la boue qui couvre ses bottines, je vois que l'un d'eux vient de South Norwood. L'autre est, sans nul doute, un écrivain écossais.*

« — *Comment le savez-vous ?*

« — *Il a dans la poche un livre qui s'appelle (le titre dépasse)* Auld Licht Something. *Qui voulez-vous qui promène un tel livre sinon un écrivain écossais ?*

« *Je convins que c'était probable.*

« *Visiblement, les deux hommes, si l'on peut ainsi parler, cherchaient notre demeure. J'ai souvent dit que notre ami Holmes s'abandonnait rarement à l'émotion, mais, cette fois, il blêmit, son visage prit un air étrange, il semblait chanter victoire.*

« — *Watson, me dit-il, voilà des années que ce gros gaillard-là s'attribue le mérite de mes plus notables prouesses. Enfin, enfin, je le tiens !*

« *Je rebondis au plafond. Quand j'en revins, les deux étrangers étaient dans la chambre.*

« — *Je constate, messieurs, dit Sherlock Holmes, que vous avez aujourd'hui un souci extraordinaire de la mode.*

« Le plus élégant des deux visiteurs lui demanda à quoi il reconnaissait cela, l'autre se contenta de froncer les sourcils.

« — Vous oubliez que vous portez une bague au quatrième doigt, répondit Holmes d'un ton calme.

« J'allais regagner le plafond, la grosse brute s'interposa.

« — Bon pour le public, Holmes, dit-il, ce genre de blague ; inutile de nous la faire. Vous, Watson, s'il vous prend encore fantaisie de vous envoler, je me charge de vous retenir à votre place.

« Ici, j'observai un curieux phénomène. Mon ami Holmes parut rentrer en lui-même. Il rapetissa soudain devant moi. Je levai au plafond des yeux d'envie, mais je n'osai quitter le sol.

« — Trêve de préambules, reprit le gros homme, venons-en à l'objet de notre visite. Je voudrais savoir pourquoi…

« — Permettez, dit Holmes avec un peu de son intrépidité habituelle : vous voudriez savoir pourquoi le public ne va pas à votre opéra ?

« — En effet, dit son interlocuteur d'un air ironique. Vous avez dû voir ça à nos boutons de chemise.

« Plus gravement, il ajouta :

« Et comme il ne peut y avoir pour vous deux façons d'éclaircir le mystère, je viens vous prier d'assister à toute une représentation de la pièce.

« J'eus une minute d'angoisse. Et je frémis, songeant que, si Holmes acceptait l'invitation, j'étais tenu de l'accompagner. Mais mon ami avait un cœur d'or.

« — Jamais ! s'écria-t-il, farouche. Je suis prêt à faire pour vous tout ce que vous voudrez, sauf cela.

« — Votre vie en dépend, dit le gros homme d'une voix menaçante.

« — Plutôt m'évaporer dans les airs ! riposta Holmes, en prenant fièrement un autre siège. Mais je puis fort bien vous dire, sans aller voir votre pièce, pourquoi le public n'y va pas.

« — Eh bien ?

« — Eh bien, répondit Holmes imperturbable, c'est parce qu'il préfère s'en abstenir.

« Un silence de mort suivit cette révélation. Les deux hommes considéraient avec une sorte d'épouvante ébahie l'homme qui venait de déchiffrer si merveilleusement l'énigme. Alors, tirant leurs couteaux...

« Mais Holmes s'effaçait, s'effaçait... Bientôt il n'en resta plus qu'une spirale de fumée tournoyant lentement dans l'espace.

« Les derniers mots des grands hommes méritent souvent qu'on les retienne. Voici quels furent les derniers mots de Sherlock Holmes :

« — Fou ! fou que vous êtes ! Je vous ai pendant des années entretenu dans le luxe. Grâce à moi, vous avez pu vous offrir sans compter des courses en fiacre, ce qu'un auteur n'avait jamais pu faire avant vous. Désormais, vous n'irez plus qu'en omnibus !

« La brute, effarée, s'écroula sur un siège. L'autre écrivain n'avait pas bougé d'un cheveu.

« Pour *A. Conan Doyle.* Son ami :

« J. M. BARRIE »

Cette parodie, la meilleure qu'ait inspirée Sherlock Holmes, atteste non seulement l'esprit de Barrie, mais la grâce de son courage, car il l'écrivit sous le coup de notre échec, à l'heure où la pensée nous en était cuisante. Il n'y a rien de plus lamentable, en effet, qu'un insuccès de théâtre, car on sait combien de gens qui avaient misé sur vous s'en trouvent atteints. Ce fut, je m'en flatte, le seul que je connus, et Barrie pareillement.

Pendant que je suis sur ce chapitre, je dois dire que pas une des représentations qu'on a faites de Holmes, pas un des portraits qu'on en a dessinés ne ressemble à ma conception première du personnage. Je le voyais « très grand, d'une taille dépassant six pieds, mais d'une minceur qui l'allongeait encore », ai-je dit dans mon *Étude en rouge*. Tel que je l'imaginais, il avait une figure en lame de couteau, un grand nez en bec de corbin et deux petits yeux très rapprochés. Cependant l'artiste chargé de la personnification originale, ce pauvre Sidney Paget, mort si prématurément, avait un jeune frère du nom de Walter qui lui servait de modèle. La beauté de Walter se substitua à la laideur plus énergique de Sherlock, et ce fut peut-être tout aussi bien du point de vue de mes lectrices. Le théâtre n'a fait que se conformer au type créé par l'illustrateur.

Le cinéma n'était pas encore inventé au temps où paraissaient mes histoires. Quand, plus tard, une compagnie française m'offrit une petite somme pour le droit de les transporter à l'écran, je crus avoir découvert un trésor et fus trop heureux d'accepter. Je dus ensuite les racheter à un prix dix fois supérieur, de sorte que cette affaire fut pour moi un désastre. Elle a été reprise par la Compagnie Stoll, avec Eille Norwood dans le rôle de Holmes, et le mérite de la production justifie l'importance des frais qu'elle occasionna. Depuis, Norwood a joué le rôle sur une scène, à la grande satisfaction du public de Londres. Il possède cette qualité rare qui n'a d'autre nom que le charme, et qui fait qu'on ne peut détourner ses yeux de l'acteur alors même qu'il ne fait pas un geste. L'expression méditative de ses yeux tient constamment le public en suspens et dans l'art du déguisement, il n'a pas son pareil. Je n'adresserai aux films qu'un reproche : c'est d'introduire dans la vie de Holmes l'auto, le téléphone, tout un luxe d'acquisitions dont n'avait pu rêver un homme de l'époque victorienne.

Que de fois l'on m'a demandé si je connaissais la fin d'une histoire de Sherlock Holmes avant de me mettre à l'écrire ! Évidemment, je la connais : comment se diriger quand on ignore où l'on va ? L'important, c'est, avant tout, d'avoir une idée maîtresse. En possession de cette idée, il reste à la masquer en attirant l'attention sur tout ce qui peut appeler une explication différente. Holmes, lui, ne se laisse pas égarer par des apparences. Il arrive plus ou moins dramatiquement à la vérité par une suite d'étapes qu'il peut retracer et justifier. Il manifeste ses moyens par l'usage de ce que les Sud-Américains nomment aujourd'hui des « sherlockholmitos », autrement dit par d'adroites petites déductions qui, souvent, n'ont aucun rapport avec l'affaire, mais qui préviennent favorablement le lecteur. Il obtient des effets analogues en faisant, à brûle-pourpoint, allusion à d'autres cas. Dieu sait combien de titres j'ai jetés en passant, et combien de lecteurs m'ont sollicité de satisfaire leur curiosité touchant *Rigoletto et son abominable femme*, ou *Le Capitaine fatigué*, ou la curieuse *Aventure de la famille Patterson dans l'île d'Uffa* ! Une ou deux fois, comme dans la *Seconde tache*, que je tiens pour l'un de mes contes les mieux réussis, je me suis servi d'un titre plusieurs années avant d'écrire le récit correspondant.

Certaines histoires ont le don de soulever des questions qui me reviennent périodiquement de tous les coins du monde. Dans *L'École du Prieuré*, Holmes fait une de ces remarques incidentes qui lui sont familières : il prétend qu'à regarder les traces d'une bicyclette sur le sol d'une lande marécageuse, on peut dire dans quel sens la bicyclette se déplaçait. J'eus à subir là-dessus tant de remontrances, allant de la pitié à la colère, que j'en appelai au témoignage de ma bicyclette. Il m'avait semblé que la façon dont les traces de la roue arrière se superposaient à celles de la roue avant, quand ma machine ne va pas tout droit, devaient indiquer la direction suivie. Je constatai que j'avais tort et mes correspondants raison, car les traces des roues se superposaient de la même manière, quelque direction que suivit la bicyclette. La vérité, d'ailleurs, était tout bonnement que, sur le sol accidenté d'une lande, les roues laissent une empreinte plus profonde à la montée, plus superficielle à la descente, ce qui justifiait en définitive la remarque de Holmes.

Il m'est arrivé de courir des risques pour m'être avancé à l'étourdie en pays inconnu. Ainsi le peu d'intérêt qu'ont toujours eu pour moi les courses de chevaux ne m'a pas empêché d'écrire *Silver Blaze*, où le mystère repose sur les lois de l'entraînement et de la course. L'histoire est parfaite, Holmes s'y montre dans tout son avantage, mais mon ignorance crie vers le ciel. Je lus dans un journal de sport une excellente et fort sévère critique de ma nouvelle. L'auteur, sachant, lui, de quoi il parlait, montrait les peines qu'auraient encourues mes personnages s'ils avaient agi comme je les faisais agir : une moitié fût allée en prison, l'autre eût été à jamais bannie du turf. Mais en aucun temps je ne me suis beaucoup inquiété des détails, et il peut s'en trouver qui soient d'importance capitale. « La voie ferrée n'est pas double à cet endroit », m'écrivait un jour, tout éploré, le directeur d'une publication. « J'en pose une deuxième », lui répondis-je. Une grande exactitude est, je l'accorde, de rigueur en certains cas.

Je ne voudrais pas manquer de gratitude envers Holmes, qui a été pour moi un bon ami durant des années. Si j'ai failli par instants me lasser de lui, c'est que son caractère n'admet pas de nuances. Holmes n'est qu'une machine à calculer ; tout ce qui s'y ajoute ne sert qu'à affaiblir l'effet. La diversité des histoires dépend uniquement de l'invention romanesque et de la façon dont on serre l'idée. À l'égard de Watson qui, dans l'espace de sept volumes, n'a pas un trait d'humour, pas une velléité de plaisanterie, je dirai que, pour créer un personnage vrai, il faut tout sacrifier à l'unité et ne pas commettre la faute que Goldsmith reproche à Johnson, de « faire parler les petits poissons comme des baleines ».

Je ne crois pas avoir jamais bien compris à quel point Holmes était, pour le lecteur naïf, une personne réelle et vivante, comme le jour où on me conta la plaisante histoire de ces écoliers français qui, visitant Londres en char à bancs, et priés de dire où ils voulaient qu'on les menât tout d'abord, exprimèrent le désir unanime de voir la maison de Holmes dans Baker Street. Bien d'autres gens m'ont, au surplus, manifesté la curiosité de savoir où elle était située. Je n'en déciderai pas, et pour cause.

Périodiquement reviennent dans les journaux, avec la régularité d'une comète, certaines histoires de Sherlock Holmes, apocryphes, je n'ai pas besoin de le dire.

L'une est celle de ce cocher de fiacre qui, à Paris, pendant qu'il me mène à mon hôtel, s'écrie tout à coup, en me regardant au fond des yeux : « Docteur Doyle, je vois que vous êtes allé récemment à Constantinople. J'ai aussi quelque raison de croire que vous avez passé à Budapest, et je gagerais que vous avez dû, à un moment donné vous trouver très près de Milan. — Merveilleux ! lui dis-je. Cinq francs si vous me donnez le secret de votre découverte. — Eh bien, j'ai lu les étiquettes de vos bagages », me répond l'astucieux collignon.

Il y a aussi la dame qui va consulter Sherlock. « Je suis très intriguée, monsieur : en une semaine, j'ai perdu une trompe d'auto, une brosse, une boîte contenant des balles de golf et un tire-botte. — Rien de plus simple, madame, répond Sherlock. Il est clair que votre voisin a une chèvre. »

La troisième est celle de la manière dont Sherlock, entrant au paradis, reconnaît tout de suite Adam par la vertu de ses facultés observatrices. Mais qu'on me dispense du détail, il est un peu trop anatomique.

Tout écrivain, j'imagine, reçoit beaucoup de lettres. Ce fut mon cas. Un grand nombre m'arrivait de Russie. Je ne pouvais que tenir pour lues celles qui étaient en russe, quant à celles qui étaient en anglais, elles comptent parmi les plus curieuses de ma collection. Une jeune dame commençait toutes ses épîtres par la formule : « Mon bon seigneur ». Une autre, sous des dehors de simplicité, cachait une belle astuce. Elle m'écrivit de Varsovie pour me dire que, malade et alitée depuis deux ans, elle n'avait trouvé que dans mes récits… etc. Ému d'un si flatteur témoignage, je fis aussitôt un paquet de plusieurs de mes œuvres, préalablement dédicacées, et je m'apprêtais à compléter la collection de mon invalide quand, par hasard, je rencontrai le jour même un de mes confrères à qui je narrai ce touchant incident. Il me répondit par un sourire narquois en tirant de sa poche une lettre où ma correspondante lui disait, en termes identiques, que, durant deux années de maladie, elle n'avait trouvé que dans ses récits... etc. J'ignore combien de lettres semblables la dame avait écrites, mais, pour peu qu'elle eût étendu sa correspondance à plusieurs pays, elle avait dû se constituer une intéressante bibliothèque.

Je parlais tantôt de cette jeune Russe qui, lorsqu'elle m'écrivait, me décernait couramment le titre de « mon bon seigneur ». Dans un genre analogue, j'ai vu quelque chose de plus étrange encore en Angleterre. Peu de temps après que j'eus été fait chevalier, je reçus d'un fournisseur une lettre d'affaire qui n'avait rien que de correct, sauf qu'elle était adressée à sir Sherlock Holmes. J'admets la plaisanterie autant que personne au monde, mais celle-là me parut fort déplacée et j'y répondis de façon assez vive. Là-dessus je vis se présenter à mon hôtel un employé de commerce qui, de l'air le plus contrit, m'exprima son chagrin de l'incident, tout en ne cessant pas de protester qu'il avait agi de bonne foi. « Mais qu'entendez-vous par bonne foi » ? lui demandai-je. « Eh bien, sir, mes camarades m'ont dit que vous aviez reçu un titre nobiliaire, que dans ce cas-là c'est l'usage de changer de nom, et qu'en conséquence vous aviez pris celui de Sherlock Holmes. » Inutile de dire que ma mauvaise humeur n'y résista pas : je ris d'aussi bon cœur que les camarades du pauvre garçon devaient le faire sous cape.

Parmi les problèmes que j'ai eus à résoudre, un très petit nombre offraient seuls quelque analogie avec ceux que j'ai imaginés pour illustrer les raisonnements de Holmes. J'en pourrais citer un dans lequel je copiai avec un plein succès la méthode de mon personnage. Voici le cas. Un individu avait disparu. On savait qu'il avait touché dans une banque la totalité de son crédit et qu'il portait sur lui cette somme, s'élevant à 40 livres. On craignait un assassinat ayant le vol pour mobile. Sa présence était signalée pour la dernière fois dans un grand hôtel de Londres. Arrivé le matin, il avait assisté, le soir, à une représentation de music-hall, il était rentré à l'hôtel vers dix heures, il avait quitté son habit, qu'on retrouva dans une chambre à côté. Depuis, on n'avait plus eu de ses nouvelles. Personne ne l'avait vu sortir de l'hôtel, mais un voyageur qui occupait l'appartement voisin déclara l'avoir entendu bouger durant la nuit. Une semaine était déjà passée quand on me consulta. La police n'avait découvert aucune trace de l'homme. Qu'était-il devenu ?

Je fus mis au courant des faits par la famille, qui habitait la campagne. J'essayai d'examiner l'affaire avec les yeux de Holmes. Et par le même courrier je répondis que le disparu était, évidemment, soit à Glascow, soit à Édimbourg. On sut plus tard qu'en effet il avait gagné cette dernière ville, mais que, dans le courant de la semaine, il en était reparti pour une autre région de l'Écosse.

Je devrais n'en pas dire davantage, car, comme l'a souvent montré le docteur Watson, une solution qu'on explique est un mystère qu'on gâte. Le lecteur n'a qu'à y réfléchir un instant : possédant toutes les données que je possédais, il verra combien le problème est facile. Pour ceux, toutefois, qui n'ont pas de dispositions à débrouiller les énigmes, voici, point par point, comment j'opérai. Mon seul avantage, c'était de connaître à fond la routine des hôtels de Londres, laquelle, je suppose, ressemble passablement à celle de tous les autres hôtels.

Il importait, d'abord, de considérer les faits et de démêler le certain d'avec l'incertain. Tout, dans les faits, présentait un caractère de certitude, hormis la déclaration d'un voyageur qui prétendait avoir, au cours de la nuit, entendu bouger le disparu : comment, dans un grand hôtel, aurait-il pu distinguer ce bruit d'entre les autres ? Si donc son allégation gênait mes conclusions, je n'avais qu'à l'écarter.

Ce qui était clair, c'était que le disparu avait voulu disparaître ; sans cela, pourquoi eût-il retiré tout ce qu'il avait d'argent disponible on banque ? Il était sorti de l'hôtel pendant la nuit. Mais il y a un portier dans les hôtels, et, la porte une fois fermée, on ne sort pas sans qu'il s'en aperçoive. La porte se ferme après le retour des théâtres, c'est-à-dire vers minuit. Donc, notre homme n'avait pas attendu minuit pour sortir.

En revenant du music-hall, à dix heures, il avait changé de vêtements et s'en était allé avec sa valise. Personne n'avait remarqué sa sortie. D'où j'inférai qu'il avait dû sortir à l'heure où le hall est plein de gens rentrant du théâtre, c'est-à-dire entre onze heures et onze heures trente. Plus tard, même si la porte eût été ouverte, on n'eût pas manqué de le voir passer.

Nous voilà déjà suffisamment avancés en terrain ferme. Reste maintenant à savoir pourquoi un homme désirant se cacher s'en était allé à pareille heure. S'il avait eu l'intention de se cacher à Londres, rien ne lui eût commandé de venir d'abord dans un hôtel. Donc, évidemment, il avait un train à prendre.

Mais un voyageur qu'un train dépose la nuit dans une petite gare de province risque fort de ne point passer inaperçu. Il peut compter qu'une fois sa disparition rendue publique et son signalement donné, il y aura toujours un employé du train ou un homme d'équipe pour se souvenir de lui. Il faut donc qu'il ait pour destination quelque grande ville où l'on arrive en plein jour, où tous les voyageurs descendent, et où il se perdra dans la foule. Consultons l'horaire des chemins de fer : quand nous aurons constaté que tous les grands express d'Édimbourg et de Glascow partent vers minuit, nous serons au bout de nos recherches. Qu'avant son départ, notre voyageur eût abandonné son habit, c'était la preuve qu'il pensait adopter un genre de vie où les conventions mondaines n'auraient plus de place. Et l'événement justifia cette déduction.

Il arrive pourtant que ces méthodes semi-scientifiques soient trop laborieuses et ne vaillent pas, pour la rapidité des résultats, l'expérience du professionnel agissant à vue de nez. Loin de moi la pensée de me jeter des fleurs ou d'en couvrir M. Holmes. Je reconnais qu'un jour l'auberge de mon village, située à deux pas de chez moi, ayant reçu la visite d'un cambrioleur, le constable local, sans l'aide d'aucune théorie, avait déjà mis la main sur le coupable quand je venais tout juste de découvrir que cet homme était gaucher et portait des souliers à clous !

Les circonstances insolites ou dramatiques qui, dans la fiction, motivent d'ordinaire le recours à Holmes ne laissent pas de l'aider puissamment à bâtir ses déductions. Dans la réalité, il se peut que telle affaire se présente où ce qu'il y a d'effrayant échappe à toute prise. On m'a conté le fait suivant, arrivé en Amérique, et qui aura certainement constitué un terrible problème. Un gentleman ayant toujours mené une vie sans reproche sortait, un dimanche après-midi, pour faire un tour avec sa famille, quand il s'avisa tout à coup qu'il oubliait sa canne. Il rentra dans sa maison, dont la porte était encore ouverte, pendant que les siens l'attendaient au dehors. Non seulement on ne l'a jamais revu, mais jamais on n'a eu la moindre idée de ce qu'il avait pu devenir. C'est une des « histoires vraies » les plus étranges que je connaisse.

En voici une autre dont je puis parler de bonne science, car j'en fus saisi par un grand éditeur de Londres. Il occupait dans sa maison, comme chef de service, un employé que nous appellerons, si vous le voulez bien, Musgrave. C'était un homme travailleur, assidu, et sans aucun trait bien saillant dans le caractère. Musgrave mourut, et plusieurs années s'écoulèrent. Un jour, ses patrons reçurent une lettre qu'on lui adressait par leur entremise. Elle portait le timbre d'une ville de l'Ouest canadien fréquentée par les touristes. Sur la face extérieure de l'enveloppe se lisait la mention : « Films confidentiels », et dans un coin ces mots dépourvus de sens : « Report Sy ».

On ne connaissait pas de parents au défunt. On ouvrit donc l'enveloppe, mais on n'y trouva que des feuilles blanches. Je dois ajouter que le pli était recommandé. L'éditeur, fort embarrassé, me l'envoya. Je soumis les feuillets blancs à la chaleur, j'usai de réactifs chimiques : en dernière analyse, tout ce que je puis dire, c'est que l'écriture de l'adresse semblait trahir une main de femme. Le fait demeurait et demeure un insoluble mystère. On s'explique mal comment une personne ayant à faire une communication si secrète à M. Musgrave eût ignoré qu'il fût mort depuis des années, et pourquoi des feuillets absolument blancs auraient été confiés avec tant de précaution à la poste.

Je me garderai d'omettre que, ne m'en rapportant pas à moi-même pour l'expertise chimique, j'en avais chargé un spécialiste éprouvé. Cette agaçante affaire n'aboutit pour moi qu'à un mécompte.

M. Sherlock Holmes a toujours attiré les mauvais plaisants. Que de cas fantaisistes, et plus ou moins ingénieux, l'on m'a invité à résoudre ! Combien j'en ai reçu, de cartes marquées de signes ! et d'avertissements mystérieux ! et de messages chiffrés ! et de communications bizarres ! On a peine à concevoir le mal que se donnent certaines gens pour le seul plaisir de la mystification. Un jour, comme j'entrais dans mon hall pour prendre part à un match de billard entre amateurs, on me remit un petit paquet qui avait été apporté pour moi. Je l'ouvris, et j'y trouvai un de ces morceaux de craie verte dont les joueurs de billard ont coutume de faire usage. Amusé par l'incident, je mis la craie dans la poche de mon gilet et m'en servis durant la partie. Je continuai de m'en servir par la suite, si bien qu'un jour, comme j'en frottais le procédé, elle craqua. Je m'aperçus que le morceau était creux, et j'en retirai un bout de papier où l'on avait écrit ces mots : « D'Arsène Lupin à Sherlock Holmes ». Que penser du cerveau d'un homme qui se donne tant de peine pour un tel résultat ?

Un des mystères proposés à Holmes était de l'ordre psychique, et par conséquent sortait de son domaine. Il s'agissait de faits très sérieux, plus ou moins vrais, ce que j'ignore, mais gravement affirmés par une dame qui signait de son nom et donnait son adresse. Cette personne, que je nommerai Mme Seagrave, avait reçu en cadeau une bague d'or mat, achetée d'occasion, et qui figurait un serpent. Elle la retirait toutes les nuits. Cependant, une nuit, elle dormit avec sa bague, et elle eut un rêve affreux, dans lequel elle se voyait luttant contre une bête furieuse qui lui serrait le bras entre ses dents. Au matin, quand elle se réveilla, la douleur persistait encore, et sur le bras apparaissaient les empreintes de deux mâchoires. Ces empreintes n'entamaient pas la peau, elles offraient l'aspect de meurtrissures bleuâtres ; à la mâchoire inférieure manquait une dent « Je ne sais, disait ma correspondante, ce qui me fit concevoir la possibilité de quelque rapport entre la bague et le phénomène. Toujours est-il que je pris ce bijou en aversion et que je le laissai de côté pendant plusieurs mois. » Pour abréger, la dame l'ayant remis à son doigt un jour qu'elle allait faire une visite, l'incident se renouvela, et elle en prévint à jamais le retour en le jetant dans le fourneau de sa cuisine.

Ce récit, que je crois sincère, n'a peut-être rien de surnaturel qu'en apparence. Il est notoire que sur certains sujets une forte impression mentale produit un effet physique. Ainsi un cauchemar dans lequel on se sent mordu peut parfaitement laisser la marque d'une morsure. Les annales médicales sont là qui attestent ces sortes de faits. Quand l'incident se produit une deuxième fois, c'est, bien entendu, par une suggestion inconsciente résultant de la première. Quoi qu'il en soit, voilà un très intéressant petit problème.

Inutile de dire que les histoires de trésors cachés ne manquent pas dans le courrier de M. Holmes. Le petit dessin ci-dessous accompagnait l'exposé d'un cas parfaitement authentique.

Un navire des Indes fit naufrage en 1782 sur la côte sud-africaine. Il portait de très grandes richesses, et notamment, si je ne me trompe, l'ancienne couronne des rois de Delhi. Je serais plus jeune qu'il ne me déplairait pas d'y aller voir. On présume que l'équipage enfouit le trésor près de la côte, et que les indications du dessin se réfèrent à son emplacement. Tous les navires des Indes, à cette époque, avaient leur code sémaphorique particulier. Les trois signes de gauche seraient les signaux d'un sémaphore à trois branches, et peut-être en retrouverait-on le sens en consultant les archives de l'Office des Indes. Le cercle de droite marquerait la direction du compas. En admettant que le demi-cercle plus large figure la courbe d'un récif ou d'un rocher, les chiffres qui le surmontent détermineraient l'emplacement du point X, où se trouverait le trésor ; peut-être la direction serait-elle de 186 pieds par rapport au 4 du demi-cercle. Le lieu où s'échoua le navire est dans un pays très désert. Je ne m'étonnerais pas que tôt ou tard quelqu'un entreprît très sérieusement d'en finir avec ce mystère.

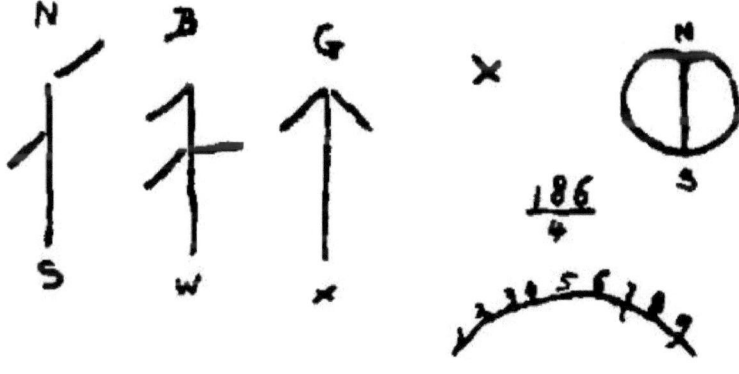

CHAPITRE XII

NORWOOD ET LA SUISSE

Le principal événement qui marqua notre vie de Norwood fut la naissance de notre fils Kingsley, qui devait vivre le temps de jouer virilement son rôle dans la Grande Guerre, et mourir peu après le retour de la paix. Mes occupations ne me laissaient guère de loisirs pour mon développement religieux, mais les questions psychiques n'en continuaient pas moins à m'intéresser. De cette époque date mon affiliation à la Société des Recherches Psychiques, dont je suis, aujourd'hui, l'un des plus anciens membres. Comme je l'ai montré dans mes *Lettres de Stark Munro*, écrites à la fin de cette période, ma philosophie matérialiste n'était pas de celles qu'on ébranle aisément. Cependant, plus j'allais lisant ce qui s'imprimait sur le psychisme, plus je sentais la force de sa position, et la légèreté, le manque de dignité et d'information scrupuleuse qui caractérisaient ses adversaires. L'aspect religieux de la question ne m'avait pas encore frappé, mais des phénomènes dont témoignaient un sir William Crookes, un Barrett, un Russel Wallace, un Victor Hugo, un Zöllner, me semblaient d'une autorité sans réplique. « C'est incroyable mais vrai », disait Crookes, et ce mot traduisait au plus juste l'état naissant de mes croyances. Je recevais l'impulsion hebdomadaire du journal psychique *Light*, où

133

j'affirme qu'il se dépensait alors et qu'il continue de se dépenser autant d'intelligence qu'en n'importe quel autre journal des îles Britanniques.

Je garde, des années qui s'écoulèrent entre 1880 et 1893, l'agréable souvenir de mon introduction, comme écrivain en passe de se qualifier, dans la vie littéraire de Londres. C'est une chose extraordinaire qu'à cette époque la presse londonienne gémît à l'envi sur la fin de la littérature anglaise. À l'en croire, il ne se levait plus d'écrivains nouveaux pour prendre la place de ceux qui partaient. En réalité, il s'en levait, d'une seule volée, une troupe des plus étonnantes, qui peut-être ne présentait ni un Dickens, ni un Thackeray, mais était toutefois si nombreuse, et d'un tel mérite moyen, qu'à mon avis elle eût tenu avantageusement son rang à toute période de notre histoire littéraire. C'est, à peu près, de 1888 à 1893, que Rudyard Kipling, James Stephens Phillips, Watson, Grant Allen, Wells, Barrie, Bernard Shaw, H. A. Jones, Pinero, Mary Corelli, Stanley Weyman, Anthony Hope, Hall Caine, et j'en oublie, firent avec éclat leurs premières armes. Chez les tenants de la vieille école, la décadence était certaine, le succès des nouveaux venus ne rencontra donc pas de sérieuse opposition. Wilkie Collins, Trollope, George Elliot, Charles Reade, avaient passé. Je nourris à l'égard de ce dernier une admiration très vive. Reade fut vraiment un grand novateur, en même temps qu'un écrivain très dramatique ; le premier, il introduisit chez nous le réalisme et fonda ses écrits sur une documentation minutieuse. Il fut le père littéraire de Zola. George Elliot n'a jamais eu beaucoup d'action sur moi, j'aimais mieux des effets obtenus par des moyens moins lâches. En revanche, je considère Trollope comme un écrivain fort original, bien qu'il me paraisse procéder de James Austen. Nul ne peut, en littérature, se flatter d'une originalité absolue, on n'est jamais qu'un rameau d'un vieil arbre.

Parmi les hommes de lettres que je rencontrai à l'époque et dont le souvenir m'est resté le plus persistant, il y a tous ceux du groupe constitué par *The Idler*, le nouveau magazine créé par Jérome K. Jérome. Celui-ci venait alors de forcer la renommée avec son livre d'un esprit magnifique, *Trois hommes dans un bateau*. Tout ce que la jeunesse comporte d'exubérance, de joie de vivre éclate dans cet ouvrage. Aujourd'hui encore, si d'aventure j'ai le temps d'être triste, ce qui n'est pas souvent, je n'ai qu'à le reprendre pour que mon rire dissipe les ombres. Comme la plupart des humoristes, Jérome avait dans le caractère un côté grave ; ceux-là le savent qui ont lu son *Troisième étage, au fond*. Mais le sérieux de ses idées faisait de lui, en matière politique, une tête chaude, et l'inclinait à l'intolérance, ce qui lui aliéna quelques amis. Il avait pour associé à la direction de *The Idler* le bouillant Robert Barr, Américain mâtiné d'Anglais, ou plutôt d'Écossais, et qui cachait, sous la violence des manières, sous le luxe des épithètes vigoureuses, la meilleure des natures. Barr était, dans la conversation, l'un des plus agréables conteurs que j'ai connus et il ne me semble pas avoir donné toute sa mesure dans son œuvre. George Burgin, sorte d'étrange et doux personnage à la Dickens, dirigeait en second le magazine. Barrie, Zangwill, bien d'autres jeunes auteurs en train de se révéler lui apportaient leur contribution et se rencontraient à ses dîners périodiques. Je n'étais pas infidèle au *Strand*, mais certains de mes travaux sortaient de son cadre, et c'est par eux que je nouai des relations avec *The Idler*. De mon séjour à Norwood, deux faits, qui n'ont entre eux aucun rapport, me viennent encore à la mémoire. L'un est qu'au moment où nous nous crûmes menacés d'une guerre avec la France, je sollicitai et obtins du *Central News* ma désignation comme correspondant de guerre dans la Méditerranée, que je supposais devoir être le principal centre d'activité et d'intérêt. J'étais prêt à partir, lorsque, fort heureusement, la crise se dénoua. Le second fait n'est autre que ma première tentative théâtrale. J'avais écrit une nouvelle intitulée *Un Vagabond de 1815*, qui me semblait la peinture émouvante d'un type de vieux soldat. J'avais les yeux mouillés en l'écrivant, ce qui est la meilleure des conditions pour mouiller ceux des autres. J'en tirai un acte, et j'eus l'audace de l'envoyer à Henry Irving, dont j'admirais avec ferveur le génie depuis ces jours lointains d'Édimbourg où, si souvent, j'allais, pour trois pence, le voir, du haut du poulailler, dans

Hamlet ou dans *Le Courrier de Lyon*. Et mon plaisir fut extrême à recevoir de Bram Stoker, son secrétaire, une aimable lettre où il m'offrait 1000 livres pour mes droits d'auteur. Il fit là, du reste, un excellent marché, car je n'exagère pas en disant que le caporal Gregory Brewster devint un des rôles permanents de son répertoire, avec cet avantage énorme que, plus le grand comédien avança en âge, plus il le joua au naturel. La salle entière riait et sanglotait, tout comme j'avais fait moi-même en écrivant la pièce. Plusieurs critiques se hasardèrent à prétendre que le succès revenait uniquement au comédien, que l'œuvre était trop insignifiante pour avoir rien à y voir : n'empêche que la dernière fois où j'assistai à sa représentation, elle avait pour interprète un vrai caporal appartenant à un camp militaire, pour théâtre une humble salle de village, et qu'elle produisait sur le public le même effet qu'avait produit Irving au Lyceum. Il se peut donc, après tout, que l'œuvre y fût pour quelque chose, d'autant que chacun des effets s'y trouvait indiqué. Je dois ajouter qu'avec sa libéralité ordinaire dans les questions d'argent, Irving, bien qu'il eût acquis une fois pour toutes mes droits d'auteur, m'envoya, pour chaque représentation, une guinée à titre de droit supplémentaire. Son fils, après lui, reprit le rôle, et, à mon sens, le joua encore mieux. Je me rappelle comme il rougit de plaisir quand je le lui dis, et comme il me prit la main. Pour un homme de sa valeur, ce devait être une épreuve bien pénible que de se sentir continuellement mesuré à la taille géante du talent de son père, dont il était, d'ailleurs, tout le portrait physique. Sa mort prématurée fut une perte cruelle pour le théâtre ; et pareillement celle de son frère Lawrence, noyé avec sa femme dans le grand fleuve canadien du même nom.

J'en viens au triste événement qui là-dessus enténébra et dévia notre existence familiale. J'ai dit que j'étais allé faire un tour en Suisse avec ma femme. J'ignore si elle exigea trop de ses forces dans nos courses, ou si elle rencontra quelque mauvais microbe dans une chambre d'hôtel, toujours est-il qu'au bout de quelques semaines, elle toussait et se plaignait de points de côté. Quoique ne soupçonnant rien de sérieux, je fis chercher un médecin du voisinage. Ma surprise égala mon inquiétude lorsque, en quittant la malade, il me dit qu'elle avait les poumons gravement pris, qu'elle donnait tous les signes d'une consomption rapide, et que, étant donné ses antécédents, son hérédité, le cas était de ceux qui ne permettent guère d'espérer une guérison durable. Avec deux enfants, dont l'un n'avait qu'un an et l'autre quatre, je me voyais dans une situation difficile. Sir Douglas Powell, que j'appelai en consultation, ayant confirmé le diagnostic de son confrère, je pris les mesures catégoriques qui s'imposaient Nous abandonnâmes notre logis et vendîmes notre mobilier neuf pour aller nous installer à Davos, dans les Alpes des Grisons, où il me semblait que nous aurions les meilleures chances de tuer le maudit microbe qui minait à vue d'œil sa victime.

Le résultat obtenu fut des plus favorables. Quand je pense qu'il s'agissait de ce qu'on nommait « phtisie galopante », que les docteurs n'accordaient à ma femme qu'un délai de quelques mois, et que cependant nous reculâmes l'issue fatale de 1893 à 1906, je me dis que les mesures que nous avions prises étaient sages. La malade menait d'ailleurs une existence heureuse, dans le cadre obligé d'un beau paysage. Elle souffrait rarement. Elle était soutenue par l'optimisme particulier à ce genre de maladie, d'autant qu'il s'accordait chez elle avec un caractère tranquille et satisfait de peu.

Comme les distractions n'abondaient pas à Davos et que nous y vivions entre des sapins et des neiges, je pus à la fois travailler beaucoup et me livrer avec une certaine énergie à ces sports d'hiver pour lesquels l'endroit est réputé. C'est alors que j'entrepris la série des *Aventures du Brigadier Gérard*, principalement inspirées de ce grand livre qui s'appelle *Les Mémoires du Général Marbot*. Il me coûta de longues recherches sur l'époque napoléonienne, et j'ai lieu de croire à la sûreté de mon information militaire, car le célèbre correspondant de guerre Archibald Forbes, lui-même très instruit de ces questions, m'en écrivit une lettre de compliments chaleureux. Nous eûmes, dès avant la fin de l'hiver, l'assurance que les ravages de la maladie étaient enrayés. Mais n'osant pas encore retourner en Angleterre par crainte d'une rechute, nous nous transportâmes à Maloja, qui est un centre sanitaire au fond de l'Engadine et nous nous efforçâmes d'y consolider nos gains : ce à quoi nous réussîmes en dépit de quelques accidents passagers.

Ma sœur Lottie, enfin libérée de la tâche qu'elle avait si courageusement assumée, était venue nous rejoindre. Avant elle, notre sœur cadette avait déjà quitté le Portugal pour nous rejoindre à Norwood, où elle avait rencontré et finalement épousé le romancier E. W. Hornung. La présence de Lottie et l'amélioration survenue dans l'état de la malade, amélioration si sensible qu'elle excluait toute probabilité de crise soudaine, me rendirent ma liberté d'action. Avant la catastrophe, j'avais donné quelques conférences en Angleterre. Ce genre d'exercice, avec le mouvement, l'agitation qu'il comporte, ne me déplaisait pas. On me pressait d'aller me faire entendre en Amérique. À la fin de l'automne de 1894, je m'y décidai.

Mon frère Innes, qui avait partagé dans le début mon séjour à Southsea, et qui, après être passé par l'école publique de Richmond, était entré à l'Académie de Woolwich, venait d'en sortir comme officier subalterne. Je pensai qu'un changement lui ferait du bien, et, sentant le besoin d'un compagnon, je lui demandai de venir avec moi aux États-Unis. Nous fîmes la traversée sur le malheureux paquebot allemand *Elbe*, qui allait, peu après, sombrer dans la Mer du Nord, à la suite d'une collision avec un bateau charbonnier. J'y observai déjà cette haine irrationnelle des Anglais qui devait, en vingt ans, amener des conséquences si terribles, jusques et y compris la destruction de l'Empire germanique. Il me souvient d'un jour de fête à bord où le salon du navire était profusément décoré de drapeaux allemands et américains, sans qu'il s'y mêlât un seul drapeau anglais, bien que les passagers anglais fussent en proportion notable. Innes et moi, en cherchant à droite et à gauche, réussîmes à nous procurer un « Union Jack », que nous piquâmes dans la mâture où, par son isolement, il signifia aux yeux notre protestation.

J'avais pour impresario en Amérique le major Pond, homme bizarre et qui semblait l'incarnation même de son pays, énorme, dégingandé, jambes et bras à la débandade, barbiche de bouc, voix nasillarde. Il avait pris part à la Guerre de Sécession et joué son rôle en son temps dans tous les événements de l'histoire d'Amérique.

Brave homme, au demeurant : je formai avec lui une amitié qui ne s'est jamais démentie. Il vint nous chercher au débarquer et nous conduisit à un hôtel voisin de l'Aldine Club, petit cercle littéraire où mon frère et moi primes nos repas.

Je devais, plus tard, revenir visiter cet étonnant et troublant pays d'Amérique, dans des conditions où je m'appartiendrais mieux. Pour l'instant, j'avais fort à faire et peu de temps à perdre en observations. Pond m'avait imposé un assez rude programme, mais nous étions convenus que je serais de retour à Davos pour passer la Noël avec ma femme, en sorte qu'il y avait un terme à ma servitude. Je donnai ma première conférence à l'église baptiste. C'est un lieu fréquenté du monde élégant, où Pond lançait d'habitude ses nouveaux conférenciers. J'allais faire mon entrée dans la salle, quand je me sentis tout à coup chatouillé à une oreille. Je levai la main et m'aperçus que mon col de chemise était défait, que ma cravate pendait, que le bouton, cause de tout le mal, avait disparu de la boutonnière. Alors, s'arrêtant au bord de l'estrade, Pond enleva le bouton de son propre col, qu'il me passa. Je le mis en place et m'avançai pendant que mon impresario s'en allait chercher pour lui-même un bouton de rechange. C'est une chose curieuse, où l'on a tort de voir une simple coïncidence, que l'on soit si souvent mis en garde à la dernière minute contre une apparition ridicule devant le public.

Mes conférences marchèrent très bien, l'auditoire ne me ménagea pas les applaudissements. J'ai, sur l'art conférencier, ma théorie personnelle : j'estime qu'il doit essentiellement se différencier de l'art du comédien, et qu'une conférence doit être aussi naturelle, aussi facile à écouter que possible. Je débitai les miennes comme, dans mon enfance, je faisais la lecture à ma mère. Je donnai des extraits de récents ouvrages anglais, y compris les miens, je mêlai le plaisant au sévère ; bref, je sus, pendant une heure, tenir mon public en haleine. Quelques journaux prétendirent que je n'avais rien d'un conférencier ; peut-être voulaient-ils dire que je manquais de jeu. N'empêche que d'autres adoptèrent ma méthode. En tout cas, je reçus un excellent accueil, et Pond me dit que toute la soirée « il avait eu le sourire ». Il trouva pour moi, sans aucune peine, autant d'engagements que j'en pouvais tenir dans les limites du temps que nous nous étions fixé. Je visitai les villes de quelque importance entre Boston, au nord, et Washington, au sud. Chicago et Milwaukee bornèrent à l'ouest mes voyages.

Il m'arriva, quelque diligence que je fisse, de me trouver, certains jours, singulièrement pressé par l'heure pour tenir mes engagements. Une fois, par exemple, je pris la parole dans la journée au Daly's Theatre de New York, dans la soirée au Princetown College, distant de cent milles, et dans l'après-midi du lendemain à Philadelphie. On ne s'étonnera pas si je finis par ressentir une extrême fatigue, sans compter que la charmante mais exubérante hospitalité américaine, en ces jours d'avant la prohibition, avait de quoi éprouver les forces d'un homme, et, quand il était tenu par sa besogne, constituait pour lui un danger. Je pus cependant m'offrir un petit congé pour aller rendre visite à Rudyard Kipling. Mais à part ces quelques jours de détente, je me surmenai sans répit. J'étais si fatigué à mon retour que, de New York à Liverpool, je ne quittai presque pas ma couchette.

Mes souvenirs de cette période ne sont que les souvenirs confus d'un homme exténué. Je me rappelle qu'au Daly's Theatre, au moment de franchir l'entrée de la scène, je trébuchai contre le bois du seuil, ce qui eut pour résultat de me faire descendre le « plateau » plus vite que je ne l'aurais voulu, en semant autour de moi mes papiers et mes livres. Des éclats de rire s'élevèrent. On eût volontiers crié *bis*.

Notre séjour fut gâté par une de ces crises d'anglophobie qui sévissent de temps en temps aux États-Unis. Elles viennent du fond même de l'histoire américaine. Pas de grief que n'exagère et n'entretienne là-bas l'hostilité de la presse irlandaise et des politiciens. Le voyageur anglais n'y voit rien que d'absurde et de méprisable. Il sait, en effet, à quel point c'est unilatéral et comme, par exemple, le drapeau américain est le bienvenu dans toutes les manifestations britanniques. C'est ce qu'ignorait l'Américain sédentaire. Sans doute imaginait-il que son pays était aussi malmené dans le nôtre que le nôtre dans le sien. La course de yachts de Duraven avait encore aigri cette animosité chronique, qui était, lors de notre visite, particulièrement active. Un banquet que nous offrit un club de Détroit, et où les vins coulaient librement, finit par un discours d'une violence agressive contre l'Empire britannique. Mon frère et moi, ainsi qu'un ou deux Canadiens présents, ressentîmes naturellement l'algarade. Sans doute l'heure avancée en était-elle pour une bonne part responsable. Mais je demandai la permission d'y répondre, et quelques-uns de ceux qui m'écoutèrent m'ont affirmé n'avoir jamais oublié ce que je dis. Je dis notamment : « Vous, Américains, vous avez jusqu'ici vécu derrière vos palissades, vous ne savez rien du dehors. Mais aujourd'hui que votre territoire est surpeuplé, vous allez devoir davantage vous mêler aux autres. Vous vous apercevrez alors qu'il n'y a qu'un pays capable de comprendre vos actes et vos aspirations, ou de leur accorder la moindre sympathie : c'est le pays maternel que vous vous plaisez à insulter. Il est un Empire. Vous aussi, bientôt, vous serez un Empire. Alors, vous vous entendrez l'un l'autre, vous concevrez que vous n'avez qu'un ami au monde. » Deux ou trois ans plus tard vinrent la guerre de Cuba, l'épisode de la baie de Manille, où le commandement britannique lia partie avec les Américains contre les Allemands, et plusieurs autres incidents qui attestèrent la justesse de mes paroles.

Un écrivain de moyennes ressources ne peut que perdre, financièrement, à une tournée de conférences en Amérique, à moins de beaucoup prolonger son séjour et de faire un effort très pénible. Je veux dire par là non pas qu'il y doit être de sa poche, mais simplement qu'il gagnerait davantage à ne pas sortir du cadre de ses travaux. Pour ce qui est de moi, toutes nos dépenses payées, je me trouvai réaliser un gain d'environ 1000 livres. La façon dont j'en disposai fournit un exemple frappant du pouvoir de la prière. La chose a été racontée par le célèbre éditeur M.S.S. McClure, je ne fais donc pas scrupule de le raconter à mon tour. M. McClure lançait, en ce temps-là, son magazine. Il a dit comment, arrivé à son dernier cent, il se laissa tomber à genoux sur le parquet de son bureau pour implorer l'aide divine. Or, ce même jour, un Anglais qui n'était pour lui qu'une simple connaissance entra dans son bureau : « McClure, dit-il, je crois en vous et en l'avenir de votre magazine », après quoi il déposa 1000 livres sur sa table. Un critique observera peut-être qu'aventurer de la sorte 1000 livres ne marquait pas moins d'ignorance que de confiance. Depuis longtemps je sentais que les desseins de la Providence étaient favorables à McClure, sans voir du reste en quoi cela pouvait me concerner, et je dois admettre qu'en définitive, après maintes vicissitudes, l'affaire tourna bien pour lui comme pour moi : au bout de vingt ans, je pus vendre mon paquet d'actions avec un honnête bénéfice. Mais lorsque je retournai à Davos, tous mes profits d'Amérique étaient sous clef, je ne rapportais rien de tangible.

La saison de Davos battait son plein. La santé de ma femme se maintenait. C'est sur ces entrefaites, dans les premiers mois de 1895, que j'introduisis et vulgarisai, comme je le dirai ailleurs, le sport du ski en Suisse. Nous nous attardâmes à Davos, tellement que j'y organisai un jeu de golf, contrarié à son début par la singulière manie qu'avaient les vaches de brouter les drapeaux. De Davos, nous passâmes enfin à Caux, sur le lac de Genève, où pendant plusieurs mois je travaillai d'arrache-pied. L'automne venu, laissant à Caux ma femme et ma sœur, j'allai faire un tour en Angleterre. Et là-dessus, de nouveaux événements modifièrent une fois de plus le cours de notre vie.

CHAPITRE XIII

L'ÉGYPTE EN 1896

Le microbe de malheur qui avait causé chez nous une désorganisation si complète et des souffrances si patiemment supportées semblait à présent se terrer et nous pouvions espérer qu'un hiver en Égypte achèverait l'œuvre de guérison. Durant mon bref séjour en Angleterre, où j'eus à courir dans tous les sens pour mettre mes affaires en ordre, je rencontrai, à l'occasion d'un déjeuner, Grant Allen, qui me dit que, malade lui aussi de consomption, il avait dû son salut au climat de Hindhead, dans le Surrey. L'idée m'était nouvelle que nous pussions impunément revenir en Angleterre. Elle me sourit d'autant plus que la vie à laquelle nous devions nous résigner dans les stations sanitaires de l'étranger n'était naturelle ni pour ma femme ni pour moi. Notre décision fut vite prise. Je courus à Hindhead, j'y achetai un terrain admirable, remis le soin d'y bâtir à un vieil ami et compagnon de recherches psychiques, l'architecte Ball, de Southsea ; je vis l'entrepreneur : tout était en œuvre quand je quittai l'Angleterre à l'automne de 1895. Si l'Égypte rétablissait ma femme, nous aurions un toit pour nous recevoir à notre retour. Cette pensée renouvela l'espoir de la malade.

J'allai la reprendre à Caux, ainsi que ma sœur Lottie, et par étapes commodes, je leur fis traverser l'Italie, avec arrêt de quelques jours à Rome, puis à Brindisi, où nous nous embarquâmes pour l'Égypte. Au Caire, nous nous établîmes pour l'hiver au Mena Hôtel, sous l'ombre même des Pyramides. J'écrivais alors *Les Aventures du Brigadier Gérard*. J'avais apporté dans mes bagages tous les documents dont j'avais besoin. Il ne me manquait que l'énergie, difficile à trouver sur cette terre amollissante.

En somme, nous passâmes un hiver agréable, qui devait s'achever sur une péripétie imprévue. Je fis l'ascension de la Grande Pyramide, et ne fus certes plus tenté de la refaire : il suffisait à mon bonheur d'observer les bandes d'innombrables touristes qui s'efforçaient à ce rude et vain exploit. Je pratiquai plus ou moins le golf et l'équitation. Je n'étais encore qu'un cavalier novice, mais convaincu que seule la pratique me formerait, je montais de fantastiques canassons que me procurait le loueur d'en face. C'étaient en général des bêtes de la dernière veulerie ; l'une d'elles qui par hasard faisait exception m'a laissé un cuisant souvenir. Si j'ai la paupière droite un peu retombante, ce n'est point le résultat de la méditation, mais le fait d'un satané cheval noir à la tête vermineuse, aux côtes saillantes, aux oreilles inquiètes. Il me déplut de prime abord. Au moment où je l'enfourchais, il prit sa course à fond de train, comme sur un hippodrome, et m'emporta dans le désert. Un pied à l'étrier, je me cramponnai à lui de toutes mes forces. Peut-être aurais-je tenu bon jusqu'à ce qu'il fût fatigué. Mais il arriva dans un champ labouré, ses jambes de devant s'enfoncèrent dans la glèbe jusqu'aux boulets, la soudaineté de son arrêt fut cause que je passai par-dessus sa tête. Mais je n'avais pas lâché la bride. Ses sabots, en se dégageant, me frappèrent au-dessus de l'œil, où ils me firent une blessure profonde, en forme d'étoile, qui m'inonda de sang. Je le ramenai à l'écurie. Quel spectacle j'offrais quand j'apparus à la foule qui encombrait la véranda de l'hôtel ! Il fallut me faire cinq points de suture. Mais je n'avais pas trop à me plaindre, il avait tenu à un rien que je perdisse la vue.

Ma femme était maintenant assez bien pour aller dans le monde, ma sœur était juste en âge d'y prendre plaisir : nous pûmes ainsi nous donner un aperçu de la vie très gaie que l'on mène au Caire. D'ailleurs, le fait que l'hôtel Mena est à sept miles de là nous préserva de toute extravagance. C'était une affaire que d'en bouger, seule une grande tentation était assez forte. Cependant je fréquentai beaucoup parmi les hommes, et j'appris à connaître un bon nombre des personnages remarquables qui présidaient aux nouvelles destinées de l'Égypte. J'en ai, sur le moment, croqué quelques-uns dans les notes qui suivent.

« Il y a, dans le hall du Turf Club, un grand et confortable sofa. Asseyez-vous-y à l'heure du déjeuner, et vous verrez, de cette place, quelques-uns des Anglo-Égyptiens qui ont contribué et contribuent encore à l'histoire de notre temps. Par la fenêtre, vous apercevez la rue ; peut-être, sous le soleil éclatant, une voiture passe. Devant elle, courent deux piqueurs, un cocher anglais occupe le siège. D'un coup d'œil, vous entrevoyez à l'intérieur un visage énergique, un teint fleuri, la barre grise d'une courte moustache militaire, l'expression d'une bonne humeur insondable. L'homme que voilà est lord Cromer. De cet ancien major d'artillerie, venu d'une province d'Orient à une province d'Occident, l'Égypte a fait un pair du royaume. On n'a qu'à le regarder pour lire en lui le secret de ses succès comme diplomate. Sa clarté d'esprit, son courage moral, sa santé physique, la solidité de ses nerfs, tout cela s'imprime en vous dans le temps qu'il vous apparaît de sa voiture. Et aussi cette attitude de nonchalance ennuyée, si caractéristique en un moment où peu d'hommes au monde sentent peser davantage sur leurs épaules le poids d'une responsabilité. Vous n'imagineriez pas autrement le personnage qui, à l'heure la plus critique de l'Égypte, passe pour avoir brusquement rompu des entretiens diplomatiques parce que, disait-il, on l'attendait à son rendez-vous quotidien de tennis. On ne s'étonne pas qu'un représentant de cette trempe ait gagné la confiance de ses compatriotes, mais son ascendant s'est imposé, en outre, à l'esprit indigène, qui, sous notre régime de protectorat voilé, discerne mal l'énergie comparative des individus. « Supposez que le Khédive priât lord Cromer de s'en aller, lord Cromer s'en irait-il ? » me demandait mon ânier, qui, par cette formule, mettait son doigt de chocolat sur le nœud de la situation.

« Nous voilà loin du Turf Club où, d'un sofa dans le hall, nous observons les Anglais qui ont tant fait pour régénérer l'Égypte. Entre tous les événements

*singuliers qu'a vus ce pays vénérable, il n'y en a pas, à coup sûr, de plus
extraordinaire que sa reconstitution par un petit groupe d'Anglais actifs et lucides.
Tels sont Garstin et Wilcocks, les grands hydrauliciens qui ont si bien su, à droite
et à gauche, domestiquer les eaux du Nil, que l'heure semble proche où elles
n'arriveront plus à la Méditerranée. Tel est Kitchener, grand, raide, soldat farouche
et taciturne, qu'a marqué au visage la balle d'un derviche. Ces hommes que vous
voyez encore, c'est Rogers, vainqueur du choléra, Scott, réformateur de la
législation, Palmer, qui a soulagé le fellah du faix écrasant des impôts, Hooker,
qui a exterminé les sauterelles, Wingate, plus renseigné que n'importe quel autre
Européen sur les courants d'idées au Soudan, ce même Wingate qui a étendu son
bras sur plusieurs milliers de milles et délivré Statin à Khartoum. Et, près de lui,
ce petit individu à la moustache brun-jaune, au visage réjoui et vermeil, c'est Statin
en personne, qui n'a plus d'autre désir que de tenir à la pointe de son épée le
Khalifa, aux trousses duquel il a dû courir pendant un si grand nombre de pénibles
années. »*

Tout au début de 1896, nous remontâmes le Nil sur un des
bateaux de la Cie Cook, et poussâmes jusqu'à Ouady Halfa, poste
avancé de la civilisation. Les rives n'étaient pas sûres dans les régions
supérieures du fleuve, il s'y produisait parfois des incursions de
partisans montés sur des chameaux, mais sur le fleuve même on
n'avait rien à craindre. Il me parut que les organisateurs de ces voyages
assumaient la responsabilité de risques graves. Me trouvant un jour
sur le roc d'Abousir avec une fournée d'innocents touristes, hommes
et femmes, sans aucune protection contre les gens des tribus et
séparés par le fleuve des forces militaires les plus voisines, je ne pus
m'empêcher d'imaginer la situation effrayante où nous serions si ces
chameliers, pour qui la distance n'existe pas, s'avisaient soudain
d'apparaître. Nous avions pour toute escorte quatre soldats noirs, qui
ne pourraient rien contre un raid de la moindre importance. Mon
impression fut si forte que l'idée me vint de montrer, sur un groupe
de gens appartenant à des catégories diverses, l'effet d'une horrible
aventure. Ainsi naquit *Le Drame du Korosko*, publié en Amérique sous
le titre de *Un Drame au Désert*, et qui fut ensuite, avec des

modifications, porté à la scène, où il devint *Les Feux du Destin*. Dans la réalité, tout se passa bien pour nous, mais l'imprudence commise n'en était pas moins injustifiable, des officiers anglais expérimentés en tombèrent d'accord avec moi. Comme, sur toute la frontière, les troupes n'attendaient qu'un prétexte pour avancer, je crois qu'elles auraient vu avec plaisir les Derviches donner dans le panneau qui chaque semaine leur était tendu à la même place.

Je ne sais combien de temples nous visitâmes durant cette tournée, mais le nombre m'en parut infini. L'origine de quelques-uns se perd dans le brouillard des âges, d'autres, au contraire, ne datent pas de plus loin que le règne de Cléopâtre et la période romaine. Le caractère le plus remarquable de l'histoire égyptienne, c'est, il me semble, sa majestueuse continuité. Examinez, à Abydos, les tombes de la Première Dynastie, vous y verrez, profondément gravés dans la pierre, l'épervier sacré, l'oie, le pluvier, les signes d'Horus et d'Osiris communs à la Haute et à la Basse Égypte. Bien antérieures à la construction des Pyramides, ces tombes remontent pour le moins à 4 000 ans avant Jésus-Christ. Inspectez ensuite un temple bâti par les Ptolémées, postérieurement à l'époque d'Alexandre le Grand : vous y retrouverez, gravés de la même façon, les mêmes vieux symboles. Rien de pareil au monde. L'Empire romain et l'Empire britannique sont des nouveaux venus en comparaison. Envisagés au regard de l'Égypte, les jours d'Alfred le Grand seraient presque contemporains des nôtres et nos coutumes, nos symboles, nos façons de penser ne seraient qu'à peine différents. La race égyptienne s'est comme pétrifiée ; et l'on comprend mal, avec cela, qu'elle n'ait pas été détruite par quelque nation plus virile.

Si les arts atteignirent en Égypte un niveau très élevé, néanmoins, sous le rapport de la raison, ils présentent bien des aspects méprisables. La récente découverte d'une tombe royale près de Thèbes (j'écris ceci en 1924) montre combien étaient merveilleux en Égypte le décor et les commodités de la vie. Mais considérez la tombe elle-même. Quelle bassesse d'esprit elle témoigne ! C'est bien le dernier mot du matérialisme que de conserver à tout prix le corps, la misérable guenille dont l'âme est un instant vêtue. Et ces paniers de provision dont on en réunissait des centaines pour nourrir l'âme pendant son voyage ! Je ne croirai jamais qu'un peuple imbu de telles croyances pût être autre chose qu'émasculé dans son intelligence : destin fatal de tous ceux qu'asservit la loi des prêtres.

On m'avait conseillé d'aller voir, à quelque cinquante milles du Caire, dans le désert, les Lacs Salés et leurs vieux monastères coptes. Ces vieux monastères, asiles alternatifs de saints et d'apostats (nous en visitâmes plusieurs), ont toujours suscité chez moi un vif intérêt en ce qu'ils remontent aux premiers jours du christianisme. À vrai dire, on ignore souvent la date de leur fondation, mais tous sont d'une antiquité manifeste et la pensée qui les inspira semble avoir été celle des ermites qui, aux troisième et quatrième siècles, essaimèrent dans ces solitudes.

Laissant ma femme au Mena, je partis avec le colonel Lewis, de l'armée égyptienne, compagnon et guide excellent. À la gare où nous débarquâmes, nous trouvâmes, qui nous attendait, un extraordinaire véhicule, sorte de carrosse de cirque, tout d'or et de clinquant. C'était l'ancien carrosse officiel destiné à Napoléon III pour le cas où il fût venu inaugurer le canal de Suez. D'un beau travail, encore solide et confortable, il n'en détonnait pas moins absurdement dans la majestueuse simplicité du désert libyen.

Nous nous y installâmes. Devant nous, pas d'autres signes de la direction à suivre que des empreintes de roues dans le sable, d'ailleurs presque invisibles par place. L'immense étendue sablonneuse roulait, à l'entour, comme des vagues, ses monticules jaunes et un rideau d'arbres verts sur l'un des côtés, jalonnait le cours du Nil. Tandis que nous allions, une tache blanche nous apparut. Elle se rapprochait peu à peu ; nous finîmes par distinguer un Oriental quelconque. Arrivé à notre hauteur, il ouvrit une bouche noircie et, nous la désignant du doigt, se mit à crier : « Moya ! Moya ! », ce qui veut dire : « De l'eau ! De l'eau ! » Nous aurions été bien en peine de lui en donner, et pour cause. Nous ne pûmes que l'inviter à marcher vers le rideau d'arbres. Alors, proférant un juron, il repartit cahin-caha.

Nous eûmes ensuite une bien surprenante aventure. Le ciel se couvrit tout d'un coup, la pluie commença de tomber, ce qui, en pareil lieu, est chose plus que rare. Cependant l'attelage continuait d'aller, tandis que le colonel Lewis, qui savait toujours s'adapter aux circonstances, courait derrière la voiture. Je me rappelle lui avoir dit qu'en mes rêves les plus saugrenus je n'avais jamais imaginé que je dusse un jour traverser le désert libyen en carrosse impérial, avec un colonel en uniforme pour chien d'accompagnement. Bientôt, dans le jour pâlissant, les chevaux ralentirent, le cocher nubien descendit de son siège et se mit à examiner le terrain, en s'interrompant de temps à autre pour faire des gestes de désespoir. Nous comprîmes qu'il avait perdu sa route et ne concevait plus où nous étions, bien qu'il eût sujet de croire que nous avions dévié vers le sud. Mais reconnaître le sud était difficile. Nous n'avions pas d'eau, pas de vivres. La situation ne laissait pas d'être inquiétante et plus nous irions, plus elle s'aggraverait. La nuit était venue, je regardais la fuite des nuages, lorsque, par une déchirure momentanée, j'aperçus un troupe d'étoiles, les quatre roues du Chariot. Je ne suis pas astronome, je calculai pourtant que cette constellation devait nous marquer le nord ; et je n'avais pas tort, car, en avançant dans cette direction et en examinant le sol, tous les cent yards environ, avec des allumettes, nous parvînmes à retrouver notre piste.

Nous n'étions pas d'ailleurs au bout de nos aventures. En vérité, il nous semblait vivre un étrange rêve. Nous avions grand-peine à ne pas nous égarer dans le noir. L'absurde carrosse tanguait et craquait, tandis que le colonel et moi le précédions en nous éclairant chacun d'une lanterne. À notre grande joie, nous vîmes soudain briller devant nous une lumière. Nous pressâmes le pas. Bientôt nous arrivâmes à une tente sous laquelle un homme à grande barbe dessinait près d'une table, à la clarté d'une lampe. La pluie avait cessé, mais le ciel demeurait couvert. L'homme nous dit qu'il était allemand, arpenteur de son état, et qu'il faisait des relevés dans le désert. Nous lui expliquâmes que nous cherchions, pour y passer la nuit, une maison sise à mi-chemin du lieu de notre destination. Il nous répondit, avec un geste indicateur, qu'elle était toute proche. Mais à peine nous étions-nous remis en marche que nous nous égarâmes de plus belle dans la brousse. Enfin, une seconde lumière nous apparut, nous allions pouvoir prendre un peu de repos. Et nous nous dirigeâmes vers elle, pour nous retrouver en face d'une petite tente sous laquelle un homme à la barbe fleurie dessinait à la clarté d'une lampe. Nous avions simplement tourné en rond. Nouvelles explications, après quoi, nous maintenant cette fois dans le droit chemin, nous arrivâmes à une grande cahute de bois absolument déserte, où nous remisâmes les chevaux, fîmes un repas froid et nous écroulâmes de fatigue, le colonel et moi, sur les deux bancs attenants à la muraille.

Le lendemain nous dédommagea de nos ennuis. Le matin se leva clair et frais. J'ai rarement éprouvé un plus vif sentiment d'allégresse qu'à mon réveil, quand je sortis sans prendre même le temps de me vêtir, et que je vis, à ma gauche, à ma droite, courir, jusqu'à l'horizon d'un bleu étincelant, l'étendue des sables jaunes et des rocs noirs. Nos bêtes attelées, nous atteignîmes en quelques heures le grand Lac Salé de Natron, près duquel se disséminaient, à l'un des bouts, les quelques maisons où les travailleurs sèchent et préparent le sel. Le monastère que nous venions voir n'en est éloigné que de deux milles : moins isolé que naguère, il était, avant l'exploitation des salines, l'un des endroits les plus inaccessibles qu'on imagine. Un grand mur d'enceinte le protège, qui me parut fait de terre durcie. Point de portes ni de fenêtres, mais seulement une étroite ouverture facile à défendre contre les rôdeurs arabes. Quel serait, du reste, le courage des défenseurs, je me le demande, car c'est, me dit-on, la crainte du service militaire qui révèle à bien des moines leur vocation. Je crus sentir, quand on nous reçut, qu'on se fût passé de notre visite, bien que le titre militaire de mon compagnon inspirât le respect. On nous fit parcourir la cour inférieure, où il y avait des palmiers et un jardin ; on nous promena autour des maisons qui, de-ci de-là, s'élèvent à l'abri du mur. Près de la dernière, il y avait un tonneau plein d'objets ronds qu'à l'aspect et au toucher je pris pour des blocs de pierre tendre. J'eus la curiosité de m'enquérir si c'étaient les projectiles destinés aux Arabes en cas d'attaque : il se trouva que c'était tout bonnement la provision de pains pour le monastère. On nous offrit du vin, une sorte de vin doux et liquoreux dont on se sert encore pour la communion, ce qui montre comme nos coutumes nous viennent droit de l'Orient. L'abbé me parut être un brave homme. Il se plaignait de maladie. Avec son assentiment, qu'il me donna volontiers, je l'examinai à fond, je l'auscultai, et lui promis que, de retour au Caire, je lui enverrais des remèdes. Je n'ai jamais su s'ils lui étaient parvenus. Quelques-uns des moines avaient un air de francs débauchés, tous respiraient la fainéantise, du moins, c'est l'impression que j'en eus, peut-être me trompais-je. Considérant, du haut des murs, le désert, dont un coin de lac bleu rompait la monotonie, je songeai que c'était là tout ce que ces hommes verraient jamais du monde : étrange contraste de leur vie avec mon existence si remuante, si diverse ! Le monastère avait sa bibliothèque. Mais les livres y traînaient sur le plancher. Tous étaient anciens et certains probablement rares. Je suppose que, depuis la mise au jour du *Codex Sinaïticus*, toutes ces vieilles bibliothèques coptes ont été explorées par les savants ; quant à moi, dans le tas d'ouvrages dépenaillés que je pus voir, je ne doutai point qu'il ne se trouvât des choses précieuses.

Le lendemain soir, le colonel Lewis et moi rentrâmes au Caire. Nous n'avions recueilli en chemin aucune nouvelle. Arrivés au Turf Club, nous étions au vestiaire, en train de nous laver les mains avant le dîner, quand quelqu'un entra et dit :

— Ah çà, Lewis ! comment n'êtes-vous pas avec votre brigade ?

— Ma brigade ?

— Vous étiez donc absent ?

— Je reviens du Lac Natron.

— Et vous ne savez rien ?

— Rien.

— Mais, juste ciel ! la guerre est déclarée. Nous nous portons sur le Dongola. Toute l'armée se concentre à la frontière. Et vous commandez une brigade avancée.

— Bon Dieu !

Lewis laissa échapper son savon, l'eau jaillit de la cuvette, et peu s'en fallut que lui-même ne tombât comme une masse. C'est ainsi que nous apprîmes l'événement où j'allais être engagé avec lui et avec l'Empire britannique.

CHAPITRE XIV

AU BORD D'UNE TEMPÊTE

Comment, si près que je l'étais d'un grand événement, n'aurais-je pas désiré y jouer un rôle, fût-ce simplement d'observateur ? L'Égypte était devenue soudain le centre orageux du monde à une heure où le hasard voulait que je fusse là. Demeurer au Caire ne m'était pas possible, je devais trouver un moyen quelconque de partir pour la frontière. Nous étions en mars, bientôt le climat deviendrait trop chaud pour ma femme. Cependant, elle eut la bonté de me dire qu'elle attendrait avec ma sœur jusqu'en avril si je voulais lui promettre d'être de retour dans ce délai. On estimait généralement que les choses allaient se précipiter, ce qui, lorsqu'on y réfléchit après coup, n'était guère vraisemblable. Bref, j'avais hâte de m'élancer vers le sud.

Un expédient s'offrait à moi. Les grands journaux anglais du matin avaient tous déjà leur correspondant sur place. Mais il était peu probable que ceux du soir fussent également pourvus. Je demandai par câblogramme à la *Westminster Gazette* qu'elle me désignât pour son correspondant temporaire. Un câblogramme fit droit à ma requête. Muni de cette pièce, j'allai trouver l'autorité compétente. Un ou deux jours plus tard j'obtenais son agrément. Tout était en règle.

J'avais à assurer moi-même les conditions de mon voyage, et, d'abord, à me procurer une sorte d'équipement. Ce fut vite fait, je passai condamnation sur la qualité des articles. J'achetai un gros revolver italien, arme fort laide, tout à fait indigne de confiance, et m'approvisionnai de cent cartouches. J'achetai aussi une bouteille à eau, d'un bois neuf et résineux qui donnait à son contenu un horrible goût de térébenthine, on eût cru boire du vernis. Mais il y eut des jours où j'aurais bu du vernis tout aussi bien que n'importe quoi, pourvu que ce fût liquide.

En légère veste kaki et culottes de cheval, portant une petite valise, la branche de sapin pendue selon l'usage autour de moi, je partis du Caire pour Assiout, où attendait un petit bateau fluvial. Il était rempli d'officiers se rendant au front, et nous passâmes ensemble jusqu'à Assouan quelques jours agréables. Parmi eux se trouvaient de tout jeunes gens qui, depuis, se sont fait largement connaître : Maxwell, aujourd'hui général sir John Maxwell, et Hickman, qui devait s'élever lui aussi au sommet de la hiérarchie. Je me rappelle encore un lieutenant de cavalerie nommé Smythe, dont la tranquillité, la douceur ne me disaient rien qui valût pour la rude besogne à entreprendre : la première fois qu'ensuite j'entendis parler de lui, ce fut le jour où *La Gazette* annonça qu'il recevait la Victoria Cross. Dans le métier militaire, rien de plus trompeur que les apparences. Tel, violent et truculent, se défile, là où tel autre, aimable et studieux, montre un cœur d'airain. Par là s'explique l'erreur des Allemands dans la dernière guerre quand ils jugeaient l'Anglais « un insulaire médiocrement guerrier ».

La grande question, à l'ouverture de la campagne, était de savoir ce que vaudraient, comme solidité, les troupes indigènes de fellahs. Les cinq bataillons noirs étaient aussi bons que possible, mais les antécédents de huit ou neuf bataillons égyptiens étaient peu rassurants. L'Arabe du Soudan est un fanatique, il se jette en fou furieux au-devant de la mort, il ne rêve que de mêlées où il puisse enfoncer sa lance dans le corps de l'ennemi, dût-il, avant de l'atteindre, être lui-même frappé de plusieurs balles. Les Égyptiens soutiendraient-ils de pareils chocs ? On ne le croyait pas. Aussi avait-on fait appel, pour renforcer la ligne de bataille, à des troupes britanniques : Connaughts, Straffords et autres. Heureusement, les troupes indigènes, dont le cas eût été sans cela désespéré, avaient pour chefs des officiers d'élite prélevés sur l'armée anglaise. Kitchener n'y avait voulu que des célibataires, s'agissant d'un service qui exigeait un dévouement capable d'aller jusqu'à l'extrême. La solde et la vie y étaient bonnes, Kitchener était donc maître de ses admissions et de ses refus. Et c'était un curieux spectacle que celui de ces chefs magnifiques, visages clairs et moustaches cirées, marchant côte à côte avec leurs soldats.

Entre eux et les hommes, les relations étaient paternelles. Un officier de troupes noires, quand il allait au Caire, n'en revenait pas sans une taie d'oreiller bourrée de sucreries à leur intention. Les Égyptiens étaient plus mystérieux, moins gais, moins aimables ; cependant leurs officiers n'avaient pas pour eux un moindre attachement, et ils ressentaient vivement la défiance que manifestait envers eux le reste de l'armée. À l'une des premières batailles, un officier anglais s'écria, au moment où il s'emparait d'un drapeau ennemi : « Les Anglais n'auront toujours pas celui-là ! » Tel est bien l'esprit qui fait de l'officier anglais, en Égypte comme dans l'Inde, un conducteur idéal de troupes indigènes. Même à l'époque de la grande révolte hindoue, il ne permit pas qu'on prononçât un mot contre ses hommes jusqu'au jour où il fut massacré par eux.

On nous retint à Assouan une semaine. Défense d'aller plus loin. Déjà nous étions dans la zone menacée par les raids des Arabes, qui, l'année précédente, avaient encore poussé plus haut. Le désert est comme la mer : avec des chameaux en guise de navires, vous pouvez y aller frapper n'importe où avant même qu'on n'ait eu le temps de pressentir votre attaque. Cette éventualité ne semblait guère occuper l'esprit des officiers retenus à Assouan. Ils n'en montraient pas plus d'inquiétude que s'il se fût agi pour eux d'une tournée Cook, et non pas d'une expédition dangereuse, si dangereuse qu'à peine il était revenu un homme de la dernière armée, celle de Hicks Pacha, expédiée dans le sud. Je ne les vis vraiment hors d'eux qu'une fois. Je rentrais à l'hôtel, où était le quartier général, lorsque, dans le hall, je les aperçus, groupés en foule autour du tableau où s'affichaient les nouvelles. Un télégramme était là, qu'ils lisaient, dressés sur la pointe de leurs bottes éperonnées, tendant le cou et donnant tous les signes d'un intérêt passionné. « Ah ! pensai-je, le voile se lève enfin, le Khalifa est sans doute en marche, avec ses cavaliers, ses fantassins, son artillerie. Nous sommes à la veille de la bataille. » Je jouai des coudes, j'avançai la tête entre les rangées palpitantes de casques blancs. Le télégramme rendait compte du match nautique Oxford-Cambridge.

Il n'était personne que n'animât le plus beau zèle. Hickman, pendant toute la durée du voyage en bateau, ne ruminait que plans de combat. Arrivé à Assouan, il y trouva l'ordre d'aller à Keneh acheter des chameaux. C'était pour faire tomber de haut un homme qui brûlait d'agir. Comme je lui en exprimais ma désolation : « Non, me dit-il, c'est très bien. L'armée a besoin de chameaux, je suis l'homme qu'il faut pour les acheter. Nous travaillons tous à une fin commune. » Il y a là une forme générale d'abnégation. L'officier, dans sa plus haute expression, est vraiment un type splendide, une réédition élargie du jeune homme de nos écoles, dissimulant, sous un extérieur de gaieté, un sérieux profond, que lui-même, à l'ordinaire, dût-il se faire tuer, refuserait d'admettre. On m'en nomma trois qui, à l'endroit où s'arrêtait le chemin de fer, occupés à un travail essentiel, et tous avec une fièvre qui les eut dispensés de rien faire, s'amusaient, chaque soir, à jeter un dollar dans un chapeau, après quoi ils prenaient leur température, et l'argent revenait à celui qui avait la plus forte.

Assouan est au pied de la Cataracte, laquelle s'étend sur une longueur d'environ trente milles. Un chemin de fer miniature pourvoyait au transbordement des marchandises, que l'on rechargeait ensuite sur d'autres steamers, à Chellal. Ce n'était pas une petite affaire. Je sympathisais avec le capitaine Morgan qui en avait la charge, aidé par des manœuvres égyptiens et des chaînes de forçats. Morgan m'avait une fois vendu un cheval, et il en restait gêné vis-à-vis de moi, mais il vit que je ne lui en gardais pas rancune : à l'acheteur de se méfier ! Je reconnaissais déjà chez lui ces qualités d'organisation qui le rendirent précieux dans la campagne contre les Boers et dans la guerre européenne. Il mourut en 1923, général et chargé d'honneur. Je me rappelle avoir assisté à une de ces opérations de rechargement effectuée par le 7e régiment après une longue et pénible marche dans le désert : à la fin, les hommes étaient à ce point éreintés qu'il en fallait quatre pour soulever une boîte de biscuits de 60 livres !

Mes grands confrères de la presse étaient maintenant arrivés (« Où est la carcasse, là se rassemblent les aigles. »). J'avais su me faire des amis parmi eux. Il fut décidé que nous marcherions tous ensemble. Nous étions cinq qui partîmes sous la conduite de Knight, du *Faucon*, correspondant du *Times*. C'était un homme grand et musclé, yachtsman fameux et chercheur de trésors réputé, voyageur, batailleur et savant. Il arrivait de Madagascar, où il avait accompagné l'expédition française. Après lui venait Scudamore, du *Daily News*, un petit Celte vif comme le mercure, plein d'esprit et d'allant. Acheter des chameaux, bien entendu aux frais du journal, était l'occupation favorite de Scudamore ; ce qui fit dire à Robinson, directeur du *Daily News*, à la première nouvelle de la guerre sud-africaine : « Heureusement qu'il n'y a pas de chameaux en Afrique du sud ! » C'était prendre une bonne leçon de politique orientale que de voir Scudamore procéder à ses achats. Il m'en montra la manière. Un Arabe vous amène l'absurde bête. Vous le regardez avec mépris, et vous ne sauriez avoir un meilleur modèle d'expression que celui qu'elle vous offre elle-même. Vous en demandez le prix. Le vendeur vous répond : « Seize livres. » Vous poussez un cri de dérision, vous faites un grand geste du bras, comme pour demander à l'homme de s'en aller avec sa bête hors de votre vue, et, tournant les talons, vous vous éloignez rapidement dans la direction contraire. La distance que vous aurez à parcourir dépend du prix demandé : si vraiment vous le jugez excessif, vous pourrez ne pas revenir avant votre dîner. Mais, en règle générale, il suffira que vous fassiez une centaine de yards, puis vous manœuvrerez de façon à rejoindre le chameau et son propriétaire. Vous vous arrêtez alors devant eux, vous les regardez d'un air de surprise désintéressée : comment ! ils sont encore là ? Et l'Arabe de demander quel prix vous lui en offrez. Vous lui répondez : « Huit livres. » C'est alors son tour de jeter les hauts cris, de faire volte-face, de parcourir cent yards, le chameau trottinant sur ses derrières, et de revenir vous dire qu'il accepterait quatorze livres. Vous vous récriez de plus belle ; de plus belle, vous lui signifiez qu'il n'a qu'à se retirer. Et la négociation se poursuit de la sorte. À chaque fois, le cercle des allées et venues se resserre, jusqu'à ce qu'enfin vous vous accordiez sur un prix moyen.

Mais c'est seulement quand vous avez acheté votre chameau que vos ennuis commencent. Pas d'animal au monde plus baroque et plus décevant. À le voir si grave, si digne, jamais vous ne soupçonneriez la vilenie qu'il médite. Il s'approche, avec cet air d'amabilité supérieure qui est celui d'une grande dame visitant une école du dimanche. Il ne lui manque, diriez-vous, qu'un face à main au bout d'un éventail. Vous avez tout juste le temps de dire : « Mais il va m'embrasser, le mignon ! » Et deux effroyables rangées de dents vertes, claquant à votre hauteur, vous font faire un bond en arrière dont vous n'auriez pas osé vous croire capable à votre âge. Le masque tombé, on ne saurait rien concevoir de plus démoniaque qu'une tête de chameau. Nulle gentillesse, nulle avance ne semblent devoir vous gagner l'animal, ni vous faire accepter de lui comme son propriétaire. Cependant, il vous faut être indulgent à une bête qui chaque jour vous portera une charge de 600 livres sur un parcours de 20 milles, sans vous demander à manger ni à boire.

Mais je m'écarte de mon sujet. Les deux autres journalistes qui composaient notre troupe étaient Beaman, du *Standard*, fraîchement débarqué de Constantinople d'où il rapportait des façons quasi orientales, et le représentant de la *Pall Mall*, Julian Corbett, homme doux et amène qui devait être plus tard l'historien naval de la Grande Guerre. Comme moi, Corbett n'était qu'un amateur parmi des professionnels, et tenu de regagner Le Caire à une date fixe.

Aucune action importante n'étant, évidemment, sur le point de se produire, nous décidâmes d'effectuer par la route une partie de notre trajet. Une force de cavalerie égyptienne était en marche, on nous ordonna de nous y joindre, elle nous servirait d'escorte. Jugeant plus agréable d'aller de notre côté, nous nous arrangeâmes pour la perdre en chemin. Il y avait quelque risque à voyager de la sorte, isolément, sur la rive droite, sans aucune protection sur notre flanc gauche ; mais, d'autre part, la poussière d'un corps de cavalerie nous serait insupportable. Nous partîmes donc à dos de chameau, accompagnés d'autres chameaux qui portaient nos bagages, et traînant à notre suite tout un cortège de serviteurs. En quatre jours, nous atteignîmes Korosko, d'où nous poussâmes, par eau jusqu'à Ouady Halfa, sur la frontière, tandis que chameaux et serviteurs continuaient d'aller par la route.

Jamais je n'oublierai ces jours, ou plutôt ces longues nuits : car nous nous levions à deux heures du matin, et le principal de notre marche s'accomplissait avant le lever du soleil. Je suis encore hanté par ce ciel de velours violet, par ces énormes et innombrables étoiles, par cette demi-lune se mouvant avec lenteur au-dessus de nous, cependant que nos chameaux, de leur pas silencieux, semblaient nous porter sans effort à travers un merveilleux monde de rêve. Scudamore avait une belle voix roulante de baryton, que j'entends encore monter et retomber dans l'air immobile du désert. Le spectacle dont nous jouissions était pour nous comme un intermède dans la vie réelle. Je le rompis seulement une fois par une prouesse peu commune : je tombai de chameau. J'avais déjà fait, comme cavalier, bien des chutes ; celle-ci renouvelait mon expérience. Vous n'avez pas, à dos de chameau, une selle proprement dite ; vous êtes assis sur un plateau de cuir recourbé, de sorte que lorsque ma bête, apercevant à ses pieds un peu de verdure, s'abattit soudain sur ses pattes antérieures, je « piquai une tête » le long de son cou. Ce fut comme si, dans un exercice acrobatique, je descendais un tuyau d'arrosage. J'arrivai au sol fort étonné, mais sain et sauf.

Une ou deux images surgissent dans mon esprit. Celle, par exemple, d'une sorte de lézard aquatique très bizarre – je ne dis pas un crocodile –, allongé sur le sable. Je fis feu sur lui de mon revolver italien, bien que cette arme me semblât surtout dangereuse pour moi, et je vis ensuite l'animal se débattre dans l'eau. Une autre fois, j'aperçus, en installant le soir ma couchette, une espèce de limace, longue d'environ dix-huit pouces et munie de tentacules, qui s'enfuit précipitamment et disparut : c'était un serpent venimeux, peut-être un congénère de celui qui avait donné la mort à Cléopâtre. Nous nous réfugiâmes dans une cabane en ruine espérant y trouver le sommeil. La pâle clarté de la bougie nous montra, courant en rond au pied du mur, une bête que je pris pour une souris. Mon étonnement fut extrême de la voir tout à coup grimper au mur, puis en redescendre et s'arrêter. Elle agitait dans notre direction ses pattes de devant. Scudamore fit un bond dans l'air, courut à elle et l'écrasa, et il n'en resta plus qu'un pied carré d'immonde bouillie. Nous venions d'avoir affaire à la vraie tarentule, insecte redoutable fort commun dans ces régions.

Un autre souvenir que je garde est celui-ci. Pour je ne sais quelle raison, en la circonstance, nous ne nous étions pas mis en route dans la nuit. Le point du jour nous trouva au repos dans notre petit camp, sous un bouquet de palmiers, près du sentier bordant le Nil. À mon réveil, allongé entre mes draps, j'aperçus brusquement un cavalier d'étrange mine. C'était un Nubien à la face noiraude, aux yeux de feu, et tout chargé d'ornements d'argent. Impossible d'imaginer figure plus sinistre et plus barbare ; il était le type même d'un de ces guerriers du Mahdi que nous savions avoir à craindre. Je ne fais pas volontiers l'alarmiste, surtout avec des gens habitués aux périls de la guerre. Aussi me gardai-je de rien dire, mais je m'arrangeai pour réveiller l'un de mes compagnons, qui, à l'aspect du cavalier, poussa un soupir en murmurant : « Bon Dieu ! » L'homme, d'ailleurs, ne tourna même pas la tête de notre côté ; il passa, allant au nord. Je ne doute pas qu'en réalité ce ne fût un des indigènes que nous avions à notre solde ; sans cela, notre sort était réglé. Une nouvelle que j'écrivis dans la suite, *Les Trois Correspondants*, s'inspirait de cet incident.

Nous fûmes reçus en audience par le commandant des troupes de Korosko, Youssouf Bey, soldat turc au service de l'Égypte. C'était un homme bizarre, au visage de bois. Il nous offrit du vinaigre de framboises dans de longs verres roses, et nous reconduisit ensuite à notre bateau. Deux jours plus tard, nous débarquions à Ouadi Halfa, où régnait sur les berges le même aspect de branle-bas militaire que nous avions laissé à Assouan.

Ouadi Halfa est, comme Assouan, au pied d'une cataracte. Tous les objets de transport y sont mis à terre pour être expédiés, par une piste de trente milles, à Sarras. Je gagnai à pied, le premier jour, la petite station où commence la piste. Il y avait là un officier de haute taille qui, avec le concours d'un seul homme, procédait aux opérations et surveillait le chargement des marchandises. Il tourna vers moi une figure sévère, et je reconnus en lui Kitchener, commandant en chef de l'armée. C'était un trait de son caractère qu'il ne s'en remettait point au hasard ni à un subordonné de choses si capitales, mais s'assurait de ses propres yeux qu'il avait vraiment les outils dont il avait besoin. Je l'avais déjà rencontré au Caire lors d'une course de chevaux. Apprenant qui j'étais, il me pria à dîner pour le soir sous sa tente. Nous y discutâmes en toute franchise les éventualités de la campagne. Son chef d'état-major, qui, si je ne me trompe, s'appelait Drage, tombait de fatigue au point de s'endormir entre les services. Je saisis le sourire amusé de Kitchener en le regardant. Avec un tel chef, on devait aller jusqu'au bout de ses forces.

Une de mes nouvelles connaissances, aux jours dont je parle, fut Herbert Gwynne, qui ouvrait ses ailes comme correspondant de guerre et représentait, autant qu'il m'en souvient, le *Chronicle*. Je devinai combien il promettait. Quand, plus tard, j'entendis reparler de lui, il était le correspondant de *Reuter* pour la guerre contre les Boers et peu de temps après, il devenait le directeur du *Morning Post*, qu'il dirige encore. Ces jours de Halfa marquèrent pour nous le commencement d'une amitié spontanée qui ne s'est jamais démentie, nonobstant les occupations qui nous éloignent l'un de l'autre. Ce doit être une des joies de l'au-delà que l'on y puisse cultiver ses amitiés.

J'eus aussi des relations amicales avec un tout petit officier très brave, du nom d'Anley, qui venait de joindre l'armée égyptienne. Il n'était qu'au début de la carrière. Mais si je prévis dès lors qu'il monterait en grade, j'aurais été bien étonné d'apprendre en quelles circonstances nous nous reverrions un jour. Engagé, pendant la Grande Guerre, dans un corps de volontaires, j'étais à mon rang de troupier sur le bord d'une route, quand vint à passer un général moucheté de rouge et coiffé d'une casquette galonnée. Il nous regarda, m'aperçut, et je reconnus qui ? Anley. Surpris lui-même au point d'en oublier l'étiquette militaire, il me sourit et s'inclina. Que peut faire un soldat dans le rang quand un général s'incline en souriant devant lui ? Il ne peut se mettre cérémonieusement au garde-à-vous ni saluer. Je me bornai à cligner l'œil gauche. Telles sont les circonstances où j'appris que mon capitaine d'Égypte était général de brigade.

Nous poussâmes jusqu'à Sarras. Cet avant-poste de la civilisation nous apparut, au premier coup d'œil, comme un amas de sacs de sable et de fils de fer barbelés. Le Mahdi avait en effet un de ses postes en amont du fleuve, à peu de distance. Regardant au sud les pics lointains du Dongola, on éprouvait un sentiment extraordinaire à se dire qu'entre eux et nous, il n'y avait que sauvagerie et mort. La petite forteresse sentait la vraie guerre, mais rien n'y faisait augurer une prochaine avance.

J'eus, au reste, de Kitchener lui-même, l'assurance que je n'avais nul besoin de m'y attarder, car rien ne se passerait avant qu'on n'eût rassemblé les chameaux, et ils devaient être au nombre de plusieurs milliers. Le mien ayant cessé de m'être utile, je l'offris à l'armée. Puis Corbett et moi nous apprêtâmes au départ. On nous recommanda de nous tenir sur le qui-vive et de sauter dans le premier bateau vide qui descendrait le fleuve. C'est ce que nous fîmes un matin, avec notre mince bagage. Une fois à bord, nous apprîmes que les vivres faisaient totalement défaut et que le navire ne s'arrêterait pas de plusieurs jours. L'amarre n'était pas encore larguée : je m'élançai vers la première boutique possible, une de ces baraques qui poussent comme des champignons dans le sillage d'une armée. Celle-là était tenue par un Grec. Tout y avait déjà été vendu, sauf des abricots en conserve. J'en achetai plusieurs boîtes et n'eus que juste le temps de remonter à bord, car le navire démarrait. Nous réussîmes à obtenir de l'équipage un peu de pain arabe ; avec les abricots, il constitua l'unique menu de nos repas tout le long du voyage. Puissé-je, tant que je vivrai, ne jamais revoir d'abricots en conserve ! Leur écœurante douceur s'associe dans ma mémoire aux *Confessions* de Rousseau, dont il m'était tombé dans les mains une édition française, et qui furent mon unique lecture jusqu'au jour où je revis Assouan : ce qui m'a ôté pour jamais l'envie de les relire.

Ainsi s'acheva notre expédition sur la frontière égyptienne. Nous étions allés jusqu'au seuil de la guerre, nous ne l'avions pas franchi. Affaire désappointante. Mais avril inclinait déjà vers sa fin lors de mon retour au Caire, et la chaleur devenait excessive pour une malade. Huit jours plus tard, nous nous retrouvions à Londres. Le 1er mai, assistant comme invité au banquet de l'Académie Royale, je découvris soudain sur mon poignet de petites déchirures : elles provenaient de chiques, sortes de puces venimeuses qui avaient pris logement chez moi entre cuir et chair durant mon séjour sur les berges du Nil, et dont les œufs étaient en train d'éclore sous le toit auguste de Burlington House.

CHAPITRE XV

UN INTERMÈDE

La maison où j'espérais voir s'achever la guérison de ma femme n'était pas encore prête. L'architecte l'avait conçue, d'ailleurs, sur un plan si vaste, qu'il n'y avait rien d'étonnant à ce que sa construction prît un certain temps. Nous dûmes louer une maison meublée à Haslemere, d'où nous nous transportâmes, au début de 1897, dans les Moorlands. Là, dans une pension de famille au-dessus de Hindhead, voisine de l'endroit où se bâtissait notre nouvelle demeure, nous passâmes quelques mois heureux et affairés en attendant l'été, qui devait enfin nous mettre chez nous. Je faisais de l'équitation ; bien que je n'aie jamais été un cavalier de premier ordre, je prenais grand plaisir et trouvais un profit de santé à cet exercice. Le pays, boisé et couvert de bruyère, se prête à de belles courses dans toutes les directions, et les chasses, auxquelles je participais, y sont au moins pittoresques. En juin, nous prîmes possession de notre maison. Je la baptisai Undershaw, d'un mot que je fabriquai, je crois, mais qui, en bon anglo-saxon, disait bien ce qu'il voulait dire, puisqu'elle s'abritait sous un bouquet d'arbres.

J'ai peu parlé de ma production littéraire durant ces années occupées par des questions de santé ; le principal livre que j'avais écrit depuis *Les Réfugiés* était une étude des jours de la Régence avec leurs dandies et leurs boxeurs professionnels. J'ai toujours eu un faible pour les pugilistes et les combats d'autrefois et j'y avais cédé dans ce roman. La boxe ne connaissait pas, à l'époque, cette vogue, cette popularité dont je me suis laissé dire que l'origine remontait à mon livre, et je n'oublierai jamais la surprise de Georges Newnes quand il en connut le sujet « Pourquoi diable une pareille histoire ? » s'écria-t-il. J'ai cependant lieu de croire que les lecteurs du *Strand* ne se plaignirent pas de mon choix. Entre temps, j'écrivais force nouvelles, et je publiai, en 1898, *Un Duo*. Cette petite étude de la vie domestique, en partie imaginaire, en partie fondée sur des données personnelles ou sur les expériences de mes amis, fut cause que je me chamaillai publiquement avec un homme qui s'était signalé comme critique, le docteur Robertson Nicoll. Il blâma un passage du livre, en quoi il usait assurément de son droit, mais comme il écrivait sous différents noms dans six ou sept journaux, on eût dit que j'eusse encouru plusieurs condamnations, alors qu'en réalité il n'y en avait qu'une. Me jugeant lésé, je protestai avec une telle véhémence que Robertson Nicoll se demanda s'il me répondrait dans la presse ou devant les tribunaux. Cependant l'incident s'aplanit, et nous devînmes très bons amis. Un autre de mes livres qui appartient à cette période, c'est *L'Oncle Bernac*. Encore qu'il ne m'ait jamais satisfait, j'ose prétendre que les deux chapitres où j'y peins Napoléon donnent de lui une image plus claire que ne font de gros volumes, eux-mêmes extraits de vingt autres.

Sauf le continuel état maladif de ma compagne, j'avais tout, en ces années-là, pour être un homme heureux. Et néanmoins, je portais dans l'âme une inquiétude. Je me sentais né pour quelque chose de différent, sans discerner ce que cela pouvait être. Je ne cessais d'interroger les diverses religions du monde. Je ne pouvais pas plus revenir aux anciennes qu'un homme ne peut rentrer dans ses costumes d'enfant. Je raisonnais toujours dans un sens de matérialisme. J'adhérais à l'association rationaliste, j'en lisais avec soin la littérature, mais elle était entièrement destructive. En outre, j'étais assez convaincu de la réalité des phénomènes psychiques pour savoir qu'il existait un ordre de fait inaccessible à toute explication rationnelle, et que, par conséquent, un système qui les ignorait ou ne pouvait s'accorder avec eux était forcément entaché d'imperfection. D'autre part, certain que, derrière ces faits nouveaux dont je ne doutais pas, se cachait une intelligence haute ou basse, j'en méconnaissais évidemment les tenants et les aboutissants. Je confondais encore le coup frappé à la porte avec la présence extérieure de l'ami, et la sonnerie du timbre avec la communication du téléphone. J'avais parfois la paix du désespoir en songeant que peut-être on n'arriverait jamais qu'à des conclusions négatives. Puis une nouvelle impulsion de l'âme me lançait dans une nouvelle quête. J'allais jusqu'au bout de toutes les directions sans en rapporter aucune satisfaction absolue. Il n'eût tenu qu'à moi d'échapper à tous mes troubles en souscrivant de plein cœur à n'importe quelle forme d'orthodoxie, mais toujours ma raison s'y opposait.

Durant nos périodes d'exil, et notamment la période égyptienne, j'avais consacré la plus sérieuse assiduité à la question psychique ; j'avais lu tout ce que je pouvais lire et, de temps à autre, organisé des séances, qui m'avaient donné des résultats indifférents, mais non pas tout à fait négatifs, encore qu'elles eussent lieu sans l'aide d'aucun médium spécial. Déjà commençait d'apparaître, lentement, la philosophie du psychisme. Il devenait, petit à petit, plus manifeste que la vie se poursuivait dans l'au-delà non seulement sous une enveloppe plus ténue, mais dans des conditions semblables à celles que nous connaissons sur terre. J'en étais là du chemin parcouru ; les faits ne m'avaient pas encore imposé leur autorité souveraine.

Il m'arrivait, par-ci par-là, qu'une expérience tranchât sur la banalité des autres. J'en citerai une, par exemple, du temps où j'habitais Norwood, en 1892 ou 93. La Société des Recherches Psychiques me demanda si je voulais être d'un petit comité chargé de vérifier un cas de maison hantée à Charmouth, dans le Dorchestershire, et de dresser un rapport. Je consentis à me rendre sur place en compagnie d'un certain docteur Scott et d'un homme qui avait lié son nom à ces sortes d'enquêtes, M. Podmore. Il nous fallut faire, depuis Paddington, tout un long trajet en chemin de fer, pour aller nous rendre compte de bruits inexplicables qui rendaient la vie impossible aux locataires, lesquels, tenus par un bail, ne pouvaient s'en aller. Nous siégeâmes sans nous coucher deux nuits consécutives. La première nuit, rien ne se produisit. La seconde, le docteur Scott nous quitta, je restai seul avec M. Podmore. Nous avions pris, bien entendu, toutes nos mesures pour déjouer la fraude, tendu des fils de laine en travers des escaliers, etc.

Au milieu de la nuit éclata un vacarme formidable : on eût dit que quelqu'un tapait avec un gros gourdin une table sonore. Cela n'avait rien de commun avec les craquements accidentels d'une boiserie, ni avec quoi que ce fût d'analogue ; c'était un tintamarre assourdissant. Nous avions ouvert toutes les portes, nous n'eûmes qu'à nous précipiter dans la cuisine, d'où venait sûrement le tapage. Nous y trouvâmes tout dans l'ordre : portes fermées à clef, barres aux fenêtres, fils de laine intacts. Podmore prit la lumière, fit semblant de regagner avec moi notre poste, et s'en fut près du jeune maître de la maison pendant que j'attendais dans le noir le retour du bruit. Mais le bruit ne se renouvela pas, il ne devait plus se renouveler. Nous ne sûmes jamais ce qui l'avait occasionné. Il était du même caractère que tous ceux dont nous avions eu la connaissance par nos lectures, mais il fut de moindre durée. L'histoire eut cependant une suite. Quelques années plus tard, un incendie détruisit la maison. L'accident avait-il ou non un rapport avec l'esprit qui la hantait ? Je l'ignore. Un fait plus suggestif, c'est que l'on découvrit, enterré dans le jardin, le cadavre d'un enfant d'une dizaine d'années. Cela, je le tiens d'un des membres de la famille qu'avaient si fort tourmentée les bruits. On supposa que l'enfant avait été assassiné longtemps auparavant dans la maison, et que les phénomènes dont nous avions eu un aperçu étaient plus ou moins la conséquence du drame. Il est une hypothèse suivant laquelle une jeune vie brusquement et violemment tranchée laisserait derrière elle un important résidu de vitalité capable de s'employer à d'étranges usages. L'inconnu et le merveilleux nous pressent de toutes parts. Ils se laissent entrevoir au-dessus de nous, autour de nous, sous des formes flottantes et imprécises, quelques-unes brillantes, toutes nous rappelant les limites de ce que nous appelons la matière, et aussi le besoin de la spiritualité, si nous voulons garder le contact avec la vérité profonde des faits qu'apporte la vie. On ne me demanda jamais de rapport sur l'affaire, mais Podmore en fournit un, qui attribuait les bruits au jeune homme de la maison, bien que celui-ci se trouvât avec nous dans le petit salon où s'était produit le tumulte. Sans doute une complicité était possible, malgré toutes nos précautions. Ce qui ne l'était absolument pas, c'était l'explication de Podmore. J'appris là une chose dont j'ai, depuis, constaté souvent la justesse, à savoir que, quelque attitude critique que nous prenions à l'égard des affirmations psychiques, nous devons, pour parvenir au vrai, prendre la même à l'égard des négations et, surtout, à l'égard des prétendues révélations qu'on leur oppose. Maintes et maintes fois j'ai pu avoir la preuve que négations et révélations venaient ou d'un préjugé, ou d'une méconnaissance des lois spirituelles.

Ceci m'amène à une autre aventure qui m'échut vers cette époque, probablement vers 1898. J'avais pour voisin un petit docteur que j'appellerai Brown. Petit, il l'était par la taille et, je crois, par la clientèle. Il s'occupait d'occultisme. Ma curiosité s'éveilla quand je sus qu'il avait chez lui une chambre où nul ne pénétrait que lui-même, et réservée à des fins mystiques et philosophiques. Apprenant que je m'intéressais aux questions de cette nature, il m'offrit un jour de m'affilier à une société secrète d'ésotérisme. Toute une enquête préliminaire l'avait conduit à me faire cette invitation. Voici à peu près le dialogue qui s'établit alors entre nous :

— De cette affiliation, que résultera-t-il pour moi ? lui demandai-je.

— En temps voulu, me répondit-il, vous acquerrez des pouvoirs.

— Des pouvoirs de quelle sorte ?

— Des pouvoirs que les gens appelleraient surnaturels. Ils sont parfaitement naturels cependant, et s'obtiennent par la connaissance des forces intimes de la nature.

— S'ils sont bons, pourquoi tout le monde ne les acquerrait-il pas ?

— Parce qu'entre des mains malfaisantes, ils deviendraient dangereux.

— Comment pouvez-vous empêcher qu'ils ne tombent entre des mains malfaisantes ?

— En examinant avec soin nos initiés.

— J'aurais donc à être examiné ?

— Certainement.

— Par qui ?

— Par des gens de Londres.

— Devant qui j'aurais à me présenter ?

— Pas du tout. Cela se ferait à votre insu.

— Et puis ?

— Et puis, vous seriez tenu d'apprendre.

— D'apprendre ?

— D'apprendre par cœur une masse énorme de matières. Ce serait la première chose.

— Si les matières dont vous parlez se trouvent dans des livres, comment ne passent-elles pas dans le domaine public ?

— Elles ne se trouvent pas dans des livres. Elles sont dans des manuscrits. Chaque manuscrit, soigneusement numéroté, est confié, comme un dépôt d'honneur, à un initié. Nous n'avons jamais eu de mécomptes.

— Ma foi, dis-je, cela me paraît très intéressant Marchez, je vous donne carte blanche.

Environ une semaine après, je fus éveillé par une sensation extraordinaire. Elle ne procédait point du cauchemar, ni même du simple rêve, car elle persistait alors que j'étais pleinement réveillé. Je n'en saurais mieux donner l'idée qu'en disant que j'avais des fourmillements dans tout le corps. Ce n'était point douloureux, mais bizarre et désagréable, comme le seraient des secousses électriques. Je pensai tout de suite au petit docteur.

À quelques jours de là, j'eus sa visite.

— Vous avez subi l'examen, me dit-il en souriant. À vous maintenant de déclarer si oui ou non vous voulez poursuivre. Vous êtes libre. La chose est sérieuse. Vous devez ou bien y renoncer, ou bien vous y donner de tout cœur.

Je commençai de comprendre qu'en effet la chose était sérieuse ; si sérieuse que je ne vis pour elle aucune place disponible dans ma vie surchargée d'occupations. Je le déclarai au docteur ; il prit ma franchise en bonne part.

— Très bien, fit-il. Nous n'en parlerons plus, à moins que vous ne changiez de disposition.

Une ou deux semaines s'étaient écoulées quand, par un jour de pluie diluvienne, le docteur revint me voir. Il amenait avec lui un de ses confrères, qui m'était connu de nom pour s'être distingué comme explorateur et médecin sous les tropiques. Tous les deux s'assirent au coin de mon feu, et nous causâmes. Je ne pus m'empêcher de remarquer que l'illustre voyageur se montrait plein de déférence envers le petit médecin de campagne, qui pourtant était son cadet.

— Il est de nos initiés, me dit celui-ci.

Et se tournant vers son compagnon :

— Savez-vous, continua-t-il, Doyle a failli devenir des nôtres.

Le voyageur, à ces mots, me regarda d'un air vivement intéressé. Puis, tout aussitôt, son mentor et lui s'engagèrent dans une conversation sur les prodiges qu'ils avaient vus et même, autant qu'il me sembla, positivement accomplis. J'écoutais tout ébaubi, je croyais entendre les propos de deux fous. Une phrase du voyageur se fixa dans ma mémoire.

— La première fois, dit-il, que vous m'avez enlevé avec vous dans l'espace, tandis que nous planions ensemble sur la ville que j'habitais d'ordinaire en Afrique centrale, je pus voir, pour la première fois aussi, les îles sur le lac. J'avais toujours su qu'elles étaient là, mais beaucoup trop loin pour qu'on les aperçût du rivage. N'est-il pas extraordinaire que je les aie découvertes alors que j'étais en Angleterre ?

— Oui, lui répondit Brown en fumant sa pipe, les yeux attachés sur le feu. Nous nous amusions en ce temps-là. Vous rappelez-vous combien vous avez ri quand nous avons créé le petit bateau à vapeur et qu'il s'est mis à voguer sur la crête des nuages ?

D'autres réflexions s'échangèrent, tout aussi saugrenues.

« Entente de deux compères pour impressionner un naïf », objectera le sceptique.

Restons-en là si le sceptique le veut. Mais je ne garde pas moins le sentiment d'avoir frôlé quelque chose d'étrange, quelque chose que je ne regrette pas d'avoir évité. Ce n'était pas du spiritisme, pas de la théosophie, mais le fait que des hommes eussent rendu effectifs chez eux certains pouvoirs latents de l'organisation humaine, comme on prétend que c'était jadis le cas chez les gnostiques et que ça l'est encore aujourd'hui chez les fakirs de l'Inde. Il y a pour moi une chose certaine : c'est que la morale doit aller de pair avec la connaissance. Les Maoris cannibales ont le savoir et le pouvoir psychique, mais ils n'en sont pas moins des mangeurs d'hommes. L'éthique chrétienne doit maintenir sa place, quelque expansion que nos facultés psychiques puissent prendre, et la théologie chrétienne le peut aussi bien qu'elle le veut.

Pour en revenir au petit docteur, je le rencontrai derechef, et psychiste renforcé, à Portland, dans l'Oregon, en 1923. Je croirais, sur ce qu'on m'en dit, que les pouvoirs de la société à laquelle il appartenait incluaient, pour ses adeptes, la faculté de libérer leur corps éthérique en faisant appel aux corps éthériques d'autres personnes (le mien, par exemple) et en suscitant des images factices, par exemple le bateau à vapeur de la manière dont on nous assure que c'est possible par la force de la volonté. Mais leur philosophie ou la notion de leur développement spirituel me dépasse. Je crois qu'ils représentent une secte des Rose-Croix.

Aux jours dont je parle, tout avait une physionomie placide. Chez nous, la santé de ma femme demeurait bonne, tant l'hiver que l'été ; nos deux enfants traversaient doucement les phases diverses de la croissance, ils mettaient du bonheur dans la maison ; ma vie se partageait entre le travail et le sport. De même, tout allait bien pour l'Angleterre, elle connaissait la prospérité, le succès. Cependant l'Afrique du Sud commençait d'allonger sur nous son ombre ; avant que l'orage ne passât, nos destinées personnelles allaient s'en trouver affectées comme bien d'autres. J'avais un respect profond pour les Boers ; je ne laissais pas de craindre leur adresse de tireurs, leur situation inaccessible, leur obstination, leur ténacité teutonne. Je prévoyais qu'ils seraient pour nous des ennemis dangereux, et, depuis le raid intempestif de Jameson, je voyais avec horreur le cours des événements nous mener tout droit à la guerre ouverte. Ce fut presque un soulagement pour moi lorsqu'enfin elle éclata et que nous pûmes mesurer clairement l'ampleur de notre tâche. Peu de gens s'en avisaient encore ; à la veille même des hostilités, lord Wolseley, dans un dîner que lui offrit sous ma présidence le Club des Auteurs, déclara que nous pouvions envoyer deux divisions en Afrique. Le lendemain, les journaux débattaient à qui mieux mieux la question de savoir s'il nous était possible de réunir ou nécessaire d'expédier de pareilles forces. Qu'eussent-ils pensé si on leur avait dit que, pour remporter la victoire, il ne faudrait pas moins de deux cent cinquante mille hommes, dont une proportion notable de cavaliers ? Les premiers succès des Boers ne surprirent pas quiconque était un tant soit peu informé de leur histoire. Ils firent comprendre à tout Anglais que ce n'était pas un verre de vin, mais un fusil, qu'il fallait lever à la santé de l'Angleterre.

CHAPITRE XVI

DÉPART POUR L'AFRIQUE DU SUD

La semaine du 10 au 17 décembre 1899 fut pour nous une triste semaine. Dans cet intervalle de sept jours, le général Gatacre perdit la bataille de Stormberg, lord Methuen celle de Magersfontein et le général Buller celle de Colenso. À elles trois, plus tard, elles n'eussent représenté qu'une toute petite action de la Grande Guerre ; à l'époque, elles eurent un retentissement prodigieux. Sur le continent se produisait une agitation de mauvais augure, on parlait de coalition. Heureusement pour nous, l'Allemagne n'avait pas encore une flotte et la nôtre était de taille à imposer sa maîtrise, sans quoi nous n'aurions pas tardé d'avoir dans l'Afrique australe un Lafayette, et peut-être, comme conséquence, un Yorktown. Tels quels, les événements étaient d'une gravité suffisante. Mais, comme toujours, la nation s'éleva magnifiquement à la hauteur des circonstances, chacun s'empressa de faire ce qu'il pouvait. C'est ce qui explique que moi-même je me trouvai un matin, de bonne heure, à Hounslow, si j'ai bonne mémoire, en train de piétiner au milieu d'une file d'hommes qui attendaient de s'engager dans la Yeomanry du Middlesex. J'avais un ou deux amis dans le régiment, de là mon choix.

Assis devant une table de bois blanc, dans une salle de garde, le colonel, vieux militaire à cheveux gris, expédiait lestement son monde. Il ne savait pas du tout qui j'étais. Mais, voyant devant lui un homme de quarante ans :

— Je ne suppose pas, me dit-il, que vous ayez l'intention de vous engager comme simple soldat ?

— Je suis prêt à prendre un brevet d'officier, lui répondis-je.

Il me posa diverses questions. Savais-je monter à cheval et tirer ? Je répondis que je faisais moyennement l'un et l'autre. Avais-je un semblant d'entraînement militaire ? Je fis état d'une vie aventureuse, je me flattai, non sans quelque exagération, d'avoir un peu vu les opérations du Soudan. Il est deux cas où un gentleman peut se permettre un petit mensonge : quand une femme est en cause, et quand il s'agit de se battre pour un juste motif.

Cependant le colonel ne voulut m'inscrire que sur sa liste d'ajournés. Il prit mon nom, toujours sans me reconnaître, et passa au suivant. Je me retirai l'oreille basse, ne sachant que faire et me demandant si j'allais devoir m'en tenir là. Mais, sur ces entrefaites, il m'arriva une offre qui, pour me promettre moins d'émotions, répondait sans doute mieux à mes capacités et à mon âge. Elle me venait de mon ami John Langman, dont j'avais connu le fils, Archie, lors de mon séjour à Davos. Langman équipait à ses frais un hôpital de cinquante lits pour l'Afrique : il avait déjà son état-major de chirurgiens, mais non pas son personnel. Archie Langman devait partir avec l'hôpital en qualité de directeur ; son père s'adressait à moi pour l'assister dans le recrutement du personnel, faire fonction de médecin suppléant et exercer à titre officieux une surveillance générale. Je consentis à tout. Je passai une semaine auprès de Langman dans sa maison de Stanhope Terrace. Je choisis, entre force candidats, ceux qui me semblaient les mieux qualifiés, et l'expérience ratifia mon choix. J'avais beaucoup à faire. Au beau milieu de mes occupations, je reçus un avis qui rouvrait la question de mon engagement dans la Yeomanry. Mais désormais j'appartenais à l'hôpital Langman.

Une fois complète, la formation se trouva constituer une bonne petite unité. Elle ne péchait que par la tête. Le docteur O'Callaghan devait sa nomination de chef à ses relations d'amitié avec Langman. C'était, à la vérité, un excellent gynécologue, mais dont la spécialité ne semblait pas s'imposer en l'occurrence. Puis, ayant toujours mené une vie sédentaire, il était, malgré toute la bonne volonté du monde, peu adapté aux dures épreuves qui nous attendaient. Lui-même s'en rendit si bien compte, qu'après avoir brièvement tâté de l'Afrique, il s'en revint en Angleterre. Pour nous rattacher au War Office, nous étions tenus d'avoir un chef militaire. C'était le major Drury, un Irlandais très amusant, qu'on eût dit sorti d'un roman humoristique de Lever. À l'entendre, il n'avait pas de plus haute ambition que de quitter le service pour « épouser une riche veuve affligée d'un rhume ». Il était, dans la vie civile, le plus gai des compagnons, mais dans des fonctions qui exigeaient du tact et de l'expérience, il apportait des méthodes par trop « celtiques », ce qui amenait des frictions et, par moments, des prises de bec, où j'avais à me ranger du côté de M. Langman. Il me prenait, sans nul doute, pour un animal intraitable, et quant à moi je le jugeais… Mais il est loin aujourd'hui, et je garde de lui un très agréable souvenir.

Sous les ordres d'O'Callaghan et de Drury, s'employaient deux jeunes chirurgiens remarquables, Charles Gibbs et Scharlieb, ce dernier, fils de la « doctoresse » bien connue. Tous les deux témoignaient des qualités les plus belles. Nous avions ensuite nos chefs infirmiers, nos cuisiniers, nos stewards, nos gardes-magasins, et quinze ou vingt auxiliaires. En tout, nous formions un corps de cinquante hommes, magnifiquement pourvu par la générosité de M. Langman.

Un mois ou deux s'écoulèrent avant qu'il nous fût possible de nous embarquer. Je me rappelle l'incident plaisant qui survint au cours de cette période. J'avais beaucoup réfléchi sur ce qui pourrait être le meilleur mode d'attaque contre des hommes combattant à l'abri, et j'en avais conclu à l'inutilité d'un feu direct puisque, s'ils connaissaient leur affaire, très peu d'entre eux devaient être vulnérables. D'autre part, supposé qu'on pût convertir le fusil en une sorte d'obusier portatif et en faire tomber le projectile, avec une précision approximative, sur une étendue donnée, il me semblait que cette étendue serait difficilement tenable. Par exemple, étant donnée une surface de 20 000 yards carrés où 20 000 fusils déverseraient leurs balles, chaque yard carré serait tôt ou tard complètement fouillé, et l'on aurait pour cible tout un corps aplati ou accroupi. Ce qu'en réalité je ruminais sans le savoir, c'était le barrage de mitrailleuses à feu plongeant ou vertical, tel qu'il fut ensuite pratiqué dans la Grande Guerre. Mes principes étaient absolument justes, ils n'ont même pas reçu encore leur pleine application. J'écrivis au *Times* un article où j'exposais mes vues, mais, à ma connaissance, il n'eut pas de résultat.

Cependant je m'évertuais à trouver le moyen de convertir un fusil en obusier. J'avais fixé à la hausse une grosse aiguille nouée au bout d'un fil. Quand j'élevais tout droit le fusil, l'aiguille s'inclinait en travers du fût et je marquais la place.

Mon idée, c'était ensuite, d'abaisser lentement le fusil en graduant le fût sur des portées de 200 yards, de 400, et ainsi de suite, afin qu'il n'y eût qu'à pencher l'aiguille sur la marque exacte pour envoyer une balle plongeante à la distance voulue.

Le difficile était de déterminer exactement les portées. Dans cette intention, je me rendis à l'étang de Frensham. Là, parmi les roseaux, abaissant à peine le canon de mon fusil, je pressai la détente. Peu s'en fallut que la balle ne me tombât sur la tête. Je ne pus localiser la chute, mais j'en entendis fortement le bruit. Ce qui me confondit et me confond encore, c'est le temps qu'elle mit à se produire. Je comptai, montre en main, cinquante secondes entre la détonation et la chute. L'incrédulité du lecteur ne m'étonnerait pas, je serais tout prêt à la partager. Mais le fait est là, tel que je viens de le dire.

Je me proposais de marquer sur le fût les distances où l'eau jaillirait au choc de la balle. Mais j'eus beau tirer sous divers angles, nulle part je ne vis jaillir l'eau. Un petit homme qui pouvait être un artiste fit soudain irruption dans ma solitude.

— Peut-être désirez-vous savoir où sont allées vos balles ?

— Oui, monsieur.

— Eh bien, monsieur, je peux vous le dire. Elles sont tombées en rond tout autour de moi.

Je compris que, si je ne voulais pas que mon « obusier » couchât sur la place sa première victime, je ferais mieux de m'arrêter. Il était clair que ma charge, beaucoup trop forte, envoyait mes balles si haut dans l'air que je perdais toute faculté de direction. Une balle deux fois plus lourde et une charge beaucoup plus faible eussent mieux servi mon dessein. Après cela, d'autres occupations vinrent me détourner de mes recherches. Mais je suis sûr qu'en travaillant le détail, j'aurais fini par obtenir un feu convergent qui eût nettoyé, en Afrique du Sud, n'importe quel *kopje*.

Convaincu que mon idée non seulement présentait un intérêt pratique, mais répondait également à une nécessité, j'en fis l'objet d'une communication au War Office. Elle me valut la réponse suivante :

« War Office, 16 février 1900.

« Monsieur,

« En réponse à votre lettre concernant un moyen d'adapter les fusils au tir en hauteur, le Secrétaire d'État à la Guerre me charge de vous dire qu'il ne veut pas que vous vous tourmentiez à ce sujet.

« Je suis, Monsieur, Votre Obéissant Serviteur.

« [Signature illisible]

« Directeur Général de l'Artillerie »

Ainsi donc, que mon invention fût ridicule ou qu'elle fût, au contraire, comme je crois, radicale et destinée à faire école, on ne m'accordait pas la chance de l'expliquer ou de l'éprouver. Comme je l'écrivis dans le *Times* : « Rien de surprenant à ce que nous trouvions les plus récentes inventions dans les mains de nos ennemis plutôt que dans les nôtres quand ceux qui essayent de perfectionner nos armes reçoivent le genre d'encouragement que j'ai reçu. » De telles traditions devaient se perpétuer chez nous jusque dans la Grande Guerre. Pomeroy, l'inventeur de la balle inflammable qui abattit les Zeppelins, fut sur le point de retourner désespéré en Nouvelle-Zélande. Ce furent, me dit-on, des balles privées et non pas officielles qui démontrèrent la valeur de sa découverte et forcèrent le tardif agrément du War Office.

L'heure de mon embarquement approchait. Ma femme était allée à Naples dans l'espoir qu'un climat plus chaud achèverait sa guérison. J'avais réglé toutes mes affaires. Je partais à titre gratuit, emmenant à mes frais, pour le service commun, mon maître d'hôtel Cleeve, un brave homme et un débrouillard. Ainsi, je conservais mon indépendance et je pourrais m'en retourner quand il me plairait, ce qui, en raison du tour que prirent les événements, me fut d'un précieux avantage.

Nous fûmes passés en revue par le vieux duc de Cambridge dans une salle d'exercices militaires à Londres. Je fus, en cette occasion, le héros d'une de ces aventures baroques qui semblent m'avoir été plus communément départies qu'à la généralité des hommes. Vêtus de l'uniforme kaki tout flambant neuf, coiffés du casque colonial, nous attendions l'inspection du prince. On nous eût demandé de nous former par quatre que cela eût fait un gâchis complet, mais, par bonheur, nous restâmes comme nous étions, rangés sur une double ligne. Je me trouvais sur le flanc gauche de la première. Bien que regardant fixement devant moi, je pus voir, du coin de l'œil, le vieux duc arriver de mon côté avec sa suite. Il ne tarda pas à s'arrêter devant moi. Je me raidis encore, je regardai par-dessus sa tête. Il restait là, tellement près que je pouvais entendre et presque recevoir son souffle. Je me demandais avec un étonnement secret ce qui pouvait bien se passer. À la fin, le duc parla :

— Qu'est-ce que cela signifie ?

Puis, plus haut :

— Qu'est-ce que cela signifie ?

Et pour la troisième fois, dans une sorte d'extase :

— Qu'est-ce que cela signifie ?

Je ne cillai pas. Mais un groupe de journalistes à ma droite étouffa mal un concert de fous rires. L'humoriste Lever, dans ses moments les plus drolatiques, a-t-il imaginé, pour un de ses personnages étrennant l'uniforme, une situation pareille devant le commandant suprême de l'armée britannique et l'oncle de la reine ?

Ce qui, paraît-il, tarabustait le bon vieux gentleman alors octogénaire, c'est que les boutons de ma tunique ne portaient aucun emblème, chose pour lui sans exemple dans l'armée de Sa Majesté. Une couronne ou une étoile auraient pu suffire, mais rien du tout, cela le bouleversa, car il était à cheval sur le chapitre de la correction en matière de tenue militaire. À cet égard, le roi Édouard lui ressemblait. Au milieu d'un bal donné en son honneur dans l'Inde, quand il n'était encore que prince de Galles, un de mes amis vit accourir à lui un aide de camp très excité, qui commença tout de go :

— Son Altesse Royale m'envoie vous dire… et lui signala je ne sais quel défaut de son costume.

— J'en parlerai à mon tailleur, répondit mon ami.

Ce qui était, je crois, une façon de ramener l'affaire à ses justes proportions.

Après la revue, les officiers furent rassemblés pour être présentés au duc, qui nous adressa au petit bonheur quelques mots aimables. La journée ne lui ménagea pas les émotions. Après l'incident des boutons vint un commencement d'incendie : des rideaux prirent feu durant notre déjeuner au Claridge, ce qui occasionna un remue-ménage de quelques minutes. Le duc nous fit, avant de sortir de table, un speech très déplacé. « On m'a mis au rancart, dit-il, sous prétexte que j'étais trop vieux, mais pour vieux que je sois, je n'aurais pas fait autant de sottises que... » Et il nous énuméra toute une suite de mesures qu'avait prises son successeur lord Wolseley. La presse lui fut clémente, elle s'abstint de reproduire ses paroles.

Nous nous embarquâmes le 28 février 1900, à Tilbury, sur le transport *Oriental*, qui emmenait avec lui divers détachements de troupes. À Queenstown, où nous prîmes la Milice Royale Écossaise, une bande d'Irlandais tumultueux nous lança une serviette blanche en nous criant : « Vous pourrez en avoir besoin. »

Les Écossais, hommes rudes, comptaient parmi leurs officiers un bon nombre de hauts personnages territoriaux, lord Henry Scott, lord Tewkesbury, lord Newport, lord Brackley, d'autres encore. Le colonel Garstin, du Middlesex, exerçait le commandement général. La monotonie d'une traversée de trois semaines ne fut rompue que par un match de cricket au Cap Vert, une conférence sur la guerre que je fis à tous les hommes, sur le pont, dans le rayonnement d'un clair de lune tropical, et une vaccination contre la dysenterie, mesure purement facultative alors qu'elle aurait dû être obligatoire, car elle sauva beaucoup d'existences, y compris peut-être la mienne. La Grande Guerre a montré l'efficacité de ce traitement. Nous perdîmes plus d'hommes en Afrique australe par la dysenterie que par les balles, et il est triste de penser que presque tous eussent pu être sauvés si on avait estimé à sa valeur la découverte d'Almroth Wright. Le frère de Wright, officier du génie, était à bord. Il fut particulièrement éprouvé par le vaccin, qui du reste nous rendit tous malades, car on n'en avait pas encore déterminé la juste dose.

Nous atteignîmes le Cap à la date du 21 mars. Le port regorgeait de navires. Il y avait là cinquante grands vapeurs à l'ancre, vides pour la plupart. Nous fûmes quelques-uns qui descendîmes à terre. Mais ce n'est pas sans peine que nous remontâmes à bord, car la houle était très forte et le petit remorqueur n'osait accoster trop près : nous devions profiter d'un mouvement du roulis pour sauter sur une échelle pendante, où un quartier-maître nous agrippait. Exploit facile pour certains, mais que d'autres envisageaient avec effroi, et je m'étonnai de la chance qui nous épargna un drame. Nous n'eûmes à déplorer qu'un accident singulier. Toute une rangée de soldats nous regardait par-dessus le bord, quand soudain je vis le rire moqueur de l'un d'eux faire place à une expression d'horrible souffrance, et le malheureux poussa un cri sauvage. Cependant il restait là, immobile. Plusieurs hommes coururent à lui, on l'emporta. J'appris ensuite qu'une énorme barre de fer était, par un hasard malencontreux, tombée sur son pied et l'avait cloué sur place. Il s'évanouit au moment de sa délivrance ; il avait le pied broyé.

Je passai plusieurs jours à terre, à l'hôtel du Mont Nelson. Une foule l'encombrait, qui était un pêle-mêle d'officiers blessés, d'aventurières et de cosmopolites. Kitchener, survenant, eut vite fait de purger un lieu où se mêlaient à ses combattants trop de sirènes. Les nouvelles de la guerre prenaient un très bon tour. La bataille de Paardeburg était gagnée, lord Roberts s'était ouvert le chemin de Blœmfontein, Kimberley devait son salut à French, dont le retournement immédiat contre Cronje avait été l'une des inspirations de cette guerre. On éprouvait un soulagement à constater qu'il était possible de capturer les Boers par masses, car la longue suite de leurs succès, alors que les conditions les favorisaient, avait créé autour d'eux un halo de légende.

Il m'avait été remis à Londres quelque argent à des fins charitables ; j'eus l'idée d'aller voir au camp des prisonniers boers si j'en avais l'emploi. Le terrain du camp était un hippodrome. Entre ses clôtures de fils de fer barbelés étaient parqués une multitude de gens sales, hirsutes, mal peignés, mais qui tous gardaient le port et la mine d'hommes libres. Il y avait bien parmi eux un petit nombre de faces cruelles et brutales, on y distinguait quelques métis, mais la plupart semblaient de très honnêtes garçons. L'effet général était formidable. Certains avaient de vraies crinières, comme des lions. Je visitai dans la nuit les tentes des malades. Plusieurs, tristement assis en cercle, riaient, parfois, sans gaieté, des mots incohérents que jetait un de leurs camarades en proie au délire. Un autre, dans un coin avait un visage fier avec des yeux d'aigle, il me salua d'un air de grave courtoisie quand je lui remis un peu d'argent pour ses cigarettes. Je me trompe bien si ce n'était pas un huguenot.

Nous attendions toujours des ordres quand, inopinément, le 26 mars, nous quittâmes le Cap pour East London, où nous arrivâmes le 28. J'eus, sitôt débarqué, la surprise d'y rencontrer Leo Trevor, qui s'était fait une réputation d'acteur amateur. Il était là comme officier de transport. En dépit de son zèle (et non point, j'espère, grâce à lui), notre matériel d'hôpital fut partagé entre deux trains, si bien que lorsque nous arrivâmes à Blœmfontein une moitié s'était égarée en route, pour aller s'engouffrer dans le chaos général. Il est certains détails nocturnes de ce voyage que je n'oublierai jamais : le grondement du train dans les ténèbres, les feux au long de la voie ferrée, les groupes sombres qui se profilaient sur les flammes, les cris de : « Qui vive ? », et les voix rauques de mes camarades criant : « Cameroniens ! » Car le fameux régiment de ce nom voyageait avec nous. Merveilleuse chose que l'atmosphère de la guerre. Quand viendra le jour promis où le Christ doit établir son règne parmi les hommes, le monde, certes, y gagnera beaucoup, mais il y perdra son plus grand frisson.

C'est une région curieuse et tourmentée que le Veldt, avec ses grandes plaines verdoyantes et ses collines aux sommets plats, vestiges de quelque extraordinaire convulsion géologique. Le pâturage y est maigre, la nourriture d'un seul mouton exige deux acres, ce qui explique la dispersion des maisons. Celles-ci étaient de petites fermes blanches, très éloignées les unes des autres, chacune ayant son bouquet d'eucalyptus et son bief. Quand nous traversâmes la frontière de l'État Libre sur un pont de fortune à côté des ruines de l'ancien, il n'y avait pas une ferme qui n'arborât le drapeau blanc. Tout le monde semblait de bonne humeur, burghers et soldats. La guerre de partisans vint ensuite modifier cet état de choses.

C'est le 2 avril, à 5 heures du matin, que nous atteignîmes enfin la capitale de l'État Libre. On nous envoya sans façon camper hors de la ville, dans un vaste pré déjà occupé par toute sorte de campements et d'animaux. Les Boers étaient, disait-on, en force dans le voisinage, et, quelques jours auparavant, ils avaient coupé une de nos colonnes au poste de Sanna. Des troupes se mettaient en route : avec Gwynne, que j'avais connu en Égypte, et Claude de Crespigny, ce grand sportsman, je partis derrière elles pour voir ce qu'il y avait à voir. Un artilleur m'avait prêté sa monture. Bien entendu, il n'y eut rien à voir, le principe du Boer étant de venir toujours à son heure et non à la vôtre. Seule une aimable compagnie me fit oublier les ardeurs d'une longue journée.

Une aimable compagnie est une consolation en campagne. J'eus la chance de rencontrer beaucoup d'amis, soldats, médecins, journalistes. Knight, du *Faucon*, avait, hélas, été blessé dans une des premières batailles et se trouvait aujourd'hui à l'hôpital. Julian Ralph, vétéran de la presse américaine, Bennett Burleigh, vieux et rétif cheval de guerre, le petit Melton Prior, si cocasse, toujours tiré à quatre épingles, et qu'on eût pris pour le directeur d'un collège chic, Donohue aux yeux noirs, correspondant du *Chronicle*, Paterson l'Australien, fameux sur la Snowy River, composaient ensemble un choix d'hommes admirables. Mais je n'eus guère de temps pour jouir de leur société, car parmi les files de wagons chargés qui s'allongeaient à plusieurs milles de distance sur les voies de garage, j'avais, à ma grande joie, découvert la moitié manquante de notre équipement, et je commandai un détachement de corvée chargé d'en reprendre possession. Nous travaillâmes durement tout le jour. Avant le soir, nos tentes étaient dressées, notre hôpital en état de fonctionner.

Quarante-huit heures plus tard, des fourgons dégorgeaient à nos portes blessés et malades. Notre vraie besogne commençait.

On nous avait assignés pour emplacement le terrain de cricket, le beau pavillon nous servirait de grande salle. Nous en eûmes vite créé d'autres. Car les tentes ne nous faisaient pas défaut : chacun de nous avait la sienne, une marquise remplissait l'usage commun de mess. Nous étions prêts à n'importe quel effort raisonnable, mais celui auquel nous devions être soumis passait de beaucoup nos forces, nous allions avoir un terrible mois. J'en fus averti d'une façon aussi simple que dramatique. Le pavillon contenait une baignoire : quand j'en tournai le robinet, pas une goutte d'eau n'apparut, bien que l'eau coulât encore librement la veille au soir. J'appris ainsi que les Boers avaient coupé les canalisations de la ville. Il nous fallut recourir aux anciens puits, d'où résulta une recrudescence de dysenterie qui nous coûta cinq mille existences. Le seul tort de lord Roberts, dans une campagne qu'il conduisit de façon magnifique, fut de n'avoir pas réuni d'abord le monde dont il eût pu disposer pour préserver les ouvrages hydrauliques, distants seulement de vingt milles. Au lieu de cela, il attendit que l'armée fût remise de ses fatigues, et il l'exposa ainsi à l'épidémie. Mais il est facile d'être sage après l'événement.

Le mal fit d'effroyables ravages. On en atténua la gravité pour le public, on censura lourdement les correspondances de presse. Mais nous vécûmes au milieu de la mort, de la mort sous sa forme la plus ignoble, la plus répugnante. Nous étions organisés pour recevoir cinquante hommes, on nous en envoya du coup cent vingt. L'espace entre les lits était jonché de malades et souvent de moribonds. Notre linge non plus que notre matériel n'avait été calculé pour un pareil nombre et, s'agissant d'une maladie qui engendre une pollution constante, d'un caractère spécialement dangereux et méphitique, on imagine ce qu'était la situation. La pire salle d'opérations après une bataille eût été un lieu propre comparé à notre pavillon. À l'une de ses extrémités, se dressait une scène de théâtre où était planté le décor de la célèbre opérette *Le Tablier de Sa Majesté*. Nous en fîmes un cabinet d'aisances pour ceux qui pouvaient se traîner jusque-là. Tout le reste fut approprié à l'avenant. Nous nous arrangeâmes nous-mêmes aussi bien que possible. Mais un Vereschaguine eût trouvé un sujet de toile à sa convenance dans cette salle affreuse, avec ses rangées d'hommes hâves contemplant stupidement son théâtre enfantin. Au plus fort de notre misère, deux infirmières apparurent parmi nous : anges de lumière que je n'oublierai jamais, non plus que la façon dont elles soignèrent nos pauvres garçons. Elles les emmaillotaient comme des bébés, elles s'empressaient à leurs moindres besoins avec autant de gentillesse que de courage. Grâce à Dieu, elles sortirent de là saines et sauves.

Quatre semaines passent vite dans le bien-être, mais qu'elles sont longues dans de pareilles conditions, au milieu de spectacles, de bruits et de miasmes horribles, quand se posent partout des nuées de mouches, qu'elles recouvrent toute nourriture et que chacune est porteuse d'un germe infectieux ! C'était déjà dur pour nous alors que nous disposions de tout notre personnel. Mais le surmenage ne tarda pas à déprimer les hommes. Venus, presque tous, des manufactures de coton du Lancashire, ils étaient courts de taille et mal nourris, ce qui ne les empêchait pas d'avoir l'âme vaillante. Douze sur quinze contractèrent la maladie, ajoutant ainsi aux fatigues des bien portants. Trois moururent. Par chance, le corps d'officiers demeura tout entier valide, renforcé par un docteur Schwartz, du Cap. Si le fardeau nous pesait aux épaules, nous étions soutenus par l'idée qu'il ne justifiait que mieux notre présence. Et surtout, il nous paraissait plus léger devant la patience admirable dont nos malades faisaient preuve. Le soldat anglais peut grogner dans le temps de paix, je ne l'ai jamais entendu murmurer en face d'une mort repoussante.

Notre hôpital n'était pas pire que les autres, et comme il y en avait beaucoup, la condition générale de la ville était très mauvaise. Inutile de songer à faire des cercueils : les hommes, enroulés dans leur couverture brune, étaient enterrés dans des fosses peu profondes, à raison de soixante en moyenne chaque jour. Une odeur écœurante s'exhalait de la ville. Un jour que, pour changer d'air, j'avais fait une course à cheval, le vent ayant tourné, je fus comme enveloppé de miasmes à la distance d'au moins six milles. Vous respiriez Blœmfontein longtemps avant de l'apercevoir. Aujourd'hui encore, si je sentais cette odeur infâme que la maladie compose avec les antiseptiques, le cœur m'en chavirerait.

Enfin la situation prit meilleure tournure. L'armée s'était ébranlée, les hôpitaux du front absorbaient une partie des malades. Nous avions repris, presque sans coup férir, les ouvrages hydrauliques. J'avais accompagné les troupes chargées de les reprendre ; je passai la nuit sous un fourgon, n'ayant sur les vêtements qu'un léger manteau. À mon réveil, j'éprouvai un froid comme je n'en avais ressenti de ma vie, un froid qui n'était pas seulement de surface, mais qui me faisait l'effet d'un corps solide à l'intérieur de moi. Tout donnait à prévoir une bataille pour le lendemain matin, car nous avions été bombardés pendant la nuit, et il semblait que l'ennemi fut décidé à tenir la position. Les troupes, commandées par Ian Hamilton, n'avancèrent donc qu'avec prudence. Mais aucune résistance ne se produisit, et nous ne vîmes de l'ennemi que quelques silhouettes d'observateurs sur les collines lointaines. Il s'était retiré à la faveur des ténèbres. Nous passâmes, dans notre avance, le guet du Poste de Sanna où s'était produit le désastre de la semaine précédente. Les pauvres chevaux de l'artillerie gisaient encore par monceaux à l'endroit où ils avaient été frappés. Toute sorte d'objets s'éparpillaient sur le sol, bandes molletières, ceintures contre le choléra, havresacs, casques brisés. Il y avait aussi une profusion de papiers à cartouches boers portant la mention : « Balles fendues, fabriquées pour le gouvernement britannique. » Je ne conçois pas ce que cela signifiait, ni d'où venaient ces cartouches, car nos soldats n'étaient certainement munis que de la balle pleine Lee-Metford, comme j'en jurerais pour avoir visité maintes cartouchières. J'eus l'impression d'une ruse ingénieuse destinée à justifier des atrocités ; pourtant, jusque vers la fin de la guerre, le Boer se conduisit en ennemi loyal et sans malice.

Le mouvement d'Hamilton marqua le début de la grande avance. Maître des ouvrages hydrauliques, il tourna au nord et constitua l'aile droite de l'armée. Sur sa gauche marchaient la 7e division de Tucker, puis la 6e division de Kelly, la 4e division de Pole-Carew avec la Garde, et enfin toute une masse d'infanterie montée, y compris la Yeomanry, le corps colonial et les irréguliers. Tel était l'ensemble des forces qui, dès les premiers jours de mars entreprirent leur marche de front pour balayer le pays de Blœmfontein à Prétoria. L'hôpital avait recouvré un peu de calme : trouvant le loisir de nous absenter, Archie Langman et moi partîmes rejoindre l'armée à sa première étape. J'écrivis un récit des faits alors qu'ils étaient tout neufs dans ma mémoire. On m'excusera de le reproduire. Il aura plus de vie et de précision que le souvenir qu'il m'en reste après vingt ans.

CHAPITRE XVII

AVEC L'ARMÉE

Arrêtez-vous au col de Karee et regardez vers le nord dans l'air frais du matin. À vos pieds se déroule une plaine d'un vert sombre, où se détache, de loin en loin, la blancheur d'une ferme. Un grand ravin la coupe par le travers. Des collines enferment de tous côtés l'horizon. À leur base, devant vous, il y a une rangée de maisons et un clocher : c'est Brandfort, distant de dix milles. Nous nous disposons à l'attaquer.

Les troupes se portent en avant, les lignes de rouge et de kaki se succèdent, les colonnes d'artillerie les accompagnent d'un grondement de tonnerre. Deux hommes, à côté de nous, arrêtent leurs chevaux sur un monticule, et leur jumelle fouille là-bas les maisons. Deux types de bravoure : l'un, élégant, charmant, soigné, les yeux rieurs, la moustache retroussée en pointes, un beau visage avec un air de gaminerie espiègle ; l'autre renfrogné, farouche, tout nez et tout sourcils, visage de brique où la peau, écaillée par le soleil, tombe de place en place. Le premier est Pole-Carew, général de division ; le second est le brigadier Stephenson. Nous sommes en train de découvrir les hommes qu'il nous faut ; l'un et l'autre sont du nombre.

En voici un troisième qui mérite qu'on le distingue. Aussi bien essaieriez-vous vainement de ne pas le remarquer. Large d'épaules, grande barbe toute noire s'épandant sur la poitrine, apparences moyenâgeuses d'un chevalier errant : c'est Crabbe, des grenadiers de la Garde. Il retient un instant son cheval pendant que la Garde défile devant lui.

— J'ai eu mon compte, déjà quatre balles ; j'espère n'en pas recevoir aujourd'hui une de plus.

— Vous devriez être à l'hôpital.

— Quant à ça, j'ose ne point partager votre avis. Et il repart à côté de ses hommes. Voyez les jeunes officiers de la Garde, dandies de Mayfair. Pas des soldats de salon, ceux-là, mais des hommes qui ont passé six mois sur le Veldt et combattu de Belmont à Blœmfontein. Leur démarche est fringante, leurs bandes molletières sont bien roulées ; ils font encore penser au West-End.

En vous aidant de la jumelle, vous suivrez la manœuvre sur l'extrême lisière du ciel. Voici l'infanterie montée de Hutton, qui prendrait de flanc toute résistance. Aussi loin que la vue s'étend sur la droite, c'est la division Tucker. Par-delà viennent l'infanterie de Ian Hamilton et la cavalerie de French. Le front mesure au total une bonne trentaine de milles. Trente-cinq mille hommes vont à l'attaque.

À notre tour, maintenant, nous avançons dans la grande plaine, l'infanterie déployée en ordre dispersé, une compagnie par demi-mille. Regardez les éclaireurs et les flanqueurs : nous n'aurions pas ainsi avancé il y a six mois. Ce qui nous rend redoutables, c'est moins l'appoint du nombre que le renouvellement de la tactique. Les artilleurs ont décroché leurs avant-trains, les pièces sont prêtes. Pole-Carew trotte comme un écolier en vacances.

— Qu'est-ce qui a vu mon vieux Tucker ? demande-t-il, la jumelle collée aux paupières.

— Il vient d'expédier un ordre aux éclaireurs.

— Là ! regardez-moi mon aide de camp ! Il a galopé le long du ravin pour vérifier si des Boers n'y étaient pas à l'affût. Où en a-t-il pris la permission ? Vous allez voir : quand je l'interrogerai, il prétendra qu'il pensait me trouver par là. Eh bien, monsieur, pourquoi n'êtes-vous pas revenu par le plus court ?

— Mais c'est ce que j'ai fait, monsieur.

— Non. Vous avez longé le ravin.

— Je pensais vous trouver par là.

— N'ajoutez pas le mensonge à vos autres vices.

L'officier, en nous rejoignant, rit sous cape.

— On m'avait tiré dessus, je n'ai pas osé le dire au vieux.

Rap ! rap ! rap ! fusillade sur le front. Toutes les oreilles se dressent. Est-ce une alerte passagère ou le prélude d'une bataille ? Les coups de feu partent de la ferme que voilà. La 63e batterie de campagne commence de s'agiter autour de ses pièces. L'officier va, vient, observe la ferme. Deux hommes, l'un à droite, l'autre à gauche, tendent des cordes et poussent de longs cris monotones : c'est eux qui détermineront les portées. Sur un avant-train, un canonnier, le menton entre les mains, s'absorbe dans la lecture d'un magazine.

— Nos éclaireurs ont dépassé la maison, dit un officier.

— Ça va, dit le major.

On amène les avant-trains, la ligne entière avance sur la ferme. Puis on met pied à terre. Halte pour déjeuner.

Mais qu'est ceci ? Un incident inattendu et sinistre. Un Tommy amène dans la cour un élégant boghey attelé de deux chevaux, le tout confisqué au profit de l'armée. La ferme est de bonne prise : ses occupants n'ont-ils pas tiré sur nos troupes ? Ils n'ont pu s'empêcher de tirer, les pauvres diables ! Mais il faut que nous décourageons ces façons de nous canarder. Nous ne faisons plus la guerre avec des gants, le détail n'en est pas beau.

Une jeune fille accourt vers nous, épouvantée :

— Est-il permis qu'on tue la volaille ?

Hélas ! débattre la question serait superflu, la volaille est déjà morte. Indignée, dressée de tout son haut, la jeune fille chasse devant elle ses trois dindonneaux. Les hommes la regardent curieusement, mais ils ne touchent pas à ses bêtes.

Voici qui est pire. Un gros cochon blanc passe, tout ensanglanté. Un soldat le poursuit, baïonnette en main, et lui en pousse, coup sur coup, plusieurs bottes. L'animal crie atrocement : j'aurais plutôt vu tuer un homme. Des soldats montés au grenier lancent au dehors le fourrage. D'autres arrachent des légumes. Un autre boit du lait dans un étrange vase, et ses camarades autour de lui s'esclaffent. On dirait une scène burlesque du Moyen Âge.

Survient le général. Il n'a point de consolations pour les femmes. « La maison s'est attirée ce qui lui arrive. » Et il repart. Un pasteur anglais lui succède.

— Je ne conçois pas, dit-il, qu'on ne brûle pas la maison !

Un garçonnet le regarde avec de grands yeux gris étonnés. Il racontera tout cela plus tard à ses petits-enfants, quand nous serons dans la tombe.

— La guerre est une terrible chose, dit la mère, en hollandais.

Groupés devant les portes et les fenêtres, les Tommies contemplent la famille à l'intérieur. Aucune brutalité individuelle.

Un Cafre apparaît dans la pièce.

— Un Cafre ! s'écrie la jeune fille, dont les yeux, en le voyant, jettent des flammes.

— Oui ! un Cafre ! jette l'intrus, avec un accent de défi. Mais il ressort tout de suite.

— On ne brûlera pas la maison, n'est-ce pas ? demande la mère.

— Non, non ! lui répond-on, on ne la brûlera pas.

Nous reprenons notre avance après le déjeuner. Les maisons et le clocher de Brandfort se rapprochent.

Boum ! boum ! boum ! Le canon, enfin !

Il tonne très loin, du côté de Tucker. De petites bouffées de fumée blanche traînent sur le vert des collines aux endroits où portent nos obus. Braquez votre jumelle : à huit milles d'ici vous verrez une batterie anglaise en action. La chute d'un obus ennemi fait parfois voler au-dessus d'elle un nuage de poussière. L'on n'aperçoit pas un seul Boer.

Boum ! boum ! boum ! Cela devient monotone. « Le vieux Tucker se fâche ! » Au diable le vieux Tucker, et poussons sur Brandfort.

Nous voilà repartis. Le feu s'éteint sur la droite. Nous avons eu un canon arraché de ses roues et douze hommes frappés. Mais Hutton a effectué un mouvement tournant, il se rabat sur la gauche de Brandfort. Un « pom-pom » croasse parmi les hauteurs, comme un affreux oiseau. Notre artillerie montée fait tonner ses pièces. Les shrapnells éclatent sur la ligne des sommets. L'infanterie mène l'attaque ; elle baisse le dos, accélère le pas. Nous galopons vers le front, mais la résistance a fléchi, les fantassins montés s'élancent, les canons se taisent. Devant nous les hauteurs s'allongent, paisibles et baignées de soleil.

Je retraverse à cheval l'infanterie. « Ma sacrée ampoule qui a crevé sur mon orteil ! » « Coquin de bidon ! » Un homme sur deux a une pipe entre ses lèvres sèches.

La ville est sur la droite, deux milles de plaine nous en séparent. Dans la plaine, un cavalier est en train de rabattre des juments accompagnées de leurs poulains. Je le reconnais au passage. C'est Burdett-Coutts, un mondain bien connu. Maxwell, du *Morning Post*, nous propose de pousser à tout hasard jusqu'à la ville. « Nos hommes y sont certainement. » Nous n'en voyons pas un devant nous ; mais n'importe, essayons. Maxwell, après m'avoir dépassé, me fait la politesse de m'attendre, et nous entrons dans la ville botte à botte. Oui, tout est pour le mieux. Voici, dans la grande rue, un éclaireur de Remington. Que dis-je, un ? Ils sont tout un groupe.

Des cavaliers encadrent un jeune prisonnier boer. Il ne semble pas trop ennuyé. Il a des traits énergiques, plutôt vulgaires. Il est bien habillé. On dirait, à le voir là, un jeune propriétaire rural de chez nous sur un terrain de chasse.

— Il aime beaucoup les dames, nous dit le sergent australien.

— Je voulais, réplique-t-il, les faire sortir de la ville.

On en amène un autre. Entre lui et l'homme qui l'a pris s'établit ce dialogue :

— Une minute de plus, et je vous échappais.

— Vous m'auriez échappé si vous aviez eu seulement le courage d'un pou.

Et la conversation traîne.

Arrive, au galop, l'état-major. Nous tenons la ville.

Un Irlando-Américain aux cheveux roux s'est laissé prendre par les nôtres sur un kopje.

— Que diable cela peut-il vous faire ? répond-il à toutes les questions qu'on lui pose.

On conduit à la prison ce malotru.

Nous trouvons en larmes la patronne de notre petit hôtel. Son mari est en prison pour avoir été trouvé possesseur d'un fusil. Nous intervenons, et on le relâche ; à la suite de quoi, il nous fait payer quatre shillings une demi-bouteille de bière. Nous nous demandons si nous n'allons pas le faire remettre sous verrous.

— Je ne suis plus maître chez moi ! s'écrie-t-il. La maison est pleine d'énergumènes.

Et ses yeux se mouillent de pleurs.

Son bar est orné d'images pornographiques pour l'amusement de nos bons amis fermiers. Ce n'est pas le premier signe, ni le second, où je connais que la vie pastorale et des croyances puritaines n'impliquent pas un degré très élevé de moralité publique.

Nous nous asseyons sous la vérandah et fumons au clair de lune.

Un ivrogne descend la grande rue. Un Tommy d'aspect fort sale y est en sentinelle.

— Halte ! qui va là ?

— Un ami.

— Le mot d'ordre ?

— Je suis un Anglais, un homme libre.

— Le mot d'ordre ?

— Je suis un…

Bruit du fusil épaulé par la sentinelle, scintillement de la baïonnette.

— Arrêtez-vous donc, imbécile ! crie un vieux journaliste, on va vous tirer dessus. Ne tirez pas, sentinelle !

Le Tommy relève à contre cœur son fusil et s'approche de l'homme.

— Que faut-il que je fasse de lui, monsieur ?

— Ce qu'il vous plaira !

Je cause politique avec des gens de l'État Libre. La meilleure façon d'aborder le sujet, c'est de demander, sur un ton de curiosité :

— Enfin, pourquoi nous avez-vous déclaré la guerre ?

L'état d'esprit qu'ils ont fini par se faire est tellement celui de l'innocence offensée qu'on leur porte un coup en leur rappelant qu'ils furent les agresseurs. Ce procédé socratique a d'intéressants résultats. Évidemment, ils avaient cru à une victoire facile ; de là, chez eux, maintenant, une rancune très vive contre le Transvaal. Ils ont un dégoût mortel de la guerre, et c'est aussi le cas chez bon nombre de nos officiers. Pour ceux-ci, parfois, il m'a semblé qu'un pareil sentiment serait plus judicieux, et même plus honorable, s'ils proclamaient un peu moins ouvertement à quel point ils en ont « soupé » : de tels propos ne peuvent encourager leurs hommes. Au surplus, il n'est pas douteux que l'armée se mutinerait si l'on acceptait de l'ennemi d'autres conditions qu'une reddition complète. Et quoi que disent nos officiers, je suis convaincu que bien peu consentiraient, si on les y autorisait, à revenir chez eux avant la fin de la campagne.

Nos sapeurs des chemins de fer sont étonnants. Malgré les ponts effondrés, les canaux d'écoulement détruits, les amas de ferrailles tordues, les dégâts de toute sorte, le train a pu, dès le lendemain de notre arrivée, remonter jusqu'à Brandfort. Nous sommes prêts pour une nouvelle avance de vingt milles en direction de Prétoria. Le fleuve Vet est cette fois notre objectif. Nous partons le matin à la première heure.

Une autre plaine verte, parsemée de fermes. L'immense colonne kaki s'y déploie lentement. La chaleur est si forte qu'au bout de dix milles les Gardes en ont assez. Des traînards sont couchés par tas sur l'herbe. Cependant les compagnies gardent leur formation en ligne double et poursuivent régulièrement leur pénible marche. Dix milles, cela semble n'être pas grand-chose : essayez de les faire, par un jour brûlant, dans la poussière que soulève une colonne, avec un fusil sur l'épaule, cent cartouches, une couverture, un bidon, une gourde vide et une langue sèche...

Un aumônier à barbe grise tire bravement la jambe à côté de ses hommes.

— Non, non, me dit-il quand je lui offre mon cheval. Je ne tiens pas à laisser de moi un fâcheux souvenir.

Les hommes vont en silence. Pas de fanfares pas de chants. La colonne est comme un grand flot morne qui roule sur le Veldt. Officiers et soldats échangent leur mauvaise humeur en paroles brèves.

— Pourquoi est-ce que vous ?... glapit à tout propos un officier.

Et le caporal lui répond :

— Parce que je n'entends jamais ce que vous dites.

Halte pour le repas de midi. J'ai l'impression, en circulant à travers les rangs, que nos officiers abusent de la gronderie. Nous avons trop sacrifié aux méthodes militaires allemandes. C'est plutôt sur les américaines que nous aurions dû prendre modèle, car elles résultent de l'expérience acquise par les Anglo-Celtes dans la plus grande guerre que les Anglo-Celtes aient eue jamais à soutenir.

Nous repartons. Quelque chose nous attend-il là-bas, à l'endroit où s'allonge la ligne basse des kopjes ? Les Boers ont toujours tenu les cours d'eau. Ils ont tenu la Modder. Ils ont tenu la Tugela. Tiendront-ils le Vet ? Hé, là ! qu'y a-t-il ?

Un homme arrive, sur un cheval gris pommelé. Il est en bonnet de nuit et tout ému. Il gesticule. Nous saisissons quelques mots :

— Une cinquantaine… sale coin… perdu mon casque…

Mais que vois-je sur la robe du cheval ? Une balle l'a frappé au flanc. Des filets de sang noir strient son pelage fumant, tandis que tranquillement il broute l'herbe.

— Australien du Sud, monsieur… Un feu terrible. Ils nous ont attendus à cinquante yards avant de lâcher pied.

— Quel kopje ?

— Celui-là.

Nous piquons des deux à travers la ligne des tirailleurs de la Garde. Derrière nous s'avancent majestueusement, traînés par leurs trente bœufs, les deux formidables canons de marine, pareils à d'énormes bouteilles de vin du Rhin couchées sur des roues ; devant, une batterie décroche ses avant-trains. Nous allons jusque-là. Près du kopje s'élève une petite ferme couverte de tuiles. L'infanterie montée s'est formée en masse, elle se dirige vers nous. « Voilà le cirque, on va se battre », disaient les fantassins dans la guerre d'Amérique. Notre « cirque » arrive, peut-être la bataille va-t-elle venir.

La batterie (84e régiment d'artillerie de campagne) se met à l'œuvre.

Bang ! Je vois l'obus éclater sur le versant d'une hauteur.

— 3500, dit quelqu'un.

Bang ! Et la voix dit :

— 3250.

Bang !

— 3300.

Une fumée s'élève du toit de la ferme. On dirait d'un feu de cheminée.

— Ça y est, cette fois ! La partie a l'air de ne se jouer que d'un côté. Mais qu'est-ce que cette détonation lointaine ?

— Pffuiii…

Un geignement de ventre affamé, puis un bruit sourd : « Ouf ! » Et à 100 yards en avant de la batterie, le sol jaillit en une immense gerbe. Les canonniers n'y font pas plus attention que si on leur eût lancé une pomme de terre.

— Pffuiii… ouf !

À cinquante yards. Le tir se précise.

Bang, bang ! répliquent d'un ton cassant les canons anglais.

— Pffuiii… ouf !

À cinquante yards en arrière. Le prochain obus portera, c'est fatal. Les canonniers ne bronchent pas.

— Pffuiii… ouf !

Juste entre deux pièces, *by George !* Un nuage de poussière nous les masque. Combien reste-t-il de nos canonniers ? La poussière se dissipe. Les canonniers poursuivent, impassibles et courbés, leur dure besogne.

Un autre obus, un autre, et puis encore un autre, mais, celui-ci, d'une espèce différente. Il éclate très haut… Pffuiii… bang !… avec une sorte de résonance musicale analogue à celle d'un tambour ; et le sol, labouré sur la surface d'un acre, vomit de petits nuages de poussière. Les canonniers ne s'en occupent pas. Percutants ou fusants, envoyez-leur ce que vous voudrez, il vous faudra faucher hommes et canons pour en finir avec l'artillerie royale de campagne.

Mais tous les obus éclatent bien, c'est pure chance qu'une moitié de la batterie ne soit pas démolie. Une fois seulement, j'ai vu un homme reculer la tête de quelques pouces au moment où éclatait devant lui un projectile. Les autres semblent n'être que les organes d'une machine automatique. Cependant l'officier a décidé de déplacer les canons. On les déplace. Ils s'éloignent, au trot des chevaux, d'un demi-mille sur la droite, et rentrent aussitôt en action.

Le héros isolé, voilà l'homme digne d'admiration. La bravoure est facile quand elle est collective. Quiconque a le moindre sens des proportions se sent un si chétif insecte devant l'histoire en train de s'accomplir que son intérêt personnel lui semble compter trop peu pour qu'il s'en soucie ; l'unité se perd dans la masse. En se portant sur la droite, la batterie nous a laissés tout seuls dans la plaine. Le fracas des obus tend singulièrement les nerfs d'un novice, mais cette tension ne va pas sans quelque chose d'exhilarant.

À 200 yards de l'endroit où nous sommes, il y a une clôture. Nous y attachons nos chevaux, puis nous allons et venons, la jumelle aux yeux, tâchant de repérer l'emplacement des canons boers. Nous nous en doutons un peu, mais c'est tout ; nous ne sommes pas très sûrs que nos canonniers le sachent. Un canon abrité en vaut six bravement installé à découvert. Ces fermiers ont fait la leçon à nos fantassins, ils pourraient bien, en matière d'artillerie, amener une révolution universelle dans les méthodes. Entre nos canons et les leurs, la lutte ressemble à celle d'un aveugle avec un clairvoyant.

Un colonel d'artillerie est là qui rôde. Il n'a point de part à l'affaire, il vient, en amateur, voir comment se comportent les canons d'un autre. Un obus éclate tout près de nous.

— Le prochain, dit le colonel, nous arrivera sur la tête. Venez par ici et restez-y.

J'obéis, mais en faisant mes réserves mentales.

— Pffuiii… le voilà qui arrive.

— Sur moi, pensé-je.

Il éclate à 40 yards sur notre droite. J'en ramasse un éclat comme souvenir.

— En attendrons-nous un autre ?

Je commence à regretter d'avoir rencontré le colonel.

Nouvelle émotion. Nous regardons derrière nous. Les deux monstrueux canons de marine sont sur le point d'ouvrir le feu à 50 yards de l'endroit où nos chevaux, à l'attache, forment une ligne immobile derrière les épouvantables gueules. Nous n'avons que le temps de courir les détacher. « Bang ! » Un « bang » comme il n'en avait pas retenti encore. Une colonne de fumée, blanche sur les bords et noire au centre, surgit d'une hauteur à l'arrière-plan de l'horizon. J'y peux voir, comme des fourmis, courir des cavaliers, des Boers fugitifs. Nos hommes retirent du canon l'énorme douille de cuivre.

— Puis-je la prendre ?

— Certainement, monsieur, me dit le lieutenant.

J'éprouve, en la fixant à ma selle, quelque remords des longues souffrances que j'inflige à mon cheval. Le gros canon tonne, tonne sans cesse, et les collines, à l'horizon, crachent sans répit des jets de fumée.

Des fantassins passent. Je fais un bout de chemin avec eux. Ce sont les Gardes écossais. La première ligne continue d'avancer alors que la seconde a fait halte et s'est couchée à terre.

— C'est ça, faites-vous bien voir ! crient, de la seconde ligne, des voix gouailleuses.

Qu'est-ce à dire ? Le jeune officier de la première ligne se retourne. Il est rouge de colère.

— Silence ! crie-t-il. Ce n'est pas à tout le monde de donner des ordres. Moi seul commande ici.

Ses hommes s'aplatissent. Le soleil décline, l'assaut prévu de l'infanterie n'aura certainement pas lieu. Un des grands obus de marine passe par-dessus nos têtes. Il fait le bruit d'un train, à distance, sous un tunnel.

Un cavalier arrive au petit galop. Il porte un brancard sur l'épaule, et malgré l'allure tranquille de son cheval bai, ce brancard lui donne un air de déséquilibré. Il dépasse les canons et l'infanterie, plonge dans un champ de maïs. Il est à un demi-mille à présent et se dirige vers le kopje. Je m'attends à le voir, d'un moment à l'autre, dégringoler de cheval. Il disparaît dans un pli de terrain.

Au bout d'un moment, le brancard reparaît.

Deux hommes le portent, escortés par le cavalier. J'ai des bandages dans mes poches, je m'avance.

— Un médecin a-t-il vu le blessé ?

— Non, monsieur.

On pose le brancard. Le blessé a un mouchoir sur la figure.

— Où est-il touché ?

— Au ventre et au bras.

Je soulève la couverture. La balle mauser est sous la peau. Elle a pénétré en séton, sans mordre plus avant. Une incision faite avec un canif suffirait à l'extraire. Mieux vaut néanmoins attendre l'hôpital de campagne et le chloroforme. Au bras, une jolie blessure, très propre.

— Rien de grave. Votre nom ?

— Soldat Smith, monsieur. Néo-Zélandais.

Je me nomme et désigne l'hôpital Langman à Blœmfontein.

— J'ai lu vos livres, me dit le soldat.

Et on l'emporte.

Le feu s'est calmé. Le soleil est très bas. Un dernier obus ennemi nous arrive après un long intervalle. C'est une insulte évidente, gratuite, un « bonsoir et bonne nuit » dérisoire. Les deux canons de marine dressent le cou et rugissent de concert. Ce sera le dernier mot de l'Empire, sa puissante voix coléreuse au-dessus du veldt. Le disque rouge de l'astre s'est enfoncé au couchant, tout est d'un pourpre cramoisi ; dans le ciel monte une lune blanche. Que s'est-il passé ? À qui reste la victoire ? Avions-nous engagé d'autres colonnes ? Nul ne le sait, ni ne paraît chercher à le savoir. La nuit enfin venue, allongé sous les étoiles, je vois des signaux monter du front gauche sur la rivière. Ils m'apprennent que Hutton est là.

Au matin, c'est de ce côté que l'ennemi se manifeste. Mais les troupes étaient sur pied de bonne heure. Dès avant l'aube, le sourd battement du tambour se mêlait aux craquements du menu bois tandis qu'on mettait sur le feu pour le déjeuner les marmites de campagne. Aux premières lueurs du jour, nous avons eu un étrange spectacle : une sorte d'ampoule géante se formait lentement sur le veldt. C'était un ballon que l'on gonflait. Notre réponse aux canons embusqués. Nous entendons aujourd'hui ne faire fi d'aucune chance et jouer toutes nos cartes. Autre leçon que la guerre aura infligée à notre orgueil. Quand l'armée s'est mise en marche, l'outre absurde battait des flancs sur les têtes de colonnes. Nous escaladons les kopjes où s'était tapi l'ennemi. Partout des étuis de mauser, vides, des abris adroitement construits. Il y a, parmi les pierres, un paquet encore intact de cartouches vert-de-grisées. Malgré la perfidie de leur aspect, je doute qu'elles empoisonnent. Le vert-de-gris dans une blessure ferait plutôt l'effet d'un antiseptique. Ici, vraisemblablement, il est dû à une décomposition de la cire dans laquelle les balles sont plongées. Notre frère le Boer n'est pas le « Bochiman » somme toute. Combattant solide, tenace, il joue un jeu serré, mais il ne triche pas.

Nous disons au revoir à l'armée, car notre devoir nous rappelle à l'arrière, au lieu que le sien est en avant. Pour elle les balles, pour nous les microbes, pour tous l'honneur du drapeau. Rangées éparses de fourgons, voitures d'ambulances, voitures particulières, impedimenta de toutes sortes rayonnent autour de nous. C'est une pagaïe ; la journée entière ne sera pas de trop pour s'y reconnaître. Quand nous en sortons, c'est pour nous une sensation étrange que de voir la plaine s'étaler toute nue jusqu'à Brandfort. Nous serions en mauvaise posture si des cavaliers boers traînaient en bordure de l'armée.

En passant sur ce qui fut hier le champ de bataille, nous nous arrêtons pour examiner les trous creusés par les projectiles ennemis. Il en est tombé trois sur un espace de dix yards, et cependant les fourmilières d'alentour sont restées indemnes, ce qui prouve à quel point le bombardement le plus intense est inoffensif pour une infanterie couchée. Aux empreintes laissées dans l'argile, il est visible que c'étaient de très gros projectiles, apparemment des cinquante livres. Nous apercevons sur le sol un petit tas : l'équipement complet d'un homme de la Garde, musette, bidon, tasse, et jusqu'aux bandes molletières. S'il s'est mis à l'aise pour agir avec plus de vigueur, le pauvre diable doit s'en trouver aujourd'hui bien mal à l'aise.

Un Cafre à cheval rabat des chevaux dans la plaine. Il galope vers nous, noire figure pittoresque sur sa monture basuto au poil laineux et rude. Il agite fébrilement la main du côté de l'est.

— Un Anglais… là… sur le veldt… blessé par les Hollandais… nous annonce-t-il clairement.

— Vivant ? demandons-nous.

Il fait un geste affirmatif.

— Quand avez-vous vu ?

Il désigne du doigt le soleil, puis un point plus éloigné au levant : ce qui doit signifier qu'il y a de cela deux heures.

— Pouvez-vous nous mener à lui ?

Marché conclu pour deux shillings. Nous partons tous côte à côte.

Nous traversons des champs de maïs et redébouchons sur le veldt. Pardieu ! qu'est-ce que cela ? Une forme sombre, allongée, inerte, au milieu de ce terrain dépouillé. Nous galopons vers elle, nous sautons à terre. Un homme est couché là, trapu, musclé, brun, visage de cire jaune, un caillot de sang aux lèvres. Un bel homme, aux cheveux noirs, à la moustache noire, à l'expression sereine. Numéro matricule 410, Infanterie montée des Nouvelles Galles du Sud. Blessé, on l'a, par inattention, laissé sur place. Certains détails ne permettent pas de douter qu'il ne fût mort quand le Cafre l'a découvert. Son fusil et son cheval ont disparu. Sa montre est posée devant lui, le cadran en l'air, elle a marché jusqu'à une heure du matin. Aussi longtemps qu'il aura pu voir, le pauvre garçon a compté les heures.

Nous examinons ses blessures. Évidemment, il a saigné à mort. Il porte une affreuse plaie au ventre, son bras est traversé de part en part. À côté de lui se trouve son bidon. Un peu d'eau y reste encore, il n'a pas souffert les tortures de la soif. Particularité bizarre : sur son bidon est dressée une pièce d'échec, rouge. Sera-t-il mort en jouant avec ? On pourrait le croire. Où sont les autres pièces ? Nous les trouvons dans son sac, hors de sa portée. Drôle de troupier que celui qui emporte un échiquier en campagne. À moins qu'il n'ait chapardé celui-ci dans une ferme ? Je l'en soupçonne. Nous rassemblons les pauvres petits biens du numéro 410, une cartouchière, un stylographe, un mouchoir de soie, un couteau de poche, une montre Waterbury, et 2 livres 6 shillings 6 pence dans une bourse éraillée. Nos mains se poissent de sang quand nous le soulevons pour le coucher sur ma selle. Instantanément, un essaim de mouches s'abat autour de lui, c'est horrible. Sa tête pend d'un côté, ses pieds de l'autre. Nous emmenons le cheval par la bride. Il plonge affreusement de temps à autre, et pour retenir le cadavre nous l'attrapons aux chevilles. Grâce à Dieu, il ne tombe pas. La route passe à deux milles. Là, nous le déposons au pied d'un poteau télégraphique. Une colonne du train monte dans notre direction. Nous demandons pour lui une sépulture décente. Son bras raidi tend au ciel un poing fermé ; nous le rabaissons, et tout de suite il se relève, menaçant, agressif. Je jette sur le mort son manteau. Nous reprenons notre marche. Mais en nous retournant, nous voyons encore à distance, la projection du bras levé. Ainsi finit cet enfant d'un homme. Un combat loyal, le plein air, une noble cause ; je ne sais pas de circonstances plus belles pour une mort.

Un long, très long parcours, sur des chevaux fourbus, à travers une plaine sans limite. Çà et là, des Cafres montés décrivent de grands cercles et s'élancent. J'ai idée qu'un peu de police montée ne serait pas de trop sur nos derrières. Sait-on ce que peuvent faire ces Cafres parmi ces fermes solitaires où ne restent que des femmes et des enfants ? Ce n'est certainement pas des chevaux à eux qu'ils rabattent de cette manière.

Au bout de dix milles, nous quittons la route pour abreuver nos chevaux au barrage. Une jument noire, près de là, tourne sur elle-même et rue. Curieux qu'elle joue ainsi. Nous regardons encore : la voilà raide par terre. Encore un cadavre pour empoisonner l'air du veldt. Nous nous asseyons et fumons. Sur la route, là-bas, arrive un corps de cavalerie coloniale : un corps fameux, comme nous nous en avisons en distinguant à la jumelle la couleur de ses cocardes. Mais, Seigneur ! un peu de bon sens nous entrera-t-il jamais dans la cervelle ? Combien nous faudra-t-il endurer d'humiliations et de désastres avant d'avoir appris le métier de soldat ? Le régiment défile sans avant-garde, sans éclaireurs, sans flanqueurs, dans un pays ennemi coupé de ravins. Ah ! que n'y a-t-il un Napoléon pour rencontrer ce régiment, arracher les épaulettes à son colonel et le sacquer sur place, sans appel, sans discussion ! Seul un homme de cet ordre pourra un jour réorganiser totalement notre armée.

Encore six milles dans la plaine. Voici, à un ou deux milles de Brandfort, un petit convoi escorté par un détachement de la milice. Il prend une fausse direction, nous lui indiquons la bonne. L'officier qui le commande se montre très excité.

— Il y a des Boers sur cette colline.

La colline n'est qu'à un demi-mille environ sur notre gauche, le renseignement nous intéresse donc. Nous suggérons qu'il s'agit peut-être de Cafres.

— Non, non, il s'agit de cavaliers avec des fusils et des cartouchières. Voyez plutôt !

Nous voyons, en effet, se mouvoir des silhouettes. Cependant nous continuons à parler de Cafres. Et nous nous séparons de l'officier sans nous être mutuellement convaincus. Qu'il nous excuse : nous attribuions sa nervosité à ce qu'il était très jeune et commandait son premier convoi, mais nous devions apprendre le lendemain que l'infanterie montée avait passé la nuit à poursuivre les gens que nous avions vus. Sans doute la présence accidentelle du convoi nous aura-t-elle sauvés d'un voyage quelque peu plus long que celui que nous pensions faire.

Un jour à Brandfort, une nuit sur un wagon ouvert, et nous sommes de retour au Café de la Dysenterie, boulevard des Microbes, qui est notre adresse à Blœmfontein.

CHAPITRE XVIII

MES DERNIÈRES AVENTURES EN AFRIQUE DU SUD

Il n'est pas de catégorie sociale où j'aie rencontré des êtres aussi jaloux que les militaires, ni aussi portés à se diviser en cliques. Leurs querelles déchiraient l'Afrique du Sud. Nous entendions dire en tous lieux que tel général était à couteau tiré avec tel autre. Mais c'est entre les gens de Roberts et ceux de Buller que la scission avait pris une gravité particulière. Les premiers montraient une sévérité cruelle pour le libérateur de Ladysmith ; il était pénible d'entendre leurs commentaires sur le désaccord que présentaient ses télégrammes du matin et ses télégrammes du soir. Buller, d'ailleurs, ne m'inspirait pas une extrême sympathie. C'était un brave homme, mais de fibre grossière. Plusieurs anecdotes authentiques prouvaient son manque de tact. Le jour de son entrée à Ladysmith, les défenseurs, qui avaient réservé quelques gâteaux et autres friandises pour le jour de la délivrance, les mirent sur la table au déjeuner de bienvenue. « Je croyais que la garnison mourait de faim », dit Buller en promenant les yeux autour de lui. Cette histoire m'a été contée à diverses reprises, et avec amertume, par des hommes qui parlaient en connaissance de cause. Sans doute, il eût été triste de voir s'achever obscurément une

211

carrière comme celle de Buller, faite de durs combats et de longs mérites, mais on ne saurait nier que, dans l'armée française comme dans toute autre, il n'eût pas survécu à Colenso. L'étrange allocution qu'il prononça, après la guerre, à un déjeuner de Londres, montra, je crois, que son esprit avait un peu perdu le contact des réalités. Roberts, selon son habitude, joua le plus noble jeu dans cette malheureuse controverse. « Je traiterai Buller avec toute la tendresse possible », déclara-t-il à un officier de son état-major. Et il tint jusqu'au bout sa parole.

Je trouvai, à mon retour, la situation de mon hôpital bien améliorée. Mais personnellement, sans éprouver rien d'assez grave pour interrompre mes fonctions, je me sentais malade. Je crois que si l'on ne m'avait vacciné à ce moment, j'aurais eu la dysenterie. Certainement, il s'était glissé dans mon organisme quelque chose de perfide, car une bonne dizaine d'années se passèrent avant que ma digestion retrouvât son diapason. De surcroît, un imbécile, au cours d'une de ces matinées de football que nous organisions entre hôpitaux pour distraire les hommes d'un labeur sans relâche, m'avait infligé de sérieuses meurtrissures dans les côtés, ce qui n'était pas pour me remettre. Charles Gibbs me corseta de plâtre, mais je devenais trop vieux pour subir sans maugréer un traitement dont j'aurais souri en mon jeune temps.

La zizanie régnait entre notre chef militaire, le major Drury, personnification de la discipline routinière, et notre personnel domestique, cuisiniers et hommes de salle, qui représentaient l'esprit civil d'indépendance. Les choses en étaient venues à un tel point d'acuité qu'à mon retour du front, je trouvai le travail tout désorganisé, au détriment des malades. Drury jetait feu et flammes, ce qui avait pour effet d'accroître l'insubordination. Un scandale semblait près d'éclater : j'eus le sentiment que c'était une de ces affaires où M. Langman eût souhaité que j'intervinsse. J'en demandai la permission au major Drury, qui ne laissa pas, j'imagine, d'en être fort heureux, car il était au bout de ses moyens, et la manifestation publique de la désorganisation dans une unité sanitaire eut discrédité le commandement. Assis devant la grande table du mess, je mandai les six meneurs de la bande. Ils s'alignèrent devant moi, d'un air sombre qui exprimait la révolte. Je leur parlai gentiment, doucement. Je leur dis que j'étais dans quelque mesure responsable d'eux, puisque je les avais pour la plupart enrôlés. Je reconnus avec sympathie les épreuves qu'ils avaient endurées. Tous, assurément, nous avions les nerfs tendus à l'excès, mais le devoir et la discipline devaient parler plus haut que la fatigue physique. Les chefs, eux aussi, avaient fourni un gros effort ; des concessions s'imposaient de part et d'autre. Prenant ensuite une voix plus grave : « Ceci, ajoutai-je, menace de finir devant la cour martiale ; je me suis entremis au dernier moment. Comprenez bien votre situation. Vous avez désobéi en service commandé devant l'ennemi. Il n'y a, pour une pareille faute, qu'un châtiment, la mort. » Six paires d'yeux, en face de moi, s'écarquillèrent. J'avais produit mon effet ; j'examinai les griefs des hommes, je promis qu'on en tiendrait compte, mais j'exigeai, avant d'aller plus loin, qu'il fût fait amende honorable au major Drury. Mes six individus, en sortant, avaient l'oreille basse. L'amende honorable fut bientôt faite, et nous n'eûmes plus d'ennuis au camp.

Mais, d'une autre part, nous eûmes vers cette époque, un sujet d'alarme bien imprévu. Archie Langman, qui s'était montré pour moi un camarade lors de notre visite à l'armée, était reparti pour battre le pays avec la Yeomanry Impériale : il alla tout droit se jeter dans les bras de de Wet, qui venait de faire une incursion sur la ligne et avait remporté une petite victoire en un lieu nommé Roodeval. Le fameux chef de guérilla était juste autant que sévère. Il traitait avec considération les gens du service de santé, de sorte qu'Archie se tira pour le mieux de son aventure. Mais je passai un ou deux mauvais jours entre le moment où j'appris sa capture et celui où je connus sa mise en liberté.

L'armée avait progressé sans trop se battre, nous étions maîtres de Prétoria. Nous avions tous l'impression que la campagne s'achevait, qu'il n'y avait plus qu'un nettoyage général à faire. Je commençai d'envisager mon retour en Europe. Outre que le service médical ne subissait plus la pression des événements, deux influences puissantes s'exerçaient sur moi. D'une part, je m'étais mis à écrire l'histoire de la guerre, et si maintes fois j'en empruntais les éléments à des témoins oculaires, je comprenais que, sur bien des points, je devais me documenter au centre des informations : d'où nécessité de m'y rendre si je voulais que mon livre fût le premier à paraître. D'autre part, une crise politique s'annonçait en Angleterre, elle entraînerait des élections générales, et il y avait apparence que j'y fusse candidat. Mais comment quitter l'Afrique sans être allé à Prétoria ? J'obtins un congé, non sans peine. Et le 22 juin, je me mettais en route, malgré l'état précaire de la voie ferrée, coupée en beaucoup d'endroits.

Ce voyage est un des plus singuliers que j'aie faits en chemin de fer. On ne savait ce qui arriverait d'une minute à l'autre. Le major Hanbury Williams, secrétaire de lord Milner, m'avait aimablement permis de partager son wagon spécial et nous avions avec nous un petit homme fort éveillé du nom d'Amery, alors inconnu, mais qui occupe justement aujourd'hui une place en haut lieu. Il n'était pas notre seul compagnon ; j'ai oublié les autres. Quand le train s'arrêtait en plein veldt, ce qu'il faisait constamment, nous ignorions si c'était pour cinq minutes ou, comme ce fut le cas ordinaire, pour cinq heures. Et nous ne pouvions nous en éloigner, car il repartait sans avis. Nous rencontrâmes un train descendant dont toutes les portières étaient brisées. Des Boers embusqués y avaient blessé une vingtaine de personnes. Nous nous attendions constamment à une attaque. Une fois, durant une de nos longues haltes, nous vîmes un cavalier venir à nous au petit galop sur l'immense étendue verte. Nous descendîmes pour causer avec lui. C'était un grand gaillard efflanqué, sans armes, et qui avait une figure de noceur débonnaire. Il nous dit être un loyal fermier britannique, mais je ne doutai pas, en mon for intérieur, qu'il ne fût un éclaireur boer curieux de voir ce que portait notre train. Il resta un moment à bavarder avec nous, tranquillement planté sur sa selle, puis, soudain, il fit faire volte-face à son cheval et repartit comme il était venu. Un peu plus bas sur la ligne, nous vîmes brûler une ferme ; à l'entour cavalcadait un parti de nos irréguliers. C'était, nous dit-on, une ferme de de Wet : on le châtiait de la sorte pour avoir endommagé la voie. Nous aurions pu nous croire devant une scène de Moyen Âge, quand une compagnie de routiers écossais insultait la frontière anglaise.

En arrivant à Roodeval, où de Wet avait si malheureusement surpris notre milice du Derbyshire, le train dut stopper. La voie était en réparation, et nous pûmes parcourir le terrain. Il était semé de gros obus enlevés d'un train mis au pillage. Sur une étendue de plusieurs acres se voyaient des amas de lettres entièrement ou partiellement calcinées, et dont le vent faisait papillonner des lambeaux. De Wet avait brûlé les sacs de la poste, accomplissant là un de ses exploits les moins glorieux. Napoléon, d'ailleurs, avait fait pire quand il avait publié les lettres provenant d'un courrier anglais intercepté. À quoi les Anglais avaient riposté par un procédé semblable, ce qui n'était pas pour amener la paix dans les familles. Je saisis une des lettres qui voltigeaient vers moi, et j'y lus, tracée d'une écriture maladroite, cette phrase : « J'espère que vous avez maintenant tué tous les Boers », soulignée de nombreux X qui signifiaient mille baisers. Au nombre des objets épars se trouvaient les instruments de la musique, qu'avaient foulés, au passage, de Wet et ses lourds chariots.

Je fus, un matin, de bonne heure, traversé d'un frisson étrange en apercevant le quai désert d'une gare et en lisant, imprimé sur une pancarte, le nom de Prétoria. Ici, nous nous trouvions enfin au centre de tout. L'Hôtel du Transvaal était ouvert, il fut mon quartier général durant les quelques jours que je passai à consulter hommes et choses. J'eus pour premier soin de voir lord Roberts, qui désirait m'interroger à propos d'articles retentissants publiés par Burdett-Coutts dans la *London Press* sur l'état de nos hôpitaux. Il va de soi qu'en bien des cas, sinon même en tous, cet état avait pu avoir quelque chose d'effroyable, mais la faute en revenait à la gravité subite et terrible des circonstances. Chacun avait fait de son mieux pour parer au mal, et y avait étonnement réussi, mais au prix de quelles misères ! C'est ce que j'expliquai à lord Roberts, et aussi à la Commission Royale de Londres. Ma qualité de volontaire, parti à titre indépendant et sans solde, donnait plus de poids à mes paroles qu'à celles d'un haut personnage dont l'autorité personnelle eût été en cause. Je revois encore lord Roberts assis dans sa chambre, derrière un petit bureau. Avenant et vif, il évoqua tout de suite notre première rencontre à Londres. Ses yeux bleu clair, bien qu'un peu noyés par l'âge, exprimaient l'intelligence et la bienveillance. Ma mémoire a peine à retrouver, dans toute l'histoire militaire, l'exemple d'un autre chef ainsi rappelé de la retraite, à soixante-dix ans passés, pour conduire une campagne aussi ardue. Les Boers prolongeaient en vain la résistance : sa belle marche de flanc sur Paardeburg avait bel et bien consommé leur défaite. Nous eûmes une conversation brève, mais animée. Je ne devais plus le revoir que lorsqu'il vint chez moi à Hindhead, en 1902, vérifier la portée de mon fusil.

Je n'eus pas l'occasion de m'entretenir avec Kitchener à Prétoria. Mais un jour, sur le veldt, un homme de haute stature, passant près de moi au galop d'un énorme cheval bai, me salua d'un signe de la main, et je reconnus l'illustre soldat. Son étoile avait pâli depuis Paardeburg, et le fait est qu'on s'explique mal sa tactique, car il trouva le moyen de perdre quelque 2000 hommes en attaquant les Boers alors que ceux-ci étaient en fuite et de toute manière acculés à la reddition. Peut-être avait-il ses raisons, qui échappent à un profane. Mais j'ai entendu beaucoup de soldats s'exprimer avec irritation sur cette affaire. Car une partie des troupes lancées à l'attaque était de l'infanterie montée, dont un ravin arrêta le galop, et qui, dès lors, ne purent rien faire. Le colonel Hannay avait émis une protestation avant d'obéir aux ordres qu'on lui donnait, et qui devaient lui coûter la vie, comme à beaucoup de ses hommes. Cependant, quand il s'agit d'organiser les lignes de communications, c'est vers Kitchener que tout le monde se tourna. Là, réellement, il était à son affaire, plus que dans la bataille, où je me suis laissé dire, par des gens qui avaient marché avec lui, qu'il était agité, nerveux, alors que, Roberts, à mesure que croissait le danger, devenait plus froid et plus calme. Il est vrai que dans l'organisation, Kitchener apportait une précision glaciale, inhumaine. « J'ai le regret, lui mandait un officier, de porter à votre connaissance une terrible explosion de dynamite qui a tué cinquante Cafres. » « Vous faut-il d'autre dynamite ? » répondit télégraphiquement Kitchener.

Il y avait, contre l'hôtel que j'habitais, un banc où de vieux burghers barbus venaient chaque jour fumer leur pipe. J'y allais m'asseoir parmi eux, avec ma pipe garnie du meilleur *magaliesburg*. Comme je ne disais rien, ils ne tardaient pas à engager la conversation, dans un anglais très correct, auquel ils prêtaient seulement une accentuation rude et gutturale. Botha n'était pas loin de la ville, nous savions que des espions lui en apportaient toutes les nuits des nouvelles. Flairant chez mes bons apôtres un groupe de ses indicateurs, je crus devoir leur donner matière à réflexion. « À votre avis, quand aurons-nous la paix, monsieur ? » me dit l'un d'eux après échange de quelques paroles banales. Ils étaient tous persuadés que la nation britannique aspirait ardemment et unanimement à la paix. « Oh ! dis-je, je ne l'espère pas de longtemps encore. » Ils se regardèrent, et mon interlocuteur reprit : « Qu'est-ce qui vous fait dire cela, monsieur ? » « Voici, répliquai-je. Ce pays va devenir colonie britannique. Il serait embarrassant pour nous d'avoir une colonie pleine de gens dangereux. Nous ne pourrions plus les tuer à ce moment-là, comprenez-vous ? Ils seraient nos compatriotes, et, comme nous-mêmes, protégés par la loi. Nous n'avons donc pas d'autre ressource que de les tuer, autant que possible, dès à présent. » Les vieux grommelèrent en tirant furieusement sur leur pipe, mais ils ne surent que me répondre. Il ne m'est pas interdit de croire que mes paroles allèrent au but que je visais.

La plus longue excursion que nous fîmes de Prétoria fut à Waterval, où Bennett Burleigh m'emmena dans une charrette du Cap.

Nous fûmes tout près, en cette occasion, d'aller donner sur une patrouille boer forte d'une douzaine d'hommes. Burleigh ne voulait pas croire que ce fussent des ennemis : je dus, pour le convaincre, lui faire observer qu'ils montaient des chevaux blancs, ce qui était un fait des plus rares dans notre armée, et il me donna raison quand il s'en fut assuré avec sa jumelle. Sans doute ces gens accomplissaient-ils une mission particulière, car ils ne nous accordèrent pas la moindre attention, bien qu'il leur eût été facile de nous barrer la route. Nous allions visiter le camp de prisonniers, où tant de nos soldats, anglais et coloniaux, avaient subi l'humiliation et la contrainte jusqu'au jour de la délivrance, survenue seulement une ou deux semaines auparavant. Très vaste, il occupait une superficie de plusieurs acres, où s'éparpillaient dans tous les sens les objets les plus disparates. Je m'adjugeai une carabine boer brisée par un prisonnier anglais, un triangle d'orchestre, une chaussette à demi tricotée dont les aiguilles étaient faites de fils de fer barbelés, et un assortiment de chaînes pour les pieds, provenant de la prison du camp. Presque à la veille de la délivrance, quelques hussards avaient creusé une galerie souterraine : travail confondant si l'on songe qu'il avait été accompli et mené de bout en bout à l'aide, principalement, de cuillers. J'y descendis, et M. Burleigh me photographia au moment où j'en ressortais. Un certain nombre de mes amis ont gardé une épreuve de cette image ainsi dédicacée : « Au sortir d'un trou, comme l'Empire britannique. »

Je passai un jour à Johannesburg, parcourant ses rues désertes, visitant ses grandes mines, aujourd'hui mortes ou tout au moins inanimées. Je descendis au fond de l'une d'elles, la Robinson. Plaisir plus que médiocre : les cages ne fonctionnant pas, nous eûmes à descendre des centaines (qui me parurent des milliers) de marches, où le bois glissant se dérobait sous nos pas, tandis que cliquetaient à nos oreilles les seaux de drainage. On nous donna les « tuyaux » habituels d'après quoi les valeurs minières allaient faire un bond. J'eus le tort d'en vouloir profiter, ils étaient tous déplorables.

Le 4 juillet, après une journée sans événement et par là même significative de l'étreinte toujours plus rigoureuse que nous exercions sur le pays, je me retrouvai à l'hôpital Langman. Les heures y coulaient tranquilles. Cependant un de nos pauvres auxiliaires venait de succomber à un érysipèle, dont une épidémie avait éclaté dans les salles, et qui était d'origine non pas traumatique, mais inexpliquée. Je mentionne le fait parce que la dysenterie avait été si générale qu'elle semblait exclure toute autre maladie et que, pour la première fois, cet érysipèle en manifestait une autre. Toute l'armée eût été vaccinée qu'il n'y aurait jamais eu de guerre plus saine. Nous avions peu de cas opératoires. Pourtant, je me rappelle une opération pratiquée sur l'attaché militaire hollandais près des Boers. Nous l'avions, à la suite de je ne sais quel engagement, recueilli blessé et paralysé. Une balle de shrapnell lui avait brisé une des vertèbres cervicales, l'os pressait sur les nerfs, qui avaient cessé de fonctionner. L'opérateur était Watson Cheyne, de Londres. Il avait fait une incision franche dans l'os et il essayait d'en soulever l'arc brisé avec un solide forceps, quand se produisit une chose extraordinaire. De la grande brèche rouge surgit une colonne d'eau claire, haute de deux pieds, qui s'épanouit au sommet comme un petit palmier, décrut progressivement jusqu'à deux pouces et finit par disparaître. Je n'avais, je le confesse, aucune idée de ce que cela pouvait être, et la plupart des chirurgiens présents étaient, je crois, tout aussi interdits que moi. Le mystère me fut expliqué par Charles Gibbs, mon mentor en ces matières. Il me dit que le fluide cérébro-spinal, qui est habituellement une simple humeur entourant la moelle, avait été stimulé et accru par la pression de l'os brisé. Finalement, il avait détendu toute la membrane enveloppante. Le forceps avait, dans cette membrane, ouvert un petit trou, et le fluide comprimé avait jailli dans l'air, comme je l'avais vu. Peut-être sa libération avait-elle été trop subite, car le patient mourut peu après qu'on l'eut emporté de la table d'opération.

Charles Gibbs pratique encore, il est premier chirurgien à l'hôpital de Charing Cross. Il me pardonnera si je lui rappelle qu'un jour où je m'employais sous sa direction je marquai un point sur lui. Un de nos dysentériques, visiblement près de mourir, demandait avec insistance, d'une voix faible, qu'on lui donnât à manger quelque chose de solide. Bien entendu, la première des règles dans le traitement de la dysenterie, c'est que le malade soit mis au régime liquide, car l'intestin étant ulcéré, toute perforation entraînerait la mort par péritonite. Je dis à Gibbs : « Croyez-vous que la mort de cet homme soit certaine ? » « Il est certainement aussi mal que possible », me répondit Gibbs. « Eh bien alors, répliquai-je, je propose de lui donner des aliments solides. » Gibbs choqué d'une pareille idée, secoua la tête. « Vous prenez là une responsabilité grave. » « Qu'est-ce que cela peut faire, demandai-je, s'il est de toute façon condamné ? » « Cela peut faire que c'est vous qui l'aurez tué, et non la maladie. » « Soit ! j'en accepte le risque. » Et je donnai satisfaction au mourant. L'année d'après, à Édimbourg, lors d'une réunion électorale où je devais me produire, on me remit la lettre suivante, que j'extrais de mon dossier de curiosités :

> « *128, Royal Road,*
> « *Kennington Park,*
> « *London, S.E.*
> « *1er octobre 1900,*
>
> « Monsieur,
>
> « *Ayant été l'un de vos malades à l'hôpital Langman, de Blœmfontein, j'espère que vous m'excuserez si je prends la liberté de vous souhaiter un bon succès à Édimbourg. J'y suis poussé non seulement par mes principes, mais par le fait que moi et d'autres devons la vie à votre bonté et à vos soins. Vous ne pouvez vous souvenir de moi, monsieur, mais soyez certain que j'ai, moi, votre souvenir gravé dans mon cœur, et qu'il ne s'en effacera jamais. En vous renouvelant mes excuses et mes souhaits,*
>
> « *Je reste, Monsieur.*
> « *Votre obéissant,*
> « *(Soldat) M. Hanlon, C.I.V.* »

M. Hanlon était mon ancien dysentérique. Il n'avait cessé d'aller mieux depuis qu'il avait pris une nourriture substantielle. Mais je ne propose pas le fait en exemple à mes confrères médecins.

Le 11 juillet, nous nous embarquâmes au Cap sur le *Briton* pour rentrer en Angleterre. Avant mon départ, j'allai voir sir Alfred Milner. Je le trouvai beaucoup plus vieux que quelques années auparavant, quand nous nous étions rencontrés à la veille de nos difficultés africaines. Ses cheveux grisonnaient, ses épaules se voûtaient, mais son cœur vaillant demeurait toujours aussi ferme. Il n'eut pas une défaillance avant d'en avoir fini avec sa tâche inexorable. Il ne commit, je crois, d'autre erreur que de vouloir, une fois la guerre terminée, prolonger en Afrique le régime de la loi martiale. Mais qui eût fait mieux ou même aussi bien que lui dans d'aussi intolérables conditions ?

Le *Briton* emportait un choix remarquable de passagers, à qui nous dûmes une traversée joyeuse. Entre les plus gais se trouvaient le duc de Norfolk et son frère lord Édouard Talbot. C'était une chose peu banale que de voir le plus ancien des barons anglais et un Hollandais dodu assis face à face sur un espar, et s'escrimant l'un contre l'autre avec des vessies pour voir lequel des deux abattrait son adversaire ; si je ne m'abuse, le sang en décida. Il y avait aussi sir John Willoughby, bien connu pour avoir participé au raid Jameson, lady Sarah Wilson, qui venait de Mafeking, le duc de Marlborough, lady Arthur Grosvenor, l'honorable Ivor Guest, et beaucoup de soldats fameux. Je fus spécialement favorisé en ce que l'intimité créée par le voyage resserra l'amitié qui me liait déjà à Fletcher Robinson et à Nevinson. Un seul nuage obscurcit la sérénité de ces jours dorés. Un officier étranger dont je tairai le nom, et qui revenait de chez les Boers, se répandait en propos déraisonnables sur les événements dont il avait été le témoin. Il prétendit en ma présence que les Anglais faisaient habituellement usage de balles dum-dum ; sur quoi je perdis patience et le traitai de menteur. Je dois dire qu'ensuite il se conduisit fort bien. Car, réflexion faite, il reconnut ses torts et chargea mon ami Robinson de m'offrir ses excuses. Je répondis que je ne les acceptais pas, car ce n'était pas moi qu'il avait insulté. Une heure plus tard, mon ami Robinson m'apportait la lettre suivante, conclusion d'un incident qui eût pu être sérieux :

« Cher Monsieur,

« Laissez-moi vous exprimer mon très vif regret de ce que j'ai dit au sujet des balles explosives. Aujourd'hui, convaincu par des témoignages certains, je vous prie de faire savoir que je désire être dans les meilleurs termes avec tous les Anglais. Veuillez être auprès d'eux mon interprète.

« Très sincèrement vôtre. »

Les premiers jours d'août me virent à Londres. Bientôt, le vert déroulement du veldt, les collines au sommet plat, les salles de dysentériques ne furent plus pour moi qu'une vision de rêve.

CHAPITRE XIX

APPEL À L'OPINION DU MONDE

Une des satisfactions les plus complètes de mon existence se rattache au petit ouvrage que j'écrivis pour mettre un frein à la campagne de calomnies qui, à propos de nos méthodes militaires en Afrique, faisait rage contre nous par toute l'Europe et menaçait de nous entraîner dans une guerre. Le 7 janvier 1902, me rendant seul en voiture de Hindhead à Londres pour assister à un de ces charmants dîners de huitaine que donnait sir Henry Thompson, je me mis à lire la correspondance étrangère du *Times*. Il y avait là les comptes rendus de nombreuses réunions organisées sur le Continent, l'une, entre autres, en Rhénanie, par les membres du clergé, pour protester contre nos brutalités envers les Boers. Pour qui connaît le bon naturel du soldat anglais et la correction de ses chefs, tout cela était inexprimablement absurde. Cependant, le journal déposé, je ne pus, à la réflexion, m'empêcher de me dire que ces gens du continent obéissaient à des mobiles généreux, désintéressés, honorables. Comment auraient-ils pu ne pas croire les horreurs qu'on leur racontait, et comment, les croyant, ne se seraient-ils pas fait un devoir de les dénoncer par tous les moyens, dans des réunions, dans des articles de presse ? À qui la faute si notre version de l'affaire sud-africaine n'était pas soumise au jugement du monde civilisé ? Que pouvait-on savoir de notre cause ? Où pouvait-on s'en instruire ? Les Livres Bleus et les papiers d'État ne sont pas faits pour la multitude. Le livre de Fitz-Patrick, *Le Transvaal vu du dedans*, et celui de T. E. Cook, *Raisons et torts*, étaient des volumes coûteux et difficiles à traduire. Pas un ouvrage où la question fût embrassée dans son ensemble, et d'une manière simple. Pourquoi donc un Anglais ne l'écrirait-il pas ? Pourquoi, et l'idée me traversa la tête comme une balle, pourquoi ne l'écrirais-je pas moi-même ?

Instantanément, je m'enflammai pour ce projet. Je n'ai pas eu souvent dans la vie le sentiment d'un appel si direct, si impérieux, et qui écartât de mon esprit toute autre pensée. J'étais déjà très documenté sur la guerre sud-africaine, j'en avais écrit entre temps une histoire, j'en avais vu quelque chose, et mes plans s'élargissaient de minute en minute. J'ouvrirais une souscription publique. Avec ce qu'elle donnerait, joint à ce que produirait la vente du livre en Angleterre, je m'occuperais d'avoir, dans toutes les langues, des traductions que l'on distribuerait en masse. Chaque professeur, chaque membre du clergé, chaque journaliste, chaque homme politique recevrait la sienne, dans sa langue propre. Ainsi, à l'avenir, on n'aurait plus le droit de plaider l'ignorance et de prétendre ne connaître qu'un aspect de la question. Je n'étais pas arrivé à Londres que j'avais déjà esquissé mentalement tout mon programme. Et je me hâte d'ajouter qu'il s'exécuta de point en point.

La chance me sourit. Elle me donna pour voisin de table, au dîner, un monsieur dont je n'avais pas saisi le nom. Tout plein de mon idée, je ne tardai pas de m'en ouvrir à lui. Non seulement il ne parut pas ennuyé, mais, après m'avoir écouté avec sympathie du potage au dessert, il me demanda par quels moyens financiers je pensais réaliser un projet si vaste et quelle somme j'estimerais suffisante. Je parlai de 1000 livres pour commencer. Il jugea mon évaluation trop faible. « Si toutefois, me dit-il, 1000 livres doivent plus ou moins vous aider, je ne doute pas qu'on ne vous obtienne cette somme. » — « De qui ? » demandai-je. Il me donna son nom, son adresse, et ajouta : « Pourvu que vous exécutiez votre projet dans les conditions que vous m'avez exposées, je me charge de vous procurer les 1000 livres. Attelez-vous à l'œuvre, puis venez me voir. » Je le lui promis et le remerciai de son encouragement. Ce parrain miraculeux était sir Éric Barrington, du Foreign Office.

Le premier des bons hasards qui me servaient allait être, le lendemain matin, suivi d'un deuxième. Appelé par une affaire quelconque dans la maison d'édition Smith, Elder et Cᵢₑ, je profitai de ma conversation avec M. Réginald Smith pour lui dire le plan que j'avais formé. Instantanément, il mit à ma disposition, sans rétribution d'aucune sorte, tout le mécanisme d'une affaire proprement « mondiale ». À partir de ce moment, il fut pour moi, à chaque stade que dut franchir l'entreprise, un aide doublement précieux, et par ses conseils et par ses services. Non seulement il fit réaliser de grosses économies à notre caisse, mais il se tira sans peine et fort avantageusement des transactions complexes que l'affaire comportait avec l'étranger.

Ce même matin, je me rendis au War Office, où le Bureau des Renseignements me fournit toutes les informations dont il disposait. Puis j'écrivis au *Times* une lettre où j'expliquais ce que je comptais faire et sollicitais le concours de tous ceux qui approuveraient mon idée. Jamais appel ne provoqua plus d'empressement et de générosité. Le premier courrier du lendemain m'apporta 127 lettres. Elles me venaient de toutes les classes de la société. La plupart m'apportaient des sommes qui variaient en importance, depuis les 50 livres de lord Roseberry jusqu'à la demi-couronne d'une veuve de simple soldat.

Le 9 janvier, je pus aborder ma tâche. J'en sortis le 17. Étant donné le nombre des questions que je traitais, les recherches et les vérifications qu'elles exigeaient, ai-je besoin de dire que je m'absorbais dans mon travail chaque jour pendant seize heures ? Autant que possible, je maintenais à l'arrière-plan mes opinions personnelles. Je jugeais plus utile de bien ordonner les déclarations de témoins oculaires, et particulièrement de Boers, sur les divers ordres de questions, incendies de fermes, attentats contre les gens, camps de concentration et autres sujets litigieux. Je me bornais à des commentaires très simples et très brefs. Quant à l'exactitude des faits, je ne sache pas que, sauf le nombre des fermes brûlées, aucun ait été sérieusement révoqué en doute.

Notre souscription allait d'un train régulier : dans le temps que j'achevais mon opuscule, notre avoir en banque s'était grossi d'un millier de livres. L'argent nous arrivait surtout par petites sommes, qui représentaient pour les envoyeurs un véritable sacrifice. Un détail remarquable, c'était le nombre des institutrices et autres personnes de nationalité anglaise qui, résidant au dehors, nous adressaient leur obole pour avoir souffert des propos diffamatoires tenus chaque jour devant elles. Autre particularité agréable, beaucoup d'étrangers habitant l'Angleterre s'associaient à mon projet dans l'espoir de ramener leurs compatriotes à de plus justes vues : les seuls Norvégiens m'envoyèrent près de 50 livres. Le clergé se signala par l'importance de ses dons : affligé depuis le début de la guerre par un débordement de littérature anti-nationale, il trouvait là un moyen de protester.

Sitôt que je reçus mes épreuves, je les envoyai, comme je l'avais promis, à mon ami du Foreign Office. Il m'invita tout aussitôt à l'aller voir, me complimenta de mon travail, et me remit un billet de 500 livres, en m'avertissant, au reste, que cet argent ne venait pas de lui. Le don figura sur mes listes comme reçu d'« Un Fidèle Britannique ». Le Service Secret savait à quoi s'en tenir sur la personnalité du donateur.

D'ores et déjà, notre compte en banque atteignait quelque 2000 livres. Nous étions en situation de mettre en mains les traductions pour l'étranger. L'édition anglaise avait paru, MM. Newnes s'employaient de tout cœur à sa distribution. Nous avions fixé à 6 pence le prix de l'exemplaire, mais désireux de forcer le débit, nous livrions l'ouvrage au commerce pour le prix d'environ 3 pence. La vente fut considérable pour l'époque ; elle atteignit très vite, en Grande-Bretagne, le chiffre de 250 000 exemplaires, pour aller jusqu'à 300 000 en deux mois. Le petit droit que nous nous étions réservé par exemplaire suffit à grossir énormément notre fonds. En sorte que nous nous trouvâmes dans une situation financière très forte pour traiter l'affaire des traductions.

Préparée par le professeur Sumichrast, de l'Université Harvard, Franco-Canadien de naissance, et qui, patriotiquement, refusa toute rétribution pour son admirable travail, la traduction française fut publiée par Galignani. Sur ses 20000 exemplaires, plusieurs milliers furent envoyés gratuitement là où ils pouvaient produire le plus de bien, en France, en Belgique et en Suisse.

L'édition allemande nous donna plus de mal. Aucun éditeur d'Allemagne ne voulut s'en charger. Nous ne trouvâmes de courtoisie dans ce pays que chez le baron Von Tauchnitz, qui accueillit le volume dans sa célèbre collection anglaise. Partout mes avances furent reçues avec froideur, quelquefois même avec injure. Voici, par exemple, un des plus coquets échantillons des lettres dont on nous gratifia :

« MM. Smith, Elder & Cie,

« Messieurs, le livre de Doyle fait l'effet d'avoir été commandé ou influencé par le parti jingo anglais.

« Aujourd'hui, vous le savez, ce parti anglais de la guerre, aussi bien que les officiers et les soldats anglais du Transvaal, sont méprisés par tout le monde civilisé comme de lâches coquins et d'ignobles brutes, assassins de femmes et d'enfants.

« Importateur de littérature anglaise en Allemagne, en Autriche et en Russie, je commettrais la plus grave imprudence en faisant rien qui pût me valoir le soupçon d'être en rapport avec un parti aussi méprisé.

« J'ai montré votre lettre à plusieurs personnes, aucune ne tient à se charger de l'affaire. »

En dépit des rebuffades, nous trouvâmes à Berlin une librairie anglo-allemande pour nous prêter son concours, et avec l'aide de Herr Curt Von Musgrave, qui nous fournit une traduction excellente, je réussis à obtenir plusieurs gros tirages. Au total, 20 000 exemplaires furent distribués en Allemagne et dans les pays autrichiens de langue allemande.

Au moment où l'ouvrage était sous presse, ressentant quelque fatigue, j'étais allé prendre un peu de repos à Seaford, quand j'y reçus la visite d'un Allemand, officier de la Landwehr et pangermaniste, qui avait fait le voyage d'Angleterre tout exprès pour causer avec moi. C'était un beau soldat, de haute stature, et qui s'exprimait fort bien en anglais. Il avait en mains les épreuves allemandes de mon livre. Il était fort chagrin de la façon dont je dénonçais l'anglophobie de ses compatriotes et les effets qu'elle avait sur nos sentiments envers eux. Nous passâmes tout le jour à discuter. Son grand argument était qu'un jour ou l'autre l'Allemagne et la Grande-Bretagne auraient toutes deux à combattre la Russie — la Grande-Bretagne, pour l'Inde ; l'Allemagne, peut-être, pour les Provinces Baltiques — aussi devaient-elles maintenir entre elles un contact étroit. Je lui fis observer que pour l'instant l'on ressentait, chez nous, beaucoup plus d'animosité contre l'Allemagne que contre la Russie. Lui-même, s'il questionnait à Londres, n'importe quel receveur d'autobus, se rendrait compte de ce qu'on pensait dans le peuple. Autant il souhaitait de me voir modifier certains passages, autant j'étais décidé à n'y pas toucher, car je n'avançais rien que de vrai. Enfin, prenant congé de moi : « J'ai fait, me dit-il, 800 milles pour vous voir ; eh bien ! je ne vous adresserai plus qu'une requête : souffrez qu'au début de ce paragraphe soit seulement ajouté le mot *leider* (hélas !). » J'y consentis. Je lui accordai deux syllabes en retour d'un trajet de 1600 milles.

C'est chez les Suisses de la minorité alémanique que nous trouvâmes les amis les plus chaleureux. Ils prirent pour nous fait et cause jusqu'au point d'avoir leur traduction particulière de mon livre, dont une édition en gros caractères, illustrée de cartes, parut à Zurich par les soins du Dr Angst, notre consul en cette ville. De bons amis que nous y avions, en se dévouant pour la vérité, s'exposèrent à bien des outrages, tels le professeur Naville, l'éminent égyptologue de Genève, et M. Talichet, le Lausannois bien connu, directeur de la *Bibliothèque Universelle*, qui compromit pour nous le crédit de sa vieille revue.

Les éditions américaine et canadienne se firent en quelque sorte d'elles-mêmes. L'espagnole, la portugaise, l'italienne, la hongroise, rapidement menées, circulèrent sans encombre. Seule, la russe, publiée à Odessa, fut au dernier moment interdite par la censure, mais nous réussîmes à obtenir que celle-ci levât son veto. Partout la vente des éditions étrangères passa nos espérances.

Nous ne subîmes d'échec qu'en Hollande. Cette vaillante petite nation hollandaise éprouvait une sympathie toute naturelle pour les gens de sa race armés contre nous, et nous croyait, le plus honnêtement du monde, coupables de très fâcheux procédés à leur égard. Notre traduction hollandaise ne trouva donc personne pour l'éditer ni pour la distribuer. Le besoin n'en était que plus manifeste. M. Réginald Smith s'arrangea pour qu'il en fût fait chez nous un gros tirage, et que le livre fût envoyé directement à tous les guides de l'opinion en Hollande. Sur 5000 exemplaires distribués, je crois qu'il ne nous en fut pas renvoyé plus de 20.

L'édition norvégienne se heurta, elle aussi, à quelques difficultés, que l'aida pourtant à surmonter M. Thomassen, du *Verdensgang*. Il me revient, à ce propos, un fait plaisant. J'avais pour chaque version continentale, écrit une préface à l'intention du peuple qu'elle visait. Dans le cas de la Norvège, le livre était déjà sous presse à Christiania que la préface n'était pas encore parvenue à l'imprimeur.

Mme Brockmann, la très distinguée traductrice de l'ouvrage, vivait à cent milles de là ; une phénoménale tempête de neige avait bloqué toutes les routes, il semblait bien qu'on dût se passer de la préface. Mais non : mes quelques mots d'adresse au peuple norvégien furent transmis, par héliostat, de cime neigeuse en cime neigeuse, et firent ainsi leur chemin jusqu'au livre.

Une dernière traduction s'imposait, la galloise, car la presse du pays de Galles était presque tout entière favorable aux Boers. Écrite par M. W. Evans, tirée à quelque 10000 exemplaires et distribuée par l'entremise du Western Mail, de Cardiff, elle couronna notre œuvre. En résumé, nous avions lancé 300 000 volumes chez nous, environ 50000 au Canada et aux États-Unis, 20 000 en Allemagne, 20 000 en France, 5 000 en Hollande 10 000 en Pays de Galles 8 000 en Hongrie, 10 000 en Espagne, 5 000 en Italie et 5 000 en Russie. Il y eut des éditions en tamoul et en kanarais. J'ai pu avoir, au total, vingt présentations différentes de mon opuscule. Sur les 5000 livres sterling dont nous disposâmes, une moitié à peu près provenait de souscriptions ; la vente du livre avait fait le reste.

Il ne nous fallut pas longtemps attendre pour constater le succès de nos efforts. Un changement de ton très marqué se produisit très vite dans la presse continentale. Simple coïncidence peut-être, mais agréable. Au surplus, en ce qui concerne nombre de journaux importants, il ne saurait être question de coïncidence, car eux-mêmes, dans leurs articles de tête, invoquèrent mes arguments et les faits dont je les appuyais pour modifier leurs vues antibritanniques.

Notre tâche une fois accomplie, M. Réginald Smith et moi nous trouvâmes dans l'heureuse situation d'avoir encore en mains une jolie somme. Qu'en faire ? La retourner aux souscripteurs ? Impossible, et d'ailleurs, une bonne moitié nous en fût équitablement revenue, puisque nous la devions à la vente du livre. Il me sembla que les souscripteurs m'avaient donné licence d'en user pour le mieux à des fins nationales. Nous commençâmes donc par propager l'excellent ouvrage autrichien du Dr Ferdinand Hirz, *Recht und Unrecht im Burenkrieg*. Ensuite, nous achetâmes une douzaine de très beaux porte-cigarettes en or, au plat desquels fut gravée l'inscription : « D'amis anglais à un ami de l'Angleterre », et nous en fîmes don à quelques-uns de ceux qui s'étaient rangés le plus résolument de notre côté. Il y en eut un pour l'éminent publiciste français M. Yves Guyot ; un second pour M. Talichet, de Lausanne ; un troisième pour M. Sumichrast ; un quatrième pour le professeur Naville. Le professeur était alors en Angleterre ; j'eus le plaisir de glisser ce petit souvenir entre ses doigts au moment où il remettait son pardessus dans le hall de l'Athenæum Club. J'ai rarement vu chez quelqu'un pareille expression de surprise.

Restait toujours disponible une forte somme. M. Réginald Smith fut d'avis comme moi que nous devions lui trouver une affectation durable au profit des autochtones sud-africains. Nous adressâmes donc 1 000 livres à l'Université d'Édimbourg afin qu'elle constituât un revenu de 40 livres en faveur de l'étudiant originaire de l'Afrique du Sud, Britannique ou Boer, qui subirait le plus brillamment les épreuves annuelles. Je ne fus pas peu étonné quand, à la fin de la première année, je reçus une lettre d'un étudiant qui m'exprimait le ferme espoir de gagner la bourse, mais renonçait d'avance à se voir attribuer les 40 livres, étant, disait-il, zoulou pur sang.

Après cela, notre caisse n'étant pas encore vide, nous contribuâmes à diverses œuvres par des donations qui allaient de 50 à 10 guinées. Finalement, nous restâmes devant un reliquat de 309 livres et 4 pence. Réunis en conclave solennel, M. Réginald Smith et moi cherchâmes quel usage en serait le mieux approprié aux convenances de l'Empire. Pour les 4 pence, nulle difficulté : nous les donnâmes au balayeur du passage voisin, qui avait participé à la prise de Delhi. Neuf livres s'en allèrent en tabac pour les vétérans de Chelsea à l'occasion de la Noël. Enfin, nous remémorant le dicton suivant lequel le salut de l'Empire peut dépendre d'un obus tiré par un canon de 12 pouces, nous consacrâmes les dernières 300 livres à l'acquisition d'une magnifique coupe que se disputeraient les vaisseaux de l'escadre de la Manche et que le vainqueur garderait une année. Le support de la coupe était d'un bois de chêne provenant du *Victory* ; le trophée lui-même était d'argent massif. Grâce à l'appui bienveillant et judicieux de l'amiral sir Percy Scott, inspecteur des tirs, qui le transmit à sir Arthur Wilson, Victoria Cross, doyen des amiraux embarqués et commandant de l'escadre toutes les difficultés s'aplanirent. La coupe fut disputée l'année même, et l'on m'assure qu'elle a provoqué, depuis, une vive émulation entre les équipages. La seule condition imposée par nous fut qu'on la garderait non pas dans la salle du mess, mais sur le pont, continuellement exposée à la vue de l'équipage vainqueur. J'apprends que l'*Exmouth* l'avait arborée au sommet de sa tourelle avant, quand il entra dans le port de Plymouth.

Le sentiment fixe qu'a laissé chez moi l'affaire de mon livre, c'est que notre gouvernement n'use pas suffisamment de la publicité pour faire connaître et soutenir la cause nationale. Si, moyennant 3 000 livres et un mois de travail, un particulier peut agir, dans le monde entier, sur l'opinion publique, que ne ferait pas une organisation vraiment riche et intelligente ? Mais il sied d'abord que la cause soit juste. Qui donc sait, en dehors de l'Angleterre, les efforts répétés, loyaux, que nous avons faits pour régler la question irlandaise et tenir, entre Irlandais rivaux, la balance égale ?

CHAPITRE XX

MES AVENTURES POLITIQUES

J'ai été deux fois candidat au Parlement. Qu'on ne me demande pas pourquoi : je serais empêché d'en donner une bonne raison. Assurément, je ne brûlais pas d'aller prendre place dans cette auguste assemblée, car les deux fois je visais des sièges que les gens autorisés considéraient comme hors d'atteinte (en quoi, du reste, ils faillirent avoir tort dans l'un des deux cas), alors qu'on m'en offrait de plus accessibles. Quand, aux élections de 1900, je me présentai dans la circonscription d'Édimbourg Central, peut-être cédais-je à un peu de sentimentalisme. C'était le quartier de la ville où j'avais été élevé, où j'avais passé la plus grande partie de mon enfance. On le réputait la grande forteresse du radicalisme en Écosse, et l'emporter constituerait un bel exploit. Bien que radical moi-même sous bien des rapports, je savais que ne point pousser jusqu'au succès complet la guerre contre les Boers serait une disgrâce nationale, voire, peut-être, un désastre impérial, et c'était la question même qui allait se résoudre devant les électeurs. J'avais jusque dans les moelles le sentiment d'être sur terre pour l'accomplissement d'un grand dessein. Que ce dessein ne fût pas politique, je ne devais m'en convaincre qu'après expérience et contre-expérience, bien que jamais je n'aie pu me concevoir enchaîné à un parti, ni attribuer toutes les vertus à un groupe d'hommes.

Ma double école ne fut pas perdue. J'affrontai les deux collèges électoraux les plus taquins de toute l'Écosse. L'odieuse et abusive coutume que l'on a, dans ce pays, de harceler le candidat sur l'estrade, me valut d'acquérir un sang-froid, un mépris des interruptions et des clameurs, qui m'affermirent pour la suite. Je me rappelle qu'une fois, à Hawick, mon frère, le soldat, venu voir comment je me comportais en réunion publique, fut frappé de mon autorité sur l'auditoire. « Il serait curieux, Arthur, me dit-il, de découvrir que votre véritable carrière est politique et non littéraire. » — « Elle ne sera ni l'un ni l'autre, lui répondis-je, elle sera religieuse. » Nous nous regardâmes, surpris, et tous deux nous éclatâmes de rire. Ma réponse, en effet, ne semblait rimer à rien, car rien, alors, n'indiquait une probabilité semblable. Curieux exemple de cette faculté prophétique dont nous sommes inconsciemment pourvus.

À peine débarqué de l'Afrique australe, je me jetai dans la lice à Édimbourg. J'avais pour président de comité M. Cranston, depuis sir Robert Cranston. J'allai à une petite séance préparatoire où, rompu de fatigue, j'écoutai débattre, à grand renfort de pour et de contre, mes vues sur chacune des questions vitales portées à l'ordre du jour. Tout finit par se régler à la satisfaction générale, et l'on se mit en devoir de rédiger l'appel aux électeurs. Je continuais d'écouter, non sans quelque amusement. L'appel rédigé, prenant la parole, je dis : « Puis-je vous demander, messieurs, qui aura la charge de tenir les promesses que vous faites ? » — « Mais vous, bien entendu ! me répondit-on. » — « Alors, répliquai-je, mieux vaut sans doute que je les fasse moi-même. » Sur ce, je froissai le papier qu'on m'avait remis, saisis une plume et rédigeai mon programme. On lui fit bon accueil. Il m'eût gagné la victoire en dépit d'énormes chances contraires (et le fait est que dès le premier tour j'obtins plusieurs milliers de suffrages) sans une intervention bien imprévue.

Ceux qui ont gardé le souvenir de l'élection me rendront témoignage que ce fut une passionnante affaire. Mon adversaire était un M. Brown, associé de la maison d'édition Nelson, qui possédait dans la circonscription une grande usine. J'arrivais du théâtre de la guerre. Je débordais de zèle pour l'armée, je ne me ménageais en aucune façon. Je parlais dans la rue, monté sur des barriques ou sur n'importe quel tréteau de rencontre. Je tenais mille petites séances en plein air, outre mes grandes réunions du soir où se pressaient des foules tumultueuses. Je ne m'épargnais aucune peine. Mon adversaire n'était pas en lui-même formidable, mais j'avais contre moi l'omnipotente organisation d'un parti et la série ininterrompue de ses victoires. Ce n'était pas chose facile que de changer le vote d'un Écossais ; plus d'un se fût laissé persuader tout aussi vite d'abjurer sa religion. Malheureusement pour moi, j'étais décidé à ne rien dire ou faire qui ne me tint au cœur, et cela impliquait, pour la première fois dans l'histoire, l'union de l'Irlande, Nord et Sud. Le Sud me cherchait querelle parce que, tout en me prononçant pour l'octroi de certaines libertés, je ne m'étais pas encore rallié au principe du gouvernement autonome. Le Nord m'en voulait parce que je réclamais pour Dublin une Université catholique. Ainsi les voix de l'Irlande me firent défaut. Lors d'un meeting que je tins dans une salle de Cowgate, qui est le quartier irlandais de la ville, je fus informé qu'on s'apprêtait à faire sauter la tribune. Il semble que ce fût vrai, mais, par bonheur, je sus faire vibrer dans l'assistance des sentiments humains, je réussis même à lui arracher des larmes en évoquant la rencontre des deux bataillons de Fusiliers Royaux de Dublin à Ladysmith. Aussi, lorsqu'apparut au bout de l'estrade un individu de mine patibulaire, équarrisseur de son état, il fut accueilli par le silence. Il s'avança lentement et dit quelques mots sur le droit de parole. Je sentis que si mes amis et moi perdions notre calme, ce serait le signal d'une bagarre. « Allons, fiston, démarrez ! lui dis-je simplement, démarrez ! » Et il démarra, il s'en fut par le côté opposé de l'estrade. Tout alla bien jusqu'au bout.

À mesure qu'approchait le jour du vote, ma candidature devenait évidemment de plus en plus dangereuse. Mais je fus mis hors de combat, ce dont je me loue aujourd'hui, par la curieuse intervention à laquelle je faisais allusion tout à l'heure. Il y avait à Dunfermline un évangéliste fanatique, nommé Plimmer, qui s'attribuait dans la vie la mission spéciale d'empêcher l'arrivée des catholiques au Parlement. En conséquence, à la onzième heure, le soir d'avant le scrutin, tous les murs de la circonscription furent couverts de grandes affiches proclamant que j'avais reçu l'éducation des Jésuites et qu'en fait ma candidature était une attaque contre l'Église d'Écosse, le Covenant, le Catéchisme mineur, bref, contre tout ce qu'il y avait de cher au cœur écossais. Manœuvre très habile, dont il va de soi que le fanatique n'eût pas été en mesure de payer seul les frais bien que je me refuse à soupçonner M. Brown d'en avoir eu connaissance. Ce fut un chagrin pour mes amis de voir les ouvriers s'attrouper autour de ces placards absurdes. « Affaire réglée ! » s'écriait-on après avoir lu. En sorte qu'il me manqua quelques centaines de suffrages pour emporter le siège.

Quand j'y songe, j'incline à regarder M. Plimmer comme un de mes grands bienfaiteurs. En changeant au dernier moment la direction de l'aiguille, il m'empêcha de m'engager sur une voie qui peut-être ne m'eût conduit à rien. Je n'aurais jamais pu être un homme de parti, et il ne semble pas que dans notre système politique il y ait place pour l'indépendance. Mon échec tout d'abord, me navra. J'écrivis au *Scotman* une lettre où je définissais ma position religieuse, et qui suscita, je crois, pas mal de commentaires. L'organisateur du parti, sir John Boraston m'adressa une lettre dans laquelle il me disait que si, après « une lutte phénoménale », je n'avais pu enlever un siège, j'avais tout au moins, « de l'avis général, contribué à la victoire des libéraux unionistes dans deux autres circonscriptions d'Édimbourg ». Et il ajoutait que mes débuts dans la politique me présageaient « de beaux succès prochains ».

Je ne me pressai pas d'en faire la preuve. Mais lorsque, en 1905, fut posée devant les électeurs la question des tarifs douaniers, je crus devoir sacrifier à mes convictions. M. « Tommy » Shaw, comme on le nommait avant qu'il ne devînt lord Shaw, était l'un des radicaux les plus énergiques de l'Écosse. On le disait fermement implanté dans sa circonscription, laquelle englobait sous le nom commun de « Bourgs Frontières » les petites villes de Hawick, Galashiels et

Selkirk, toutes adonnées au commerce de la laine et fort atteintes par la concurrence allemande. Il me sembla que, s'il y avait quelque part un bon terrain de combat pour les idées protectionnistes de M. Joseph Chamberlain, c'était ici, où le régime de la porte ouverte causait tant de pertes, tant de détresses. Mais pour juste que fût mon raisonnement, je comptais sans le conservatisme inné de l'Écossais, incapable de rajuster ses principes généraux à un cas particulier. Noble trait, mais qui a parfois ses inconvénients dans la pratique.

Cette fois, je ne me prodiguai pas seulement en efforts, j'y allai de mon argent : qui combat pour les autres doit engager jusqu'à sa dernière ressource. À tout ce que je risquais, j'aurais pu ajouter mon cou, car, pour entrer dans la familiarité des gens, je pris part à ce qu'on appelle la course communale de Hawick. C'est une fête à l'occasion de laquelle tout le monde se donne vacance. Des cavaliers parcourent et définissent les limites de la commune. Le programme comporte notamment un galop ventre à terre sur la grande route. La distance à parcourir était d'environ un demi-mille. Les habitants du bourg, rangés tout au long en une double haie, stimulaient les coureurs en agitant des parapluies et des cannes. Je montais un cheval de chasse que je n'avais jamais vu auparavant, et qui était plein de feu. Heureusement, cette monstrueuse épreuve sur route avait lieu vers la fin de la journée, et notre chevauchée sur les confins de la commune avait tant soit peu calmé l'ardeur de ma bête. On le sait, je ne me pique pas d'être un solide écuyer ; toujours est-il que je faillis faire connaissance avec la barrière de péage. Tôt ou tard, il y aura quelqu'un de tué à ce jeu, des chevaux s'y estropient chaque année. Après la course vint la récitation d'une interminable ballade, accompagnée par un chœur de voix sonores auquel les voisins du récitant battaient la mesure en battant du pied. Comme il eût paru désobligeant que je n'en fisse pas autant, moi aussi je battis du pied en cadence, et mon amusement égala mon étonnement lorsque, de retour à Londres, je lus dans les journaux que j'avais dansé en public devant les électeurs. En tout cas, Hawick m'avait à jamais guéri de ses courses communales.

Une circonscription de trois villes a ceci de fâcheux que chacune est jalouse des deux autres et que, quoi qu'on fasse, on doit, pour n'en offenser aucune, le faire trois fois. J'en avais par-dessus la tête et me sentis bien aise quand vint le jour du scrutin. Je pensais alors et continue de penser qu'un tarif mobile, ne fût-ce que comme instrument de marchandage, répondrait pleinement aux intérêts de l'Angleterre ; peut-être, alors, certains de ses rivaux cesseraient-ils de nous fermer leurs marchés tout en usant de la générosité que nous mettons à leur ouvrir les nôtres. Le système de Chamberlain était admirable ; il ne fut mis en échec que par une campagne de déformations et de mensonges dans laquelle la main-d'œuvre chinoise et la vie chère jouèrent un rôle capital. Devant les ruines d'une manufacture désaffectée, dans les bourgs frontières, je montrai comment elle avait été détruite par la concurrence allemande et comment, tandis que nous admettions ses produits en franchise, l'Allemagne levait des taxes sur les nôtres, et dépensait l'argent ainsi gagné à construire des vaisseaux de guerre avec lesquels nous pourrions avoir à compter un jour. En guise de réponse à mes arguments, on étalait des caricatures en couleurs qui représentaient les Chinois travaillant à la chaîne dans les mines du Transvaal, ou l'on m'opposait des sottises de même genre. Je luttais avec énergie, tellement que, le dernier soir, je tins une réunion publique dans chacune des trois villes, pourtant séparées par des milles de routes accidentées : exploit sans précédent, et qui ne s'est jamais renouvelé, que je sache. Rien n'y fit, je fus battu, mais encore le parti adverse perdit-il plus de voix qu'en aucune autre circonscription d'Écosse. Ce qui me mortifia le plus, c'est que mon concurrent, Thomas Shaw, n'avait fait qu'une seule apparition chez ses électeurs et s'était contenté d'envoyer partout un délégué, en sorte que je m'étais trouvé dans le cas d'un boxeur contraint de s'escrimer contre le second de son rival, et non pas contre ce rival lui-même. À quelques mois de là, j'eus la satisfaction mélancolique d'apprendre que le président du comité radical, si préoccupé du malheureux sort des Chinois au

Transvaal, demandait la liquidation judiciaire, en raison de la pression exercée sur le marché des laines par la concurrence étrangère.

C'est une assez vilaine affaire qu'une compétition électorale, et néanmoins elle a ses bons effets. Je ne saurais mieux la comparer qu'à ces bains de boue que l'on dit salubres et purificateurs. Et cela est particulièrement vrai pour l'Écosse, où est porté à l'extrême l'art de turlupiner le candidat. Passe encore si, en l'interrogeant, on obéissait au désir légitime de connaître son avis sur telle ou telle mesure publique. Mais ce n'est là qu'un cas exceptionnel. Les questions dont on le larde à l'envi ne tendent qu'à l'ennuyer, à le faire paraître ou ignorant ou ridicule. Souvent après avoir parlé une heure, il me fallait subir pendant une autre heure des questions plus stupides les unes que les autres. Mais j'avais fait, en ce temps, l'apprentissage de la tribune, et il m'arrivait de riposter durement. Je me rappelle un robuste gaillard me lançant, du fond de la salle, une question soigneusement préparée. J'avais parlé de représailles en matière de tarifs commerciaux : « Monsieur le candidat, me demanda-t-il, comment conciliez-vous vos représailles avec le Sermon sur la Montagne ? » Je répondis : « On ne peut toujours dans la vie atteindre au plus haut idéal ; vous, personnellement, avez-vous vendu tous vos biens pour les donner aux pauvres ? » L'homme était connu en ville pour n'avoir rien fait de semblable. Un hurlement de joie accueillit ma réponse, qui le chassa de la salle.

Il y a dans l'esprit écossais une disposition au sarcasme dont vous tirerez parti si vous savez le mettre dans votre jeu. Un autre souvenir qui me revient est celui d'un grave personnage me tendant, d'une loge de côté, dans le théâtre où je parlais, un pain enfilé, comme une tête de mort, au bout d'une perche : c'était, je suppose, m'accuser de vouloir élever le prix du pain. Il était difficile de paraître ne pas voir le geste et embarrassant de le relever. Un de mes partisans s'en chargea. « Allez le bouffer chez vous ! » cria-t-il en patois du pays. Habituellement, l'interpellateur croit devoir se donner une sorte de voix rêveuse et impersonnelle. Parlant de la guerre du Transvaal, je venais de dire avec animation : « Qui est-ce qui la payera, cette guerre ? » — « Je m'en bats l'œil ! » répondit, comme de très loin, un individu mal vêtu, accoté contre un des murs latéraux. Et toute la salle de rire, comme je fis moi-même. Une des plaisanteries qui interrompirent mon discours resta pour moi lettre morte. Je disais le respect de soi et la mise décente qui caractérisent l'ouvrier d'usine américain. « Allez voir chez Brown ! » me cria la voix rêveuse. Je ne sais pas encore si l'usine Brown était fameuse pour son manque de tenue ou pour le contraire, mais l'observation provoqua dans l'assistance une hilarité convulsive.

Les radicaux venaient toujours en nombre à mes meetings, de sorte que le plus souvent, sans doute, je m'adressais à des publics hostiles. Mais comme leur candidat ne se multipliait pas, je leur offrais, en somme, leur seule occasion de se distraire. Bien avant la réunion, la salle, regorgeante de monde, retentissait de cris contraires, accompagnés de chants rivaux et d'appels à la lutte ; je croyais, en approchant, entendre le Zoo à l'heure du repas des pensionnaires. Souvent le cœur me défaillait à entendre ce vacarme, et je me demandais pourquoi diable je me mettais dans une situation pareille. Mais sitôt que j'avais abordé la tribune, mon sang batailleur s'échauffait, aucune clameur ne m'intimidait plus. Je me formais pour l'avenir, ce dont je ne m'avisais pas dans le moment. Ce qui me fatiguait le plus, c'était les libertés personnelles que prenaient envers moi les gens vulgaires, et par là je n'entends nullement les pauvres gens, chez qui je trouvais d'ordinaire des sentiments d'une très grande délicatesse. Je ne prends de libertés avec personne et m'irrite quand on en prend avec moi. Un candidat ne peut dire à cet égard tout ce qu'il pense, car son parti risque d'en souffrir. J'étais presque toujours sur le qui-vive dans la crainte de blesser qui que ce fût. Au cours d'une campagne de trois jours, il m'arriva de supporter mille avanies avec une patience exemplaire. Mais j'étais à bout de nerfs.

Avec ma deuxième campagne électorale finit ma carrière politique. J'avais complètement exploré le terrain, je m'étais assuré que le chemin de ma vie n'y passait pas. Et cependant, j'étais intimement convaincu que j'avais à servir quelque part. On aime à se sentir une petite influence sur les affaires de son époque. Si je n'ai pas été un homme public, j'ai la consolation de me dire que plusieurs pamphlets et de nombreuses lettres publiés dans la presse ont pu être d'un plus grand poids pour le bien commun en ce que nul intérêt de parti ne faussait mon jugement.

Arthur Conan Doyle

Disponibles aux Editions AOJB :

Atala, de Chateaubriand, illustré par G. Doré

Exégèse des lieux communs, de Léon Bloy

Histoire de France, de J. Bainville ill. par JOB

Napoléon, de J. Bainville par JOB

Petite Histoire de France, de J. Bainville ill. par JOB

La Chevalerie, de Léon Gautier (illustré)

Roland Furieux, de l'Arioste (600 gravures de Gustave Doré)

La chanson des vieux époux, de Pierre Loti, (illustrations de H. Somm)

La Psychologie des Foules, de G. Lebon

La grève des électeurs, de Octave Mirbeau

L'appel des armes, de Ernest Psichari

L'Ame russe, recueil de contes russes

L'ancien régime et la révolution, d'A. de Tocqueville

Le Capital, de Karl Marx résumé par G. Deville

Le Manifeste du Parti Communiste, de Marx et Engels

Réflexions Politiques, de Jacques Bainville

Le dernier jour d'un condamné, de Victor Hugo,

Les aventures du Baron de Münchhausen, illustrées par G.Doré

Les Poilus à travers les âges, de Henriot

Maximes, pensées et réflexions, de Napoléon Bonaparte

Murat, de G. Montorgueil (illustrations couleurs de JOB)

Les fleurs du mal, (350 illustrations d'E. Bernard) de C.
Baudelaire

La France contre les robots, de Georges Bernanos

L'avenir de l'intelligence, de Charles Maurras,

Ma vie aventureuse, de Conan Doyle

Exploits et aventures du colonel Gérard, de Conan Doyle

Le rôle social de l'officier, du Maréchal Lyautey

....

www.editions-aojb.fr